高等院校
**会计学新形态**系列教材
A C C O U N T I N G

U0725205

# 会计信息系统
## ——用友 ERP-U8 V10.1
### 微课版

任洁 张小云 李双双 / 编著

ACCOUNTING
INFORMATION SYSTEM

人民邮电出版社
北 京

**图书在版编目（CIP）数据**

会计信息系统 ：用友ERP-U8 V10.1 ：微课版 ／ 任洁，张小云，李双双编著. -- 北京 ：人民邮电出版社，2022.8

高等院校会计学新形态系列教材

ISBN 978-7-115-59219-4

Ⅰ．①会… Ⅱ．①任… ②张… ③李… Ⅲ．①会计信息－财务管理系统－高等学校－教材 Ⅳ．①F232

中国版本图书馆CIP数据核字(2022)第071779号

## 内 容 提 要

本书共 9 章，全面系统地讲述了会计信息系统概述、会计信息系统软件的安装与运行、系统管理与企业应用平台，以及用友 ERP-U8 V10.1 版软件中总账、财务报表、固定资产管理、人力资源、应收应付款和供应链管理等各个子模块的功能与操作指导等内容。全书在基础知识的讲解中，融入了大量的拓展资料、微课视频及软件操作过程的界面图，能够使读者根据指导轻松完成操作。

本书提供 PPT、教学大纲、习题答案、电子教案等资源，用书教师可在人邮教育社区免费下载。

本书既可以作为高等院校会计学、财务管理、电子商务、审计学、市场营销等经济管理类专业的教材，也可以作为会计信息系统操作人员的学习参考用书。

◆ 编 著 任 洁 张小云 李双双

  责任编辑 孙燕燕

  责任印制 李 东 胡 南

◆ 人民邮电出版社出版发行  北京市丰台区成寿寺路 11 号

  邮编 100164  电子邮件 315@ptpress.com.cn

  网址 https://www.ptpress.com.cn

  涿州市京南印刷厂印刷

◆ 开本：700×1000 1/16

  印张：14  2022 年 8 月第 1 版

  字数：349 千字  2022 年 8 月河北第 1 次印刷

定价：49.80 元

读者服务热线：(010)81055256  印装质量热线：(010)81055316

反盗版热线：(010)81055315

广告经营许可证：京东市监广登字 20170147 号

# 前　言 FOREWORD

在"大智移云物区"环境下，依托信息技术的发展，财会工作效率不断提高，与会计信息化相关的法规政策和实操标准发生了诸多变化，会计信息化软件也不断升级换代。用友ERP-U8 V10.1版是一款功能较为全面的通用性教学软件，广受院校教师欢迎。本书正是基于用友 ERP-U8 V10.1 版编写的会计信息化课程教材。本书迎合应用型财会人才的培养目标，尽可能地反映本学科发展的前沿动态，吸收会计信息化领域的最新成果。

本书编写特色如下。

（1）案例贴合实际，应用性强。本书采用的案例符合企业实际，操作步骤详细清晰，强化了会计信息化软件的实用性，突出了应用型财会人才培养的特点。例如，每章后的实训题可帮助读者复习和扩展相关的知识和技能。

（2）内容新颖，与时俱进。本书参考了与会计信息化相关的最新法规及政策，吸收了会计信息化领域的前沿成果，详细地分析了企业实操业务中使用的信息化技术，同时指出了政策的变化对会计信息化软件操作实践的具体影响等。

（3）配套资源全面，支持教学。本书提供了相关任务的教学微课视频、PPT、习题答案、图片资料、数据库文件、课程思政案例等资源，同时附赠用友 ERP-U8 V10.1 版软件的安装包、账套资料及安装操作指导等资源，用书教师可在人邮教育社区（www.ryjiaoyu.com）免费下载。

本书的参考学时为 32～48 学时，建议采用理论实践一体化教学模式。各章的参考学时可参考以下学时分配表。

## 学时分配表

| 章序 | 课程内容 | 学时 |
| --- | --- | --- |
| 第1章 | 会计信息系统概述 | 2 |
| 第2章 | 会计信息系统软件的安装与运行 | 2 |
| 第3章 | 系统管理与企业应用平台 | 2 |
| 第4章 | 总账模块应用 | 6～8 |
| 第5章 | 财务报表模块及财务可视化应用 | 2～4 |
| 第6章 | 固定资产管理模块应用 | 2～4 |

续表

| 章序 | 课程内容 | 学时 |
|---|---|---|
| 第 7 章 | 人力资源模块应用 | 2～4 |
| 第 8 章 | 应收应付款管理模块应用 | 2～4 |
| 第 9 章 | 供应链管理模块应用 | 2～4 |
| | 自主综合实训 | 8～12 |
| | 课程考核 | 2 |
| 学时总计 | | 32～48 |

　　本书由任洁、张小云、李双双编著，王晓欣、杨宇、严骏、张媛也参与了部分编写工作。最后，感谢北京科技大学天津学院对本书出版的指导和支持，也特别感谢北京科技大学天津学院管理学院王宾容教授的总体指导，以及邵帅、周小靖、张志敏、边凯、陈锋等教师的协助与校对工作。

　　由于编者水平和经验有限，书中难免有欠妥之处，恳请读者批评指正。

编　者

2022 年 3 月

# 目 录 CONTENTS

第1章 会计信息系统概述 / 1

1.1 会计信息系统相关概念 / 1

1.1.1 会计信息系统 / 1

1.1.2 会计信息系统的基本
目标 / 2

1.1.3 我国会计信息系统的
发展过程 / 3

1.2 会计信息系统软件及平台
介绍 / 5

1.2.1 用友软件 / 6

1.2.2 金蝶软件 / 6

1.2.3 SAP 软件 / 6

1.2.4 柠檬云财税平台 / 7

1.3 智能会计信息系统发展 / 7

1.3.1 "大智移云物区" 技术
在会计中的应用 / 7

1.3.2 会计信息系统的发展
趋势 / 8

1.3.3 基于ERP 的智能会计
信息系统构建 / 10

思考与练习 / 11

实训题 / 12

第2章 会计信息系统软件的安装
与运行 / 13

2.1 会计信息系统软件的运行
环境 / 13

2.1.1 安装注意事项 / 13

2.1.2 安装环境的准备 / 13

2.2 会计信息系统软件的安装
指导 / 15

2.2.1 安装 IIS / 15

2.2.2 安装数据库 / 16

2.2.3 安装用友
ERP-U8 / 22

2.3 会计信息系统软件功能模块
认识 / 24

思考与练习 / 25

实训题 / 26

第3章 系统管理与企业应用
平台 / 27

3.1 系统管理 / 27

3.1.1 系统管理的基本
概念 / 27

3.1.2 系统管理的主要
功能 / 28

3.1.3 系统管理相关
用户 / 28

3.2 企业应用平台 / 35

3.2.1 企业应用平台基本
概念 / 36

3.2.2 企业应用平台基本
功能 / 36

3.2.3 企业应用平台各模块
之间的关系 / 42

思考与练习 / 43

实训题 / 45

# 第4章 总账模块应用 / 50

## 4.1 总账模块概述 / 50
### 4.1.1 总账模块基础设置 / 50
### 4.1.2 总账模块主要功能 / 51
### 4.1.3 总账模块处理流程 / 52

## 4.2 总账模块初始设置 / 53
### 4.2.1 总账控制参数设置 / 54
### 4.2.2 外币设置 / 57
### 4.2.3 会计科目设置 / 58
### 4.2.4 凭证类别设置 / 64
### 4.2.5 结算方式设置 / 65
### 4.2.6 项目目录设置 / 66
### 4.2.7 期初余额录入 / 69

## 4.3 总账模块日常业务处理 / 74
### 4.3.1 填制凭证 / 74
### 4.3.2 出纳签字 / 82
### 4.3.3 审核凭证 / 84
### 4.3.4 查询凭证 / 85
### 4.3.5 作废整理凭证 / 86
### 4.3.6 记账 / 87
### 4.3.7 取消记账 / 87
### 4.3.8 出纳管理及账簿查询 / 89

## 4.4 总账模块期末处理 / 91
### 4.4.1 银行对账 / 91
### 4.4.2 自定义转账 / 94
### 4.4.3 期间损益结转 / 100
### 4.4.4 对账 / 102
### 4.4.5 结账 / 103

## 思考与练习 / 104
## 实训题 / 107

# 第5章 财务报表模块及财务可视化应用 / 113

## 5.1 财务报表模块概述 / 113
### 5.1.1 报表结构 / 113
### 5.1.2 格式状态与数据状态 / 114
### 5.1.3 报表文件及表页 / 114
### 5.1.4 区域单元及属性 / 115
### 5.1.5 关键字 / 116

## 5.2 财务报表主要功能 / 116
### 5.2.1 文件及格式管理 / 116
### 5.2.2 数据处理 / 116
### 5.2.3 图表功能 / 116
### 5.2.4 二次开发 / 117
### 5.2.5 财务报表与其他子模块之间的关系 / 117

## 5.3 财务报表基本操作流程 / 117
### 5.3.1 自定义报表 / 117
### 5.3.2 资产负债表 / 125
### 5.3.3 利润表 / 127
### 5.3.4 现金流量表 / 128

## 5.4 财务可视化应用 / 132
### 5.4.1 商业智能 / 132
### 5.4.2 商业智能工具 / 132
### 5.4.3 财务数据可视化方式 / 132

5.4.4 财务数据可视化
流程 / 133

5.4.5 财务报表生成
流程 / 133

**思考与练习 / 133**

**实训题 / 135**

# 第6章 固定资产管理模块
应用 / 137

**6.1 固定资产管理模块**
**概述 / 137**

6.1.1 功能概述 / 137

6.1.2 固定资产管理模块的
业务处理流程 / 138

**6.2 固定资产管理模块初始**
**设置 / 138**

6.2.1 设置控制参数 / 138

6.2.2 设置基础数据 / 142

6.2.3 录入固定资产
卡片 / 144

**6.3 固定资产管理模块的日常**
**处理 / 145**

6.3.1 固定资产增减 / 145

6.3.2 固定资产变动 / 147

6.3.3 资产评估及
盘点 / 148

6.3.4 生成凭证及数据
输出 / 148

**6.4 固定资产管理模块的期末**
**处理 / 148**

6.4.1 固定资产减值准备
处理 / 149

6.4.2 固定资产折旧的
处理 / 149

6.4.3 期末对账 / 152

6.4.4 月末结账 / 152

**思考与练习 / 153**

**实训题 / 155**

# 第7章 人力资源模块
应用 / 158

**7.1 人力资源模块概述 / 158**

7.1.1 功能概述 / 158

7.1.2 人力资源模块业务处
理流程 / 159

**7.2 薪资管理模块初始**
**设置 / 159**

7.2.1 建立工资账套 / 159

7.2.2 基础信息设置 / 160

**7.3 薪资管理模块日常**
**处理 / 162**

7.3.1 工资类别管理 / 162

7.3.2 工资变动 / 167

7.3.3 工资分钱清单 / 169

7.3.4 扣缴所得税 / 169

7.3.5 银行代发 / 169

7.3.6 工资分摊 / 169

**7.4 薪资管理模块期末**
**处理 / 172**

7.4.1 月末结转 / 172

7.4.2 结转上年数据 / 173

7.4.3 反结账 / 173

**7.5 账表管理 / 173**

7.5.1 工资表 / 173

7.5.2 工资分析表 / 173

**思考与练习 / 173**

**实训题 / 176**

# 第8章 应收应付款管理模块应用 / 179

## 8.1 应收应付款管理模块概述 / 179
- 8.1.1 应收款管理模块的功能概述 / 179
- 8.1.2 应付款管理模块的功能概述 / 180

## 8.2 应收应付款管理模块初始设置 / 181
- 8.2.1 应收款管理模块初始设置 / 181
- 8.2.2 应付款管理模块初始设置 / 190

## 8.3 应收应付款管理模块日常业务处理 / 190
- 8.3.1 应收款管理模块日常业务处理 / 191
- 8.3.2 应付款管理模块日常业务处理 / 195

## 8.4 应收应付款管理模块期末处理 / 196
- 8.4.1 应收款管理模块期末处理 / 196
- 8.4.2 应付款管理模块期末处理 / 197
- 8.4.3 应收、应付款管理模块与其他模块结构的关系 / 197

**思考与练习 / 197**

**实训题 / 200**

# 第9章 供应链管理模块应用 / 203

## 9.1 供应链管理模块概述 / 203
- 9.1.1 供应链管理模块建账 / 203
- 9.1.2 基础档案设置 / 203
- 9.1.3 供应链管理模块期初数据 / 204

## 9.2 采购管理模块 / 205
- 9.2.1 采购管理功能概述 / 205
- 9.2.2 采购管理模块日常业务处理 / 206

## 9.3 销售管理模块 / 206
- 9.3.1 销售管理模块功能概述 / 206
- 9.3.2 销售管理模块日常业务处理 / 207

## 9.4 库存管理模块 / 208
- 9.4.1 库存管理模块功能概述 / 208
- 9.4.2 库存管理模块日常业务处理 / 209

## 9.5 存货管理模块 / 210
- 9.5.1 存货管理模块功能概述 / 210
- 9.5.2 存货管理模块日常业务处理 / 211

**思考与练习 / 212**

**实训题 / 215**

# 参考文献 / 216

# 第 1 章　会计信息系统概述

## 学习目标

- 了解会计信息系统的产生和发展。
- 熟悉会计信息系统软件及常用平台。
- 理解智能会计信息系统发展。

---

### 课前思考

　　会计信息系统的产生和发展，改变了会计循环流程中的传统手工处理方式，提升了会计信息的准确度和及时性，减轻了会计人员的工作量。会计信息处理企业资源计划（Enterprise Resource Planning，ERP）系统作为会计信息系统的基础，是会计信息系统的核心内容，因此，了解会计信息系统运行机制是对当代会计人员的必备要求。常用的会计信息系统软件包括哪些？当前智能会计信息系统有了哪些发展？这些内容将在本章进行详细介绍。

---

　　会计信息系统关系着会计业务处理和理论发展的进程，是企业管理信息系统的重要组成部分。企业管理信息系统的目标和任务是以现代化的方法管理企业，提高经济效益。实现会计信息化不仅要使会计工作本身现代化，最终目标是使企业管理信息流畅运行，提高企业经济效益。

## 1.1　会计信息系统相关概念

　　在整个企业管理信息系统中，会计信息处于核心地位。会计信息系统的主要内容包括会计信息的收集、会计信息的处理、会计信息的输出，以及会计信息的传递。从信息收集到信息传递给决策者和使用者过程中伴随着对企业经营活动的管理与控制。

### 1.1.1　会计信息系统

　　会计信息系统（Accounting Information System）是企业管理信息系统中的一个重要子系统，它以提供会计信息为目的，采用现代信息处理技术，对会计信息进行采集、存储、处理及传送，完成会计反映、控制职能的系统。1999 年 4 月，在深圳举行的"会计信息化理论专家座谈会"上，根据当时会计电算化的发展状况，会计理论界专家提出了"从会计电算化到会计信息化"的发展方向，首次明确提出了"会计信息化"这一概念。

　　会计信息系统由会计信息的收集、会计信息的处理、会计信息的输出三个主要作业环节构成，通过网络系统，使业务处理高度自动化、信息高度共享，并主动和实时报告会计信息。这不仅是信息技术运用于会计工作的变革，更代表了一种与现代信息技术环境相适应的新兴会计思想。

### 1．会计信息的收集

会计数据是指在会计工作中从不同来源和渠道获得的，记录在"单证账表"上的各种原始会计资料。会计数据的来源广泛，既有企业内部生产经营活动产生的，也有与企业相关的各种外部经济活动产生的各种资料。会计信息包括以往发生的财务信息，即有关资金的取得、分配与使用的信息，如资产负债表等；管理所需要的定向信息，如各种财务分析报表；对未来具有预测作用的决策信息，如年度计划、年度规划等。会计信息的收集，实际上是根据会计工作的目的汇集原始会计数据的过程。现代的会计信息收集已成为管理信息系统的一部分，不再局限于会计核算方面，而是趋向于会计管理、经营决策等多个方面。

### 2．会计信息的处理

会计信息处理从手工处理发展到利用计算机和网络等信息技术处理，是会计操作技术和信息处理方式的重大变革。这种变革对会计理论和会计实务提出了一系列新课题，在推动会计自身发展和变革的同时，也促进了会计信息系统的进一步完善和发展。

现代会计信息处理是指应用信息技术对会计数据进行输入、处理和输出的过程，主要表现为计算机处理代替人工记账、算账和报账，以及替代部分在手工环境下由人脑完成的对会计信息的分析、判断。现代会计信息处理不仅引起了会计系统内在的变化，强化了系统的能力，同时也提高了会计工作的效率和会计信息的质量。

### 3．会计信息的输出

完整的会计处理系统不仅需要有灵活、正确的输入方式和功能齐全的数据处理功能，还应该提供一个完善方便的输出系统。

会计信息系统的输出方式包括显示输出、打印输出和文件输出。

显示输出的特点是：速度快、成本低，但输出会计数据的应用者局限于会计信息系统内部，不易交流。

打印输出的特点是：速度慢、成本低，适用于输出必须打印的情况。

文件输出的特点是：速度快、成本较低，易于转换，但存储介质易损坏，安全性较差。

## 1.1.2　会计信息系统的基本目标

《会计改革与发展"十四五"规划纲要》中明确提出将积极推动会计工作数字化转型。会计信息系统对会计工作流程的影响非常深刻，是信息技术发展的必然结果，迅猛发展的信息技术正在把会计工作的方方面面推向一个新时代，变革意味着会计工作仍将是一个充满生机的行业。会计学理论体系的变革、会计语言的变化、会计工作内容的更新等，拓展了会计业务的范围，对会计人员的素质提出了新的要求。

会计信息系统通过信息科技手段，达到提高工作效率、提供更全面准确的信息、为管理决策服务的目标，获取更高的经济效益。会计信息系统的基本目标主要有以下几个方面。

### 1．减轻会计人员的工作强度，提高工作效率

利用计算机技术，把繁杂的记账、算账、结账工作交给计算机处理，从而可以减轻会计人员的工作强度。同时，会计软件具有很高的精确性和逻辑判断能力，可以避免手工操作产生的误差，以达到提高工作效率的目的。

## 2．促进会计职能的转变

在手工情况下，会计人员长期处理繁重的手工核算工作，没有时间和精力更多地参与管理和决策。实施会计信息系统后，会计人员可以从繁重的手工操作中解脱出来，参与企业管理与决策，为提高企业现代化管理水平和经济效益服务。

## 3．准确、及时地提供会计信息

在手工条件下，由于大量会计信息需要进行记录、加工整理，会计信息的提供速度较慢，也难以全面提供管理所需要的信息，一定程度上影响了经营决策工作。实施会计信息系统后，会计人员可以对大量的信息及时进行记录、汇总、分析，甚至实现实时跨地域传送，向企业管理者、股东等有关方面提供准确、及时的会计信息。

## 4．实现企业管理信息系统，提高企业经济效益

会计是价值管理的主要手段，处理的信息量大。在手工记账过程中，会计人员将大量精力用于数据处理，使参与管理工作受到了极大的限制。实施会计信息系统的根本目的是使广大会计人员从繁重的手工操作中解脱出来，通过核算手段和会计管理决策手段的现代化，提高会计信息收集、整理、传输、反馈的及时性和准确度，提高会计的分析决策能力，提供管理所需的会计信息，从而更好地发挥会计参与管理、参与决策的职能。

# 1.1.3　我国会计信息系统的发展过程

会计信息系统发展历程

在信息技术不断更迭的时代，会计信息系统已经广泛应用于各行各业。但纵观历史，回顾会计信息系统的发展历程及其特点，有助于我们更深刻地了解会计信息系统。

我国在 20 世纪 70 年代末期自国外引入了会计电算化理念，后受经济发展、科技进步、管理革命、会计改革等多重因素影响，特别是 1998 年以后，中华人民共和国财政部（以下简称"财政部"）先后出台了《会计信息系统管理办法》《会计信息系统工作规范》《关于大力发展我国会计信息系统事业的意见》等多项政策法规，极大地促进了会计信息系统的推广和普及。目前，财务软件已经成为应用软件领域中除操作系统以外市场占有率较高的产品。

根据数据库、网络、通信、人工智能、多媒体、感测和识别、光电子技术等技术对会计信息系统的影响程度及主要产品特点，我们将会计信息系统模式划分为 4 个阶段：手工会计信息系统阶段、会计电算化阶段、会计信息化阶段、会计智能化阶段。在手工会计信息系统的基础上，信息技术的变革颠覆了会计信息生成的方式，表 1-1 重点对后面 3 个会计信息系统阶段进行了总结。

表 1-1　会计信息化发展历程

| 阶段 | 时间 | 阶段特点 | 主要产品 |
| --- | --- | --- | --- |
| 会计电算化阶段 | 1979—1987 | 会计电算化探索及定点化软件阶段 | 1．电子计算机会计核算<br>2．手工账务与电算化循环设计 |
| 会计信息化阶段 | 1988—1997 | 会计电算化商品化软件阶段 | 1．通用化财务软件<br>2．基于 DOS、Windows 平台财务软件 |
| | 1998—2004 | 会计信息化产生初步应用阶段 | 1．ERP 软件<br>2．基于大型数据库的企业级财务软件<br>3．B/S 结构和 WEB 技术的企业管理软件 |

| 阶段 | 时间 | 阶段特点 | 主要产品 |
|---|---|---|---|
| 会计信息化阶段 | 2005—2015 | 会计信息化推进与发展阶段 | 1. 财务共享服务<br>2. XBRL 平台<br>3. 基于 SOA 架构的企业管理软件<br>4. 企业云平台<br>5. 财务云 |
| 会计智能化阶段 | 2016—至今 | 会计智能化初级阶段 | 1. 财务流程自动化（RPA）<br>2. 智能财务共享<br>3. 智能化管理平台 |

（1）手工会计信息系统阶段

手工会计信息系统的核心是会计恒等式、会计循环、会计科目表、分录和账簿。该模式可追溯到 13 世纪、14 世纪威尼斯商人的借贷记账法，后由意大利数学家、近代会计之父卢卡·帕乔利经过多年调查研究和整理，于 1494 年 11 月 10 日出版了《数学大全》一书。该模式一直沿用至今。

手工会计信息系统的特点是主要依靠人工进行会计数据的收集、储存、加工和传递。手工处理的最大优势在于它具有良好的适应性、灵活性和可靠性。另外，会计业务的正常处理不会因为硬件故障而完全终止。不过，手工处理也存在低速度、低效率及高差错率等缺陷。

（2）会计电算化阶段

电子计算机应用于手工会计信息系统中，即为会计电算化模式。该模式正逐步取代手工会计信息系统。1982 年以前，这一阶段属于起步阶段。1979 年，财政部在长春第一汽车制造厂进行会计信息系统试点工作。1981 年 8 月，中国人民大学和第一汽车制造厂联合召开了财务、会计、成本应用电子计算机问题的讨论会，会上把电子计算机在会计工作中的应用简称为"会计电算化"。这标志着我国会计信息系统已经起步，并逐步跨入应用阶段。

该阶段中，会计电算化是我国特有的专业称谓，它反映了会计工作中电子计算机取代手工处理会计数据的变化和特征。会计电算化作为会计信息系统的初级阶段，对会计信息系统的发展起到了重要的作用。首先，减轻了会计人员手工记账的工作量，提高了工作效率。其次，提高了会计信息的质量。由于总账繁多，登账、转账、核算等手续复杂，人工记账容易产生误差或错误，而运用财务软件的转账、核算等自动生成功能，不仅降低了误差，提高了准确度，而且节省了人手，缩短了总账处理时间。会计电算化横向扩展，最后形成整个企业管理信息系统，纵向发展并按职能结构分为"会计信息处理系统、会计管理信息系统、会计决策支持系统"。

（3）会计信息化阶段

计算机数据管理技术经历了人工管理、文件系统、数据库系统 3 个阶段。在建立数据模型时，主要按传统会计模式的数据逻辑模型组织数据，利用数据库技术对数据进行更多的分类操作；只描述与复式记账会计体系有关的数据，未能采用先进的数据结构描述会计处理的对象本身，妨碍系统产生更多的视图。

在此阶段，会计信息系统的财务管理模块是按照财务会计的形式编制的，从数据输入的开始阶段按照财务会计的标准进行输入，忽略了经营环节的特点，因此建立在财务会计基础上的会计信息系统无法满足管理会计等内部控制和风险管理的需要。这样的矛盾直接刺激了会计信息系统的继续发展。其中事项法认为，会计的目标在于提供与各种可能决策模型相关的、不经过加工汇总的原始事项，由使用者从中选择并应用于自己的决策模型。因为，一套通用的价值信息并不能满足所有使用者的决策需要，加工后的价值信息可能失真，而单一货币计量又不包含非财务信息。因此，会计事项信息系统应具有强大的数据库，包含大量基础数据以反映组织活动的全部事项及事项具有的多重属性，而不只局限于反映价值量。

会计事项信息系统的思想从理论上克服了会计信息系统中的诸多弊端，但由于缺乏可操作性，它仍然要记录会计分录，主张重构会计报表以方便从会计报表演绎出相关事项，获取更多的辅助决策信息。

（4）会计智能化阶段

随着数据库、网络技术的发展，该模式是理论最完善、研究最系统、变革力度最大、成果最多的一种创新模式，极有可能成为未来会计信息系统的主流模式。该模式是以业务流程重组为基础或前提的事件驱动处理模式，它采集业务事件（如采购订货、验收材料、支付货款），以及事件涉及的资源（如材料、现金）、参与者（如公司职员、供应商、银行）、发生时间和地点等原始的未经处理的详细数据，存放于包含事件表、资源表、参与者表和地点表的集成数据库中，通过报告工具生成用户所需的视图，包括财务信息和非财务信息；系统中可以不包含日记账、分类账、会计科目、分录等元素；它不再局限于财务管理，而是面向整个企业管理，从在数据库中详细记录最原始经济业务事件的属性或语义表述开始，而不是从记录经过人为加工后的会计分录开始，其基本元素不再是科目、分录、账簿。该模式充分利用信息技术并克服了会计信息系统的弊端，因此称为现代会计信息系统。

智能财务是一种新型的财务管理模式，它基于先进的财务管理理论、工具和方法，借助于智能机器（包括智能软件和智能硬件），通过人和机器的有机合作，帮助财务人员解决财务实务工作中的问题。在财务领域，人工智能技术在产品、流程、洞察等方面发挥了重要作用。其中产品是将人工智能技术嵌入到产品或服务中；流程是通过人工智能技术简化财务工作流程，提高工作效率；洞察是通过组合一系列技术，帮助企业管理层进行智能决策。

企业生产、经营、管理等活动必然产生大量数据，一方面是财务方面的数据，其大多是结构化数据，目前通常作为企业财务分析的数据基础；另一方面是经营行为方面的数据，大部分是非结构化或者半结构化数据，如用户的特征、操作习惯等有价值的信息。智能技术为数据结构化处理提供了实时、准确、标准的可能，各种非结构化数据通过语音识别、光学字符识别（Opitical Character Recognition，OCR）等技术，为会计处理和管理分析提供帮助。

目前行业内人士对智能财务的理解有所不同，有学者把财务智能化阶段划分为基础层（基于流程自动化的财务机器人）、核心层（基于业财一体的智能财务共享平台）、深化层（基于商业智能的智能化管理平台）。

# 1.2　会计信息系统软件及平台介绍

国内的会计信息系统兴起较晚，自 20 世纪 70 年代末以来，在探索中不断发展。至今为止，国内的会计信息系统软件正在发展管理型会计软件。目前国内常用的财务软件有用友软件、金蝶软件、速达软件、新中大软件、管家婆软件、火购软件、汇信软件、SAP、开龙软件、神州数码、时空软件、友耐软件、傲鹏软件、智德多软件等。近年来，线上免费财税服务平台不断涌现，如柠檬云财税平台、财客在线、随手记等，吸引了大量小微企业用户及个体工商户。财税软件逐步形成以云平台为框架，以会计软件为中心，结合管理、策划、分析的管理信息系统，呈现出一批相对适用的、工作效率高的、商品化水平高的会计信息系统软件。

## 1.2.1 用友软件

用友网络科技股份有限公司创立于 1988 年，是全球领先的企业云服务与软件提供商。2001 年 5 月，用友软件在上海证券交易所挂牌上市。用友软件专注于软件业发展，1988 年至 1999 年，用友软件通过普及财务软件成功推进中国会计信息系统进程；2002 年，用友网络科技股份有限公司在中国 ERP 软件领域的市场占有率首次成功超越国际厂商，打破了由国际厂商垄断管理软件高端市场的局面，成为中国最大的 ERP 软件厂商。用友网络科技股份有限公司通过构建和运行全球领先的商业创新平台——用友 BIP，面向大型企业（包括巨型企业和一般大型企业）提供用友商业创新平台 YonBIP 和 NC Cloud 的混合云解决方案；面向成长型企业提供 U8 Cloud 云 ERP 产品、U8+ERP 套件，包括智能制造、营销、业务管控、供应链、财务核算以及人力资源等领域应用；用友畅捷通公司全面打通小微企业的人、财、货、客管理，整合财务、进销存、客户收支、协同办公等应用，主要云服务产品包括好会计、好生意、智+、易代账、T+Cloud 等产品。

当前，用友网络科技股份有限公司位居企业云服务市场第一、企业 APaaS 云服务市场第一、中国企业应用 SaaS 市场占有率第一，中国 ERP 云市场份额第一，是中国企业数智化服务和软件国产化自主创新的领导厂商，在营销、采购、制造、供应链、金融、财务、人力、协同及平台服务等领域为客户提供数字化、智能化、高弹性、安全可信、平台化、生态化、全球化和社会化的企业云服务产品与解决方案。用友 ERP-U8 V10.1 系统是目前应用最广泛的系统，包括企业门户、财务会计、管理会计、供应链管理、生产制造、分销管理、零售管理、决策支持、人力资源管理、办公自动化、集团应用、企业应用集成行业。因此，本教材以该系统为重点案例进行讲解。

## 1.2.2 金蝶软件

金蝶国际软件集团有限公司总部位于中国深圳，始创于 1993 年 8 月。2001 年 2 月，金蝶软件在中国香港特别行政区联合交易所创业板挂牌上市，于 2005 年 7 月 20 日转至主板上市。金蝶国际软件集团有限公司是中国首家获得 ISO 9001 国际质量体系认证的企业应用软件供应商，在中国拥有 40 家以营销与服务为主的分支机构，以及约 1 200 家咨询、技术、实施服务、分销等合作伙伴，总客户数量超过 40 万家。

金蝶软件是中国第一个 Windows 版财务软件，第一个纯 Java 中间件软件，第一个基于互联网平台 3 层结构的 ERP 系统——金蝶软件 K3 的创造者，其中金蝶 K3 ERP 软件也是中国中小型企业市场中占有率最高的企业管理软件，涵盖企业内部资源管理、供应链管理、客户关系管理、知识管理、商业智能等超过 50 个应用模块集成软件，并能够实现企业间的商务协作和电子商务的应用。金蝶旗下的多款云服务产品包括金蝶云·苍穹（新一代企业级 PaaS 平台）、金蝶云·星瀚（大型企业 SaaS 管理云）、金蝶云·星空（高成长型企业 SaaS 管理云）、金蝶云·星辰（小微企业 SaaS 管理云）等获得了标杆企业的青睐，已为世界范围内超过 680 万家企业、政府等组织提供数字化管理解决方案。

## 1.2.3 SAP 软件

SAP（Systems Applications And Products）公司是国际上著名的标准应用软件公司。其软

件公司总部设在德国南部的沃尔道夫市，成立于1972年，并在1988年成为德国的一家上市公司，拥有超过2.3亿云用户。

从1997年开始，SAP公司将市场营销重点从加工制造业扩大到零售、银行、电信和公共部门。通过授权小供应商出售其软件并提供有关服务，SAP公司开始更加关注中等规模之上的客户。SAP公司在开发产品时主要考虑两个因素：产品的业务功能性（包括计划、采购、销售、财务、工厂运营和管理）和特殊的产业需求（包括银行、电信、零售及公共事业），并通过已有的客户进行产品的不断推广和使用。

SAP公司最初推出的产品是SAP R/2和SAP R/3，这两款产品建立了ERP软件的全球标准。如今，SAP S/4HANA将ERP提升到了一个新的高度。SAP S/4HANA采用强大的内存计算技术，能够处理海量数据，并支持人工智能（AI）和机器学习等先进技术。SAP公司还推出了智慧企业套件，基于完全数字化的平台集成各种应用。

### 1.2.4　柠檬云财税平台

柠檬云财税是深圳易财信息技术有限公司旗下的互联网财税平台，自2016年初上线以来，已推出柠檬云财务软件、柠檬云进销存、柠檬云工资条、柠檬云代账、会计头条App、柠檬会计学院等互联网财税产品，服务超220万个企业用户，获得了广大中小企业及财税业界人士的认可，为平台使用者提供了以下交互能力：

（1）数据互通。使用REST接口，即可直接获取相关财务数据，并将其展示在内部系统中，也可以自定义内嵌所需的任意柠檬云页面，实现业务与财务系统的一体化。

（2）自动生成凭证。通过集成接口，即可在内部系统快速实现业务数据自动生成凭证，避免业务数据在财务系统中的重复录入，提高财务管理效率。

（3）发票查验。接入后，只需扫描发票二维码或输入发票信息，即可在数秒内查验发票有效性，并自动生成凭证，极大程度地简化发票处理流程。

柠檬云财税平台可应用的场景有：第一，企业管理系统打通数据，实现企业经营管理一体化，提升效率，降低人力成本；第二，垂直行业管理系统，基于财务功能的二次开发，以满足各行业的业务特点，实现高契合度的行业管理系统；第三，集团财务应用，通过开发配置，可为集团各分支机构下发相互独立的财务系统，实现集团财务系统的一体化管理；第四，会计实操教学，几乎无需开发成本，即可搭建内部的会计实操教学系统，为学员提供业务实操机会。

# 1.3　智能会计信息系统发展

面对业界对会计行业是否会消失的大讨论，笔者认为会计核算智能化的实现不仅不会使会计专业及会计行业消失，反而会促使其大变革，从而使会计专业及会计行业的地位越来越重要，使会计管理功能从低层次管理向高层次管理发展。

## 1.3.1　"大智移云物区"技术在会计中的应用

在中国经济进入高质量发展阶段的背景下，财政部制定印发了《会计信息化发展规划（2021—2025年）》，指出了我国会计信息化发展的主要任务。图1-1所示为国家信息化发展体系图，表明产业的转型升级对财会人员专业知识应用能力要求在不断提高。在大数据、人工智能、移动互联、云计算、物联网和区块链等背景下，企业不仅要求会计人员会做账，还要求掌握信息技术工具，跟踪业务环节，分析企业未来经营管理的数据并进行决策。因为会计工作的本质是信息搜集和整理工作，要求逻辑严谨且100%准确，机器智能操作的优势明显。

图 1-1　国家信息化发展体系图

"大智移云物区"技术在会计实务中得到了广泛的应用。通过机器学习、知识图谱、自然语音识别等主要智能技术，机器智能可以进行科学预测、合理控制、智能分析，帮助企业实现数据分析及智能决策，辅助完成会计工作。场景示例如下。

（1）自动凭证生成

通过机器学习改进凭证生成规则。制定不同的业务类型和业务场景转换规则，通过机器学习改进凭证生成规则，在接收到新的业务信息后能够自动生成会计凭证。

（2）智能咨询交互

通过人工智能构建问答知识图谱。在问答咨询这类业务量繁多的活动中，通过设置人工智能，快速在知识图谱中定位问题答案并向用户反馈，同时记录每个用户的主要业务和偏好，预测财务人员需要的课程并进行推荐。

（3）智能商务文档

结合语音识别技术和 OCR 技术构建商务文档知识图谱。为了解决企业文档管理难、查找难、投入人力成本高、处理流程和时间冗长等问题，结合语音识别技术和 OCR 技术，深度挖掘、提取、管理非结构化数据，实现文档管理、文档查重查异、资格审查、数据统计分析、智能查询等功能，提高用户效率。

## 1.3.2　会计信息系统的发展趋势

在财政部制定印发的《会计信息化发展规划（2021—2025 年）》中制定了会计数据标准体系图，如图 1-2 所示，指出了我国会计数据发展的趋势和治理能力的建设方向。会计信息系统在其发展历程中采用了不同的概念模型，主要有事项会计模型、数据库会计模型和 REA（Resources

Events-Agents)会计模型等。我国的会计信息系统事业经过了 30 多年的发展历程，已经基本普及，会计信息系统的网络多功能化正逐步增强，会计信息系统将出现或可能出现以下发展趋势。

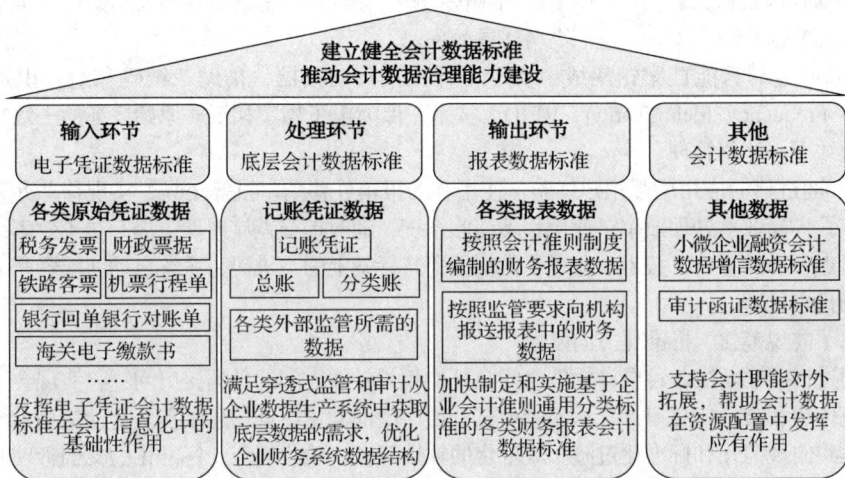

建立健全会计数据标准
推动会计数据治理能力建设

| 输入环节 | 处理环节 | 输出环节 | 其他 |
|---|---|---|---|
| 电子凭证数据标准 | 底层会计数据标准 | 报表数据标准 | 会计数据标准 |

| 各类原始凭证数据 | 记账凭证数据 | 各类报表数据 | 其他数据 |
|---|---|---|---|
| 税务发票 财政票据 铁路客票 机票行程单 银行回单银行对账单 海关电子缴款书 …… 发挥电子凭证会计数据标准在会计信息化中的基础性作用 | 记账凭证 总账 分类账 各类外部监管所需的数据 满足穿透式监管和审计从企业数据生产系统中获取底层数据的需求，优化企业财务系统数据结构 | 按照会计准则制度编制的财务报表数据 按照监管要求向机构报送报表中的财务数据 加快制定和实施基于企业会计准则通用分类标准的各类财务报表会计数据标准 | 小微企业融资会计数据增信数据标准 审计函证数据标准 支持会计职能对外拓展，帮助会计数据在资源配置中发挥应有作用 |

图 1-2　会计数据标准体系图

（1）向"管理一体化"方向发展

"管理一体化"是指从整个企业的角度开展计算机在管理工作中的应用。会计信息系统工作只是整个管理信息系统的一个有机组成部分，需要其他部门信息系统的支持，同时也给其他部门提供支持并提出要求。如今，许多单位的会计信息系统工作已经有了一定的基础，具备向其他部门扩展的条件。网络、数据库等计算机技术的发展也在技术上提供了向管理一体化发展的可能。从发展趋势来看，会计信息系统工作将逐步与其他业务部门的信息系统工作结合起来，由单纯的会计业务工作信息系统向建立财务统计信息综合数据库、综合利用会计信息的方向发展。

（2）向网络多功能化自动化会计信息系统发展

随着网络及电子技术的发展，会计信息系统依托互联网环境对各种交易和事项进行确认、计量和披露。会计信息系统已经由核算型向管理型过渡，体现了系统化计划管理、供需链管理、信息集成、精益生产、敏捷制造和同步工程的现代管理思想。

在基础层流程自动化阶段，机器人流程自动化（Robotic Process Automation，RPA）代替人类实现了大量重复烦琐工作的自动化处理，而核心层智能财务共享平台是对传统财务流程的再造，实现财务与业务和技术的全面融合，通过建立基于业务驱动的财务一体化信息处理流程，使财务数据和业务数据融为一体，实现数据共享，实时掌握经营状况，具体措施如下所述。

① 通过与互联网商城集成，将办公用品、物资采购等采购业务全部在线化，实现与客户和供应商之间的互联互通。

② 通过与商旅平台集成，实现企业差旅业务差旅申请、商旅预订、差旅报销、费用分析、财务结算全流程在线闭环管理。

③ 通过与人资系统集成，同步薪酬、社会保险等信息，实现业务与财务信息协同一致，降低支付风险，提高支付效率。

④ 通过与营销系统集成，实现基础数据全程共享，业务信息向财务信息自动转换，提高工作效率和数据质量。

⑤ 通过与税局系统集成、OCR 扫描等方式实时获取发票信息，贯通企业与用户和供应商的通道，实现发票验真、查重、应用、认证、抵扣、分析预警等发票全流程线上智能化管理。

⑥ 通过与各大银行开展银行电子回单采集，与国家铁路集团开展火车票信息采集等，实现外部票据的线上流转，提高财务工作效率。

⑦ 通过与智能档案馆集成，实现会计档案自动归档，借助二维码和射频识别技术（Radio Frequency Identification，RFID）技术，保障电子档案和纸质原始凭证的一致性，实现线上线下一体化管理。

⑧ 通过移动应用增强用户体验，使用移动报销、移动审批等工具，实现移动办公、移动审核，提高业务处理效率；使用移动商旅系统，随时提交差旅申请，提升员工效率；使用移动盘点，借助 RFID 技术，通过手机扫描资产标签上的二维码，系统自动匹配资产卡片完成实物盘点处理。

（3）向规范化、标准化方向发展

通过标准化解决各种会计软件之间及其他相关软件之间的数据接口问题，实现会计信息的规范传递和会计信息审计，从而为更充分更广泛地利用会计信息服务。会计信息系统的宏观管理将向规范化和标准化过渡。规范化的软件开发、验收规范，标准化的文档管理制度、数据接口将逐步形成和完善。

## 1.3.3　基于 ERP 的智能会计信息系统构建

企业经营管理信息系统的无缝连接一直都是 ERP 等软件系统努力的目标。智能会计信息系统的实现将摆脱传统的"系统开发—系统应用—系统维护"的路径，以现代信息技术为依托的"竞合"＋"平台"方式实现。图 1-3 展示了用友基于 ERP 的智能会计信息系统的构建框架，主要包含企业云服务入口、业务中心、技术平台 3 个模块。

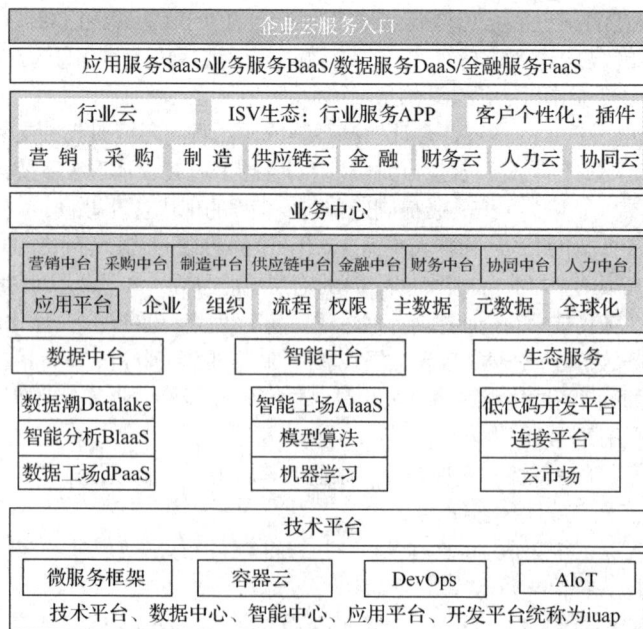

图 1-3　用友基于 ERP 的智能会计信息系统的构建框架

# 思考与练习

## 一、单选题

1. 狭义的会计信息系统是指（　　）。
   A. 以电子计算机为主体的当代电子信息技术在会计中的应用
   B. 计算机在会计核算、会计管理业务上的应用
   C. 用电子计算机进行会计信息收集、存储、加工、传输和输出
   D. 与实现会计工作信息系统有关的所有工作

2. 会计信息系统根据（　　）划分为会计核算系统、会计管理系统和会计决策支持系统。
   A. 信息技术的影响程度　　　　　　B. 功能和管理层次的高低
   C. 对会计数据进行处理的方式　　　D. 复杂的程度

3. 下列配备方式中，成本最高的是（　　）。
   A. 购买通用会计软件　　　　　　　B. 自行开发
   C. 委托外部单位开发　　　　　　　D. 企业与外部单位联合开发

4. 下列对 ERP 系统描述错误的是（　　）。
   A. ERP 是企业资源计划的简称
   B. ERP 可以实现四流一体化管理
   C. ERP 的核心思想是财务管理
   D. ERP 包括人力资源、质量管理、决策支持等企业其他管理功能

5. 会计软件属于（　　）。
   A. 支持性软件　　　B. 应用软件　　　C. 操作软件　　　D. 文字处理软件

## 二、多选题

1. 在进行会计信息化工作的过程中，应着重做好（　　）等方面的工作。
   A. 会计信息化管理和制度的建立　　B. 建立会计信息系统
   C. 会计人员培训　　　　　　　　　D. 计算机审计

2. 会计软件一般由（　　）组成。
   A. 模块　　　　　B. 操作系统　　　C. 数据库　　　　D. 会计软件文档

3. 会计软件实施前的准备工作主要包括（　　）。
   A. 全面清理手工会计业务工作　　　B. 规范会计业务处理工作
   C. 会计数据的整理和准备　　　　　D. 进行人员的培训

## 三、判断题

1. 会计信息系统是企业管理信息系统的一个重要子系统。　　　　　　　　（　　）

2. 使用电子计算机进行会计核算，必须符合国家统一的会计制度规定。　　（　　）

3. 数据加密的目的是保护系统的数据、文件、口令和控制信息，同时也可以提高网上传输数据的可靠性。　　　　　　　　　　　　　　　　　　　　　　　　　（　　）

4. ERP 软件是指专门用于会计核算、财务管理的计算机软件、软件系统或者其功能

模块。 （　　　）
5. 智能会计的产生是在会计信息化基础上的飞跃。 （　　　）

## 四、思考题

1. 什么是会计信息系统？该系统包括什么？
2. 简述我国会计信息系统的发展过程。
3. 我国会计信息系统发展可以分为几个阶段？每个阶段分别有哪些特点？
4. 智能会计使用了哪些信息技术？

# 实训题

## 【实训 1】会计信息系统前沿技术认识

【实训目的】
了解影响会计人员的信息技术，积极应对信息技术对会计人员带来的挑战。

【实训内容】
1. 汇总近 5 年来影响会计人员的信息技术的变化。
2. 分析影响会计人员的信息技术如何影响会计信息系统的工作流程。

【实训资料】
2021 年 6 月 8 日，中证网讯记者李岚君报道，"信息技术驱动行业财务变革"高峰论坛暨 2021 年影响中国会计人的十大信息技术评选结果发布会在上海国家会计学院启动。

上海国家会计学院党委书记、院长李扣庆在开幕致辞时表示，十大信息技术评选从 2017 年恢复举行迄今进行到第五年，活动已经成为中国会计行业非常有影响力的品牌活动。十大信息技术希望通过开展评选活动让更多人了解、关注、使用、分享会计技术，推动中国会计科技的进步。

本次评选委员会主任、上海国家会计学院党委副书记、副院长刘勤提到，本次评选的目的是汇集专家及各界智慧，厘清对中国会计从业人员有重要影响的会计信息技术；帮助广大会计从业人员了解和掌握流行技术的基本概念、核心产品、应用场景和学习方法；持续打造引领会计从业人员职业发展和会计行业变革的风向标。本次评选相对于 2020 年进行了多项改进，包括大幅增加专家数量并调整专家结构、调整候选信息技术的"颗粒度"、增加调查项目等，也在内容结构、结果解读方面有较大的变化。这些创新和改进增加了调查的信息含量，补充了更多高质量观点，增强了报告的行业指导价值。

【实训要求】
通过检索 2017—2021 年资料，收集近 5 年来影响会计人员的信息技术，并分析这些技术及变化对会计人员的影响，以及这些技术如何影响会计信息系统的工作流程。

# 第 2 章　会计信息系统软件的安装与运行

**学习目标**

- 熟悉用友 ERP-U8 安装环境要求。
- 熟悉用友 ERP-U8 数据库系统要求。
- 熟悉用友 ERP-U8 安装步骤。

**课前思考**

用友 ERP-U8 是用友网络科技有限股份公司系列产品中市场占有率较高，应用范围较为广泛的一款财务软件，面向中型制造企业、商贸企业、开展 B2C 贸易的传统企业及新型线上贸易企业，提供财务会计、供应链、生产制造、HR、BI 等功能，以帮助企业实现人、财、物、产、供、销的管理。用友 ERP-U8 对安装环境有哪些要求？对数据库系统有哪些要求？如何安装用友 ERP-U8？这些内容将在本章进行详细介绍。

用友网络科技股份有限公司的 ERP-U8 企业应用套件（简称用友 ERP-U8）是面向中型企业的管理软件。它适应中国企业高速成长且逐渐规范发展的状态，是蕴含中国企业先进管理模式、体现各行业业务最佳实践，有效支持中国企业国际化战略的信息系统经营平台。

## 2.1　会计信息系统软件的运行环境

用友 ERP-U8 应用系统采用 3 层架构体系，分为数据库服务器、应用服务器和客户端。

### 2.1.1　安装注意事项

（1）单机应用模式，将数据库服务器、应用服务器和客户端安装在一台计算机上。

（2）网络应用模式，只有一台服务器。将数据库服务器和应用服务器安装在 1 台计算机上，将客户端安装在另 1 台计算机上。

（3）网络应用模式，有两台服务器。将数据库服务器、应用服务器和客户端分别安装在 3 台计算机上。

### 2.1.2　安装环境的准备

#### 1．操作系统要求

Windows XP+SP2 或更高版本

Windows Server 2003+SP2 或更高版本

Windows Vista+SP1 或更高版本

Windows 7 旗舰版或专业版

### 2．安装用户

在用友 ERP-U8 的安装过程中，通常要更改有关的环境设置，因此用户要具有管理员权限才能进行安装，最好在安装时使用超级用户权限。

在计算机中选择"计算机管理（本地）→本地用户和组→用户→Administrator"选项。

在弹出的对话框中取消选中"账户已禁用"选项，单击"确定"按钮，退出后重新启动操作系统，如图 2-1 所示。

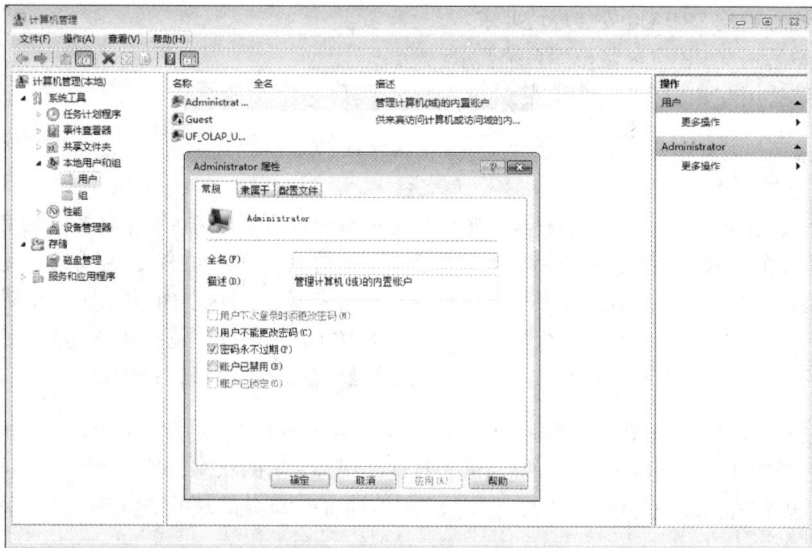

图 2-1　Administrator 属性

### 3．更改用户账户控制设置

为了保证系统安全，Windows 7 系统默认对用户权限进行了设置，以防止非法软件被安装，但是在安装一些软件时需要最高权限，否则会出现表面上似乎安装完成，但是由于权限不够，导致在修改相关参数时不成功，安装后也无法使用的情况。这种问题是安装程序在安装过程中发生的，有时候不会弹出错误对话框或其他提示，因此出现错误的时候很难寻找原因和解决办法。

在计算机中选择"控制面板→用户账户和家庭安全→用户账户"选项。单击"更改用户账户控制设置"选项，然后设置为最低，即"从不通知"，如图 2-2 所示。

### 4．更改计算机名称

打开"控制面板"，选择"系统和安全"，再选择"系统"选项。

在用友 ERP-U8 系统中，"计算机名"不能使用"-（减号）"这个特殊字符，如果需要更改，可以选择计算机名的"更改设置"功能进行更改，如图 2-3 所示，然后单击"确定"按钮，重新启动系统后生效。

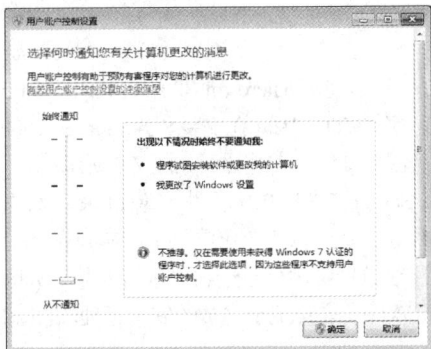

图 2-2　用户账户控制设置

图 2-3　更改计算机名称

# 2.2　会计信息系统软件的安装指导

在计算机上安装用友 ERP-U8 时，如果使用 Windows 7 操作系统，要首先安装互联网信息服务（Internet Information Services，IIS），其次安装数据库，最后才能够安装用友 ERP-U8。

## 2.2.1　安装 IIS

在安装用友 ERP-U8 前，首先需要安装 IIS。该服务是由微软公司提供的基于 Windows 的互联网基本服务。

IIS 的默认安装没有开启全部服务功能，需要用户手动添加进行修改和安装。

打开"控制面板"，选择"程序→程序和功能"→"打开或关闭 Windows 功能"选项。

选择"Internet 信息服务"选项，打开"Windows"功能对话框，将服务项目全部展开，最简单的办法是选中全部项目，如图 2-4 所示，进行相关设置后，单击"确定"按钮，系统会自动完成 IIS 的安装，重新启动后生效。

图 2-4　用户账户控制设置

## 2.2.2 安装数据库

用友 ERP-U8 使用微软公司的 SQL Server 数据库，这里使用 Microsoft SQL Server 2008 R2 版本。由于本书提供的 SQL Server 数据库安装软件是镜像文件，因此在安装 SQL Server 2008 R2 之前需要先安装 Daemon Tools，用于打开 SQL 光盘镜像文件，安装界面如图 2-5 所示。

安装 Daemon Tools 后，进入 Microsoft SQL Server 2008 R2 软件安装目录，双击"Setup.exe"安装程序（进入 Windows 时，如果不是以管理员身份登录的，应该先选择"Setup.exe"安装程序，然后单击鼠标右键选择"以管理员身份运行"选项）进行安装，如图 2-6 所示。在运行安装程序之前，一定要停止运行杀毒软件、安全卫士之类的安全管理软件。

图 2-5  Daemon Tools 安装

图 2-6  SQL Server 安装

若以前安装过 SQL Server 软件，需要将历史版本完全卸载，否则安装后系统无法检测到新安装的 SQL Server 软件。

在安装过程中，可能会出现"此程序存在已知的兼容性问题"提示对话框，单击"运行程序"按钮继续安装。如果在后续的安装过程中遇到类似的提示对话框，也按照这种方式进行处理。

单击"安装"按钮进入安装状态，系统自动运行，然后出现"安装程序支持规则"界面，如图 2-7 所示，系统检查通过后，单击"确定"按钮，进入"产品密钥"界面。

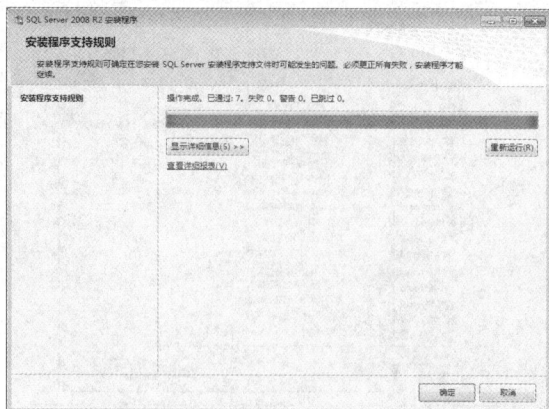

图 2-7  安装程序支持规则界面

在"产品密钥"界面中输入 SQL Server 2008 R2 的产品密钥,如图 2-8 所示,单击"下一步"按钮,进入"许可条款"界面。

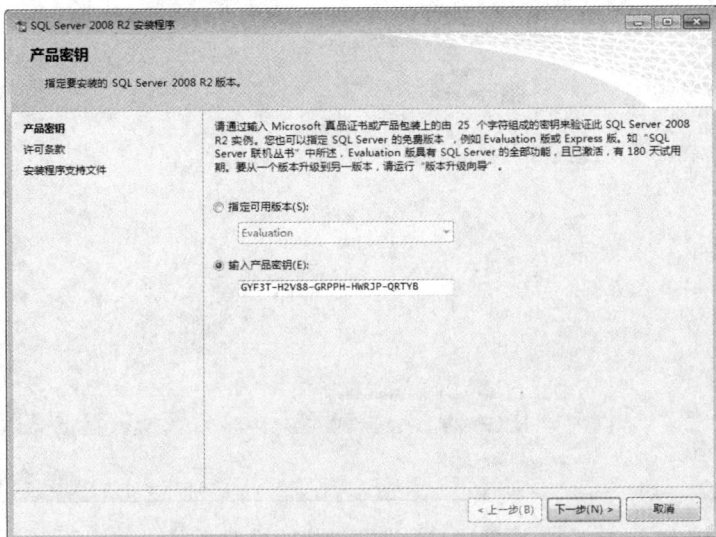

图 2-8  "产品密钥"界面

进入"许可条款"界面后,如图 2-9 所示,选中"我接受许可条款"复选框,接受条款,然后单击"下一步"按钮,进入"安装程序支持文件"界面。

图 2-9  "许可条款"界面

在"安装程序支持文件"界面中,如图 2-10 所示,单击"安装"按钮,程序将自动运行,安装完成后,单击"下一步"按钮,进入"设置角色"界面。

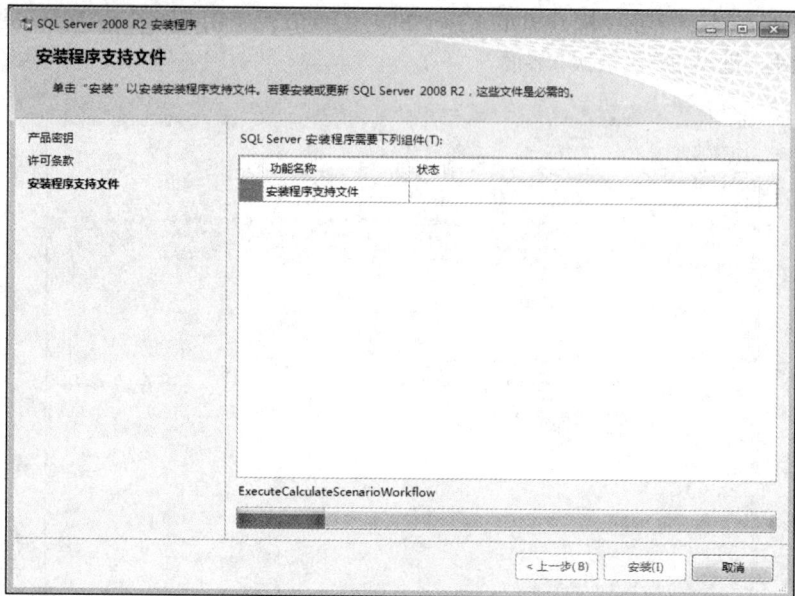

图 2-10 "安装程序支持文件"界面

在"设置角色"界面中，选择"SQL Server 功能安装"选项，如图 2-11 所示，然后单击"下一步"按钮，进入"功能选择"界面。

图 2-11 "设置角色"界面

在"功能选择"界面中，单击"全选"按钮，选中实例功能和共享功能中的全部功能，如图 2-12 所示，然后单击"下一步"按钮，进入"安装规则"界面，此时安装程序开始运行规则检测，安装过程将自动运行，如图 2-13 所示。安装完毕后，单击"下一步"按钮，进入"实例配置"界面。

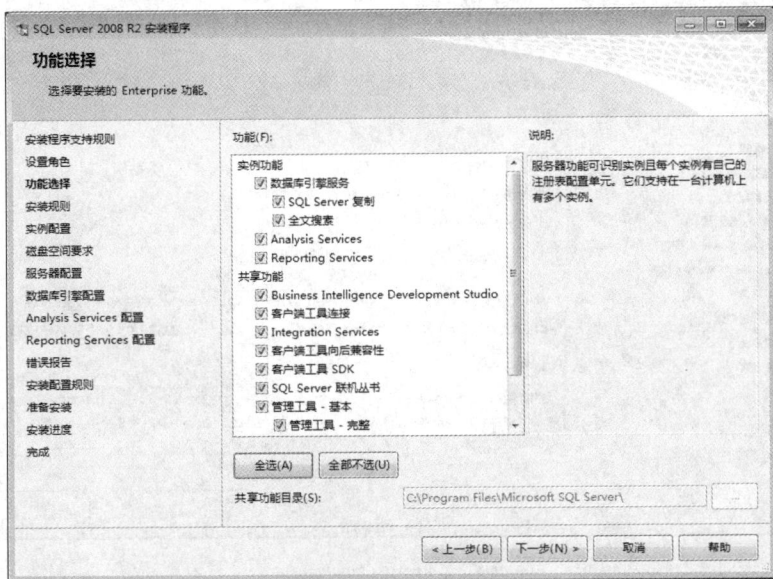

图 2-12 "功能选择"界面

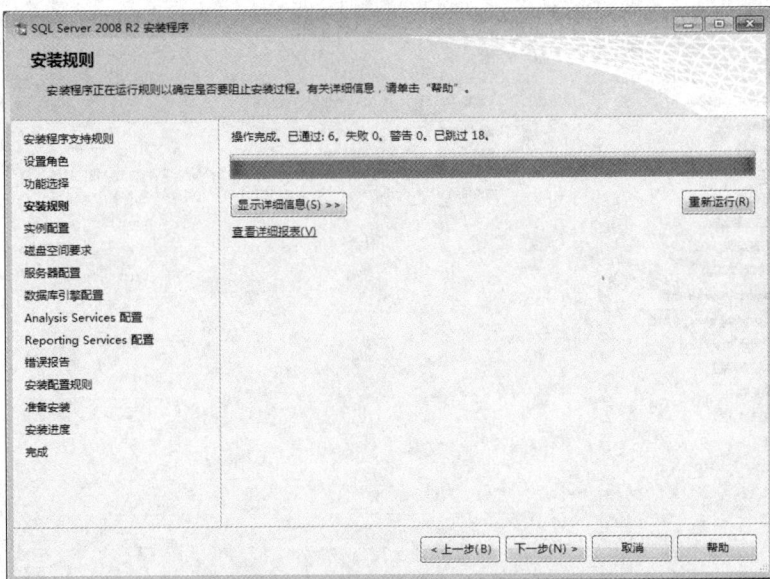

图 2-13 "安装规则"界面

在"实例配置"界面中，如图 2-14 所示，指定 SQL Server 实例的名称和实例 ID，实例 ID 将成为安装路径的一部分。设置完实例后，单击"下一步"按钮，进入"磁盘空间要求"界面，如图 2-15 所示，不需要进行设置，直接单击"下一步"按钮即可。

图 2-14 "实例配置"界面

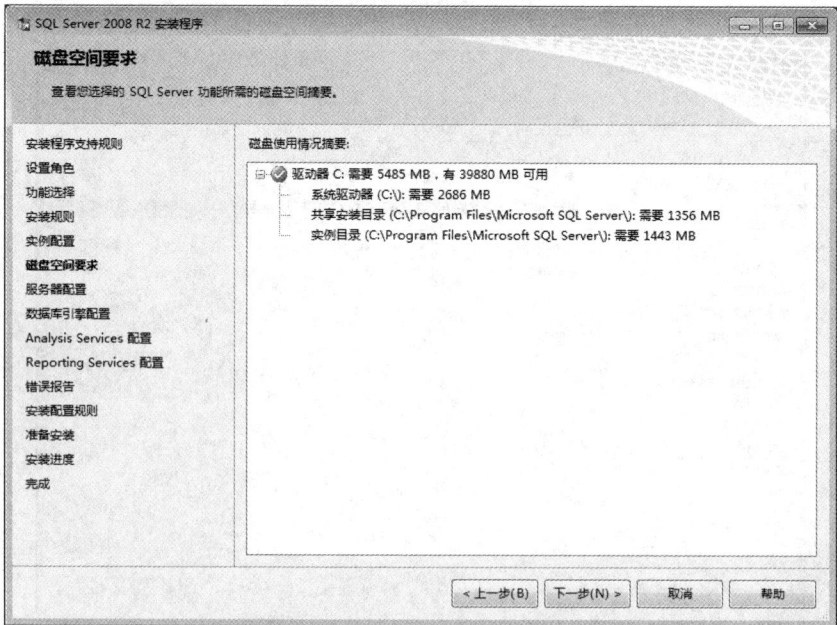

图 2-15 "磁盘空间要求"界面

在"服务器配置"界面中，指定服务账户和排序规则配置，在"服务账户"中对所有 SQL Server 账户使用相同的账户名，如图 2-16 所示，然后单击"下一步"按钮，进入"数据库引擎配置"界面。

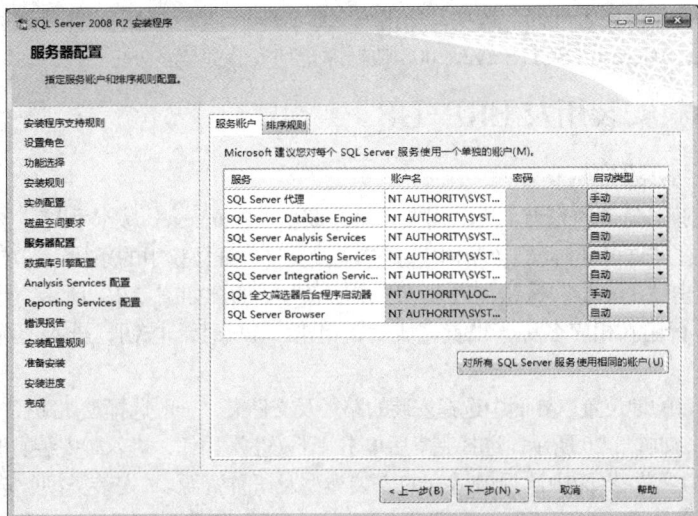

图 2-16　"服务器配置"界面

在"数据库引擎配置"界面中，如图 2-17 所示，设定数据库引擎身份验证安全模式、管理员和数据目录。在"账户设置"选项卡下，设置身份验证模式，选择"混合模式（SQL Server 身份验证和 Windows 身份验证）"选项。然后为 SQL Server 系统管理员账户设置密码，建议为 6 位密码。最后将当前用户添加为 SQL Server 系统管理员，单击"下一步"按钮，后续安装按照默认设置选择，直至安装完毕。注意需要记住设置的密码，因为后续操作仍需要输入该组密码。

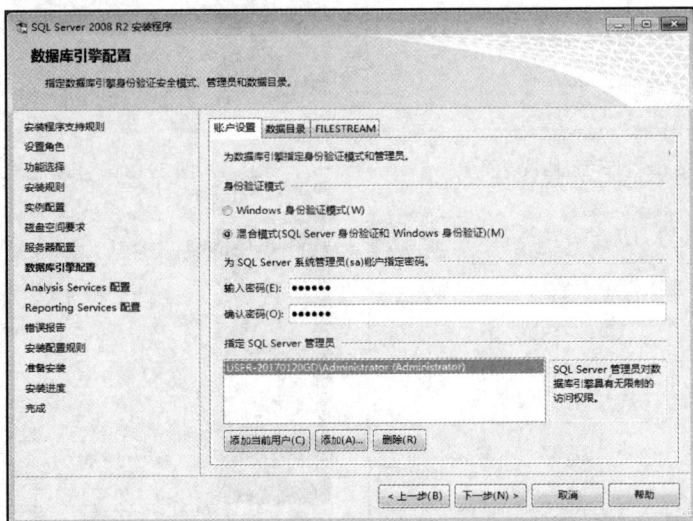

图 2-17　"数据库引擎配置"界面

安装完成后，重新启动计算机生效。

重新启动计算机后，选择 Windows 菜单下的"开始→所有程序→Microsoft SQL Server

2008→SQL Server 配置管理器"选项，单击"SQL Server 2008"选项，即可运行 SQL Server 数据库。至此，Microsoft SQL Server 2008 数据库全部安装完毕。

## 2.2.3  安装用友 ERP-U8

### 1. 安装环境检测

首先进入随书附带的光盘，进入用友目录，双击"Setup.exe"安装程序，然后单击"下一步"按钮，在"许可证协议"界面中选择"我接受许可证协议中的条款"选项，如图 2-18 所示。然后单击"下一步"按钮，进入"客户信息"界面，如图 2-19 所示，输入用户名及公司名称，自行输入相应名称，设置完成后，单击"下一步"按钮，进入"选择目的地位置"界面。

在"选择目的地位置"界面中选择安装的路径及文件夹，一般选择默认路径安装，也可以更改安装路径，如图 2-20 所示，选择完毕后单击"下一步"按钮，进入"安装类型"界面。

在"安装类型"界面中选择最适合的安装类型及语种资源。"安装类型"选项分为全产品、服务器、客户端、自定义等 4 个选项，这里选择"全产品"选项，表示全部组件在同一台计算机上安装；选择"语种资源"，如图 2-21 所示，然后单击"下一步"按钮，进入"系统环境检测"界面。

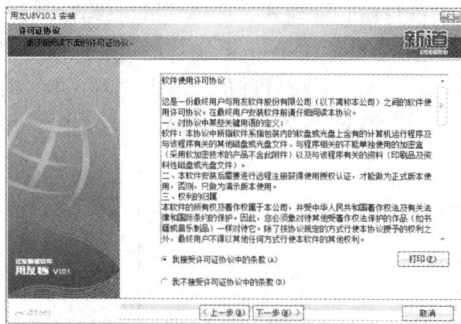

图 2-18  许可证协议界面

图 2-19  客户信息界面

图 2-20  选择目的地位置界面

图 2-21  安装类型界面

在"环境检测"界面中，根据前面选择的安装类型检测环境的适配性。单击"检测"按钮，会弹出"系统环境检查"对话框显示检测结果，如图 2-22 所示。系统环境检查分为

"基础环境""缺省组件"和"可选组件"3 个部分，如果"基础环境"不符合要求，需要退出当前安装环境后手工安装所需的软件和补丁；如果"缺省组件"没有安装，可以单击"安装缺省组件"按钮进行自动安装，也可以直接在光盘中找到相应的组件进行安装。

图 2-22　系统环境检查对话框

## 2．安装

系统环境检查通过后，单击"确定"按钮，进入"可以安装该程序了"界面，如图 2-23 所示，单击"安装"按钮可以进行软件的安装。

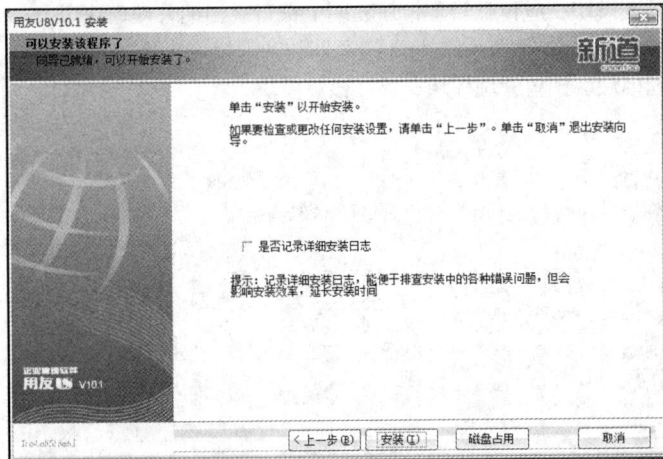

图 2-23　安装界面

安装会持续较长时间，具体持续时间与所使用机器的性能有关，安装完成后，系统会提示"已经安装成功，是否需要立即启动计算机"，建议选择"是，立即重新启动计算机"选项，否则可能会导致不可预期的错误或异常。

重新启动计算机后，打开软件，在图 2-24 所示的数据库中输入数据库实例名，输入 "sa" 口令（数据库系统要求），单击"确定"按钮，然后等待数据库初始化完成，即可正常使用。

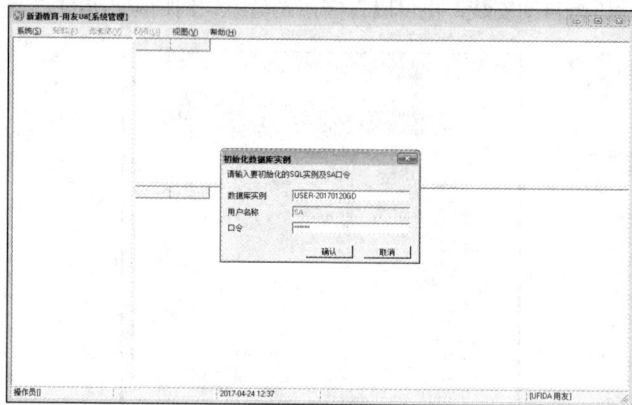

图 2-24　初始化数据库实例

# 2.3　会计信息系统软件功能模块认识

用友 ERP-U8 V10.1 版系统中包含 11 个功能模块，涵盖企业的财务工作、销售工作、生产工作、人力资源工作、企业内部行政工作等多个环节，如图 2-25 所示。本节重点从财务管理系统和供应链管理系统介绍功能模块的内容。财务管理系统主要包含总账处理模块、财务报表模块、应收款管理模块、应付款管理模块、网上银行、出纳管理模块以及固定资产模块。供应链管理系统主要包含采购管理模块、委外管理模块、库存管理模块、销售管理模块、存货核算模块。

用友 ERP-U8 V10.1 版系统架构图

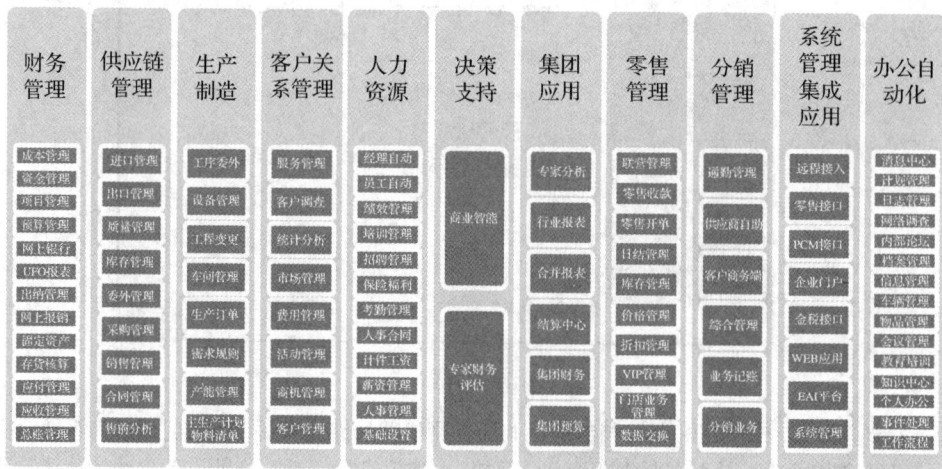

图 2-25　用友 ERP-U8 V10.1 版系统架构图

# 思考与练习

## 一、单选题

1. 安装用友 ERP-U8 系统时，不需要注意的是（    ）。
   A. 专机专用 　　　　　　　　　　　B. 机器名大写
   C. 安装前关闭所有的杀毒软件 　　　D. 校准计算机时钟
2. （    ）是设置特定模块运行过程中所需要的参数、数据和本模块的基础信息，以保证模块按照企业的要求正常运行。
   A. 系统级初始化 　　　　　　　　　B. 模块级初始化
   C. 业务级初始化 　　　　　　　　　D. 企业级初始化
3. 下列（    ）不属于操作系统。
   A. Microsoft Office 　　B. DOS 　　　　C. Windows XP 　　　D. Windows 8

## 二、多选题

1. 安装用友 ERP-U8 管理系统时，系统提供了以下哪些安装类型?（    ）
   A. 应用客户端 　　　B. 完全 　　　　　　C. 应用服务器 　　　D. 数据服务器
2. 用友 ERP-U8 管理软件简介-技术架构的三层架构是（    ）。
   A. 数据服务器 　　　B. 应用服务器 　　　C. 客户端 　　　　　D. 软件
3. 一般情况下，服务器上需要安装的系统包括（    ）。
   A. 网络操作系统 　　　　　　　　　B. 网络管理系统
   C. 防病毒系统 　　　　　　　　　　D. 数据库应用系统

## 三、判断题

1. 用友 ERP-U8 管理软件不分单机、网络版本，视具体的应用模式而定。（    ）
2. 用友 ERP-U8 应用模式不同，安装的方法相同。（    ）
3. 用友 ERP-U8 在各种版本的 Windows 系统中都能够安装和运行。（    ）
4. 在具体的企业中安装用友 ERP-U8 时，服务器和工作站都需要安装数据库。（    ）
5. 安装用友 ERP-U8 时，机器名不能大写。（    ）

## 四、思考题

1. 在单机上安装用友 ERP-U8 时，系统环境是什么?
2. 安装数据库的主要流程是什么?
3. 安装用友 ERP-U8 的主要流程是什么?
4. 用友 ERP-U8 有哪些核心模块?

# 实训题

【实训 2】会计信息系统软件安装实践

【实训目的】
熟悉用友 ERP-U8 V10.1 版的安装流程。

【实训内容】
检查电脑安装环境并练习安装用友 ERP-U8 V10.1 软件。

【实训资料】
　　ABC 公司为了提高会计核算效率，深入推展业财融合，采购了用友 ERP-U8 V10.1 软件。公司电脑目前使用的是 Windows 11 操作系统，请你作为财务负责人组织安装用友软件。

【实训要求】
检查电脑安装环境，安装用友 ERP-U8 V10.1 软件并初始化数据库。

# 第 3 章 系统管理与企业应用平台

## 学习目标

- 熟悉系统管理和企业应用平台界面。
- 熟悉系统管理和企业应用平台的基本功能和使用方法。
- 熟练利用系统管理进行用户添加和账套建立。
- 熟练利用企业应用平台进行账套基本资料的设置。

---

### 课前思考

　　会计信息系统是会计业务处理流程依托信息技术进步的一次质的飞跃，会计信息系统环境下的会计循环依旧遵循手工会计思维。利用会计信息系统软件建立账套，设置账套基本资料，添加不同部门的用户，为各个用户授权等基本工作是会计信息系统软件需要完成的第一步。系统管理与企业应用平台能够实现哪些功能？如何进行会计信息处理？系统管理是企业应用平台的基础，那么在系统管理界面中可以实现哪些功能？这些内容将在本章进行详细介绍。

---

　　用友 ERP-U8 V10.1 版系统软件的操作界面主要由系统管理和企业应用平台两部分组成。系统管理为企业应用平台的正常运行提供基本支撑；企业应用平台则是用户使用软件功能完成数据处理的直接操作界面。本章主要介绍系统管理和企业应用平台两个界面的基本原理与基本功能。

# 3.1　系统管理

　　系统管理是用友 ERP-U8 管理软件一个非常重要的组成部分，类似于后台管理系统。系统管理的主要功能是对用友 ERP-U8 管理软件的各个模块进行统一的操作管理和数据维护。

## 3.1.1　系统管理的基本概念

　　系统管理的任务具体包括数据库管理、账套管理、年度账管理、操作任务管理、操作员角色及权限的集中管理、系统数据及运行安全的管理等方面。系统管理专用名词释义如表 3-1 所示。

表3-1　用友 ERP-U8 系统管理专用名词释义表

| 序号 | 名称 | 概念 |
|---|---|---|
| 1 | 账套 | 账套是指一组相互关联的数据。一个账套拥有一套完整的数据，包括基础数据、业务数据、财务数据，在 SQL 中将显示为每个年度有一个独立数据库。一个企业可以拥有多个账套，系统账套容量为999 |
| 2 | 年度账 | 账套中一般存放不同年度的会计数据，为方便管理，不同年度的数据存放在不同的数据表中，即为年度账 |
| 3 | 角色 | 角色是指在企业管理中拥有某一类职能的组织，也可以是由同一职能的人构成的虚拟组织，如会计、出纳、主管等 |
| 4 | 用户 | 用户是指有权登录系统并对系统进行操作的人员，系统提供了管理员用户和普通用户两大类，其中普通用户可分为账套主管和普通员工 |
| 5 | SQL 数据库 | Structured Query Language（结构化查询语言）的缩写。SQL 是专为数据库而建立的操作命令集，是一种功能齐全的数据库语言。一个 SQL 数据库是表（Table）的集合，它由一个或多个 SQL 模式定义，用来存储账套信息 |

### 3.1.2　系统管理的主要功能

#### 1．账套管理与年度账管理

用友 ERP-U8 可为一个企业或者多个企业中每一个独立核算的单位建立账套。将企业数据按照年度划分，称为年度账，以便对每个企业或者每个独立核算的单位按年度分别进行数据处理，提升了数据处理效率。"账套"选项中的账套管理功能一般包括账套的建立、修改、删除、引入、输出和备份等。年度账管理包括年度账的建立、清空、引入、输出和结转上年数据等。这些功能为用友 ERP 数据处理提供了基础支持和输出途径。

#### 2．用户与权限管理

信息系统的实现解决了难以监控传统手工会计人员权限独立性的难题，为企业提供了用户管理及权限控制的集中管理功能。不同用户有独立的口令密码，账套主管为各用户设置相应权限。在日常使用时，不同的操作人员通过注册进行身份识别后进入企业应用平台看到的窗口是相同的。但由于不同操作人员具有不同的操作权限，因此能够进行的操作是不同的。

#### 3．统一的监控机制

系统运行安全、数据存储安全是企业信息管理中的核心部分。设立统一的安全机制包括设置系统运行过程中的监控机制、设置数据自动备份、清除系统运行过程中的异常任务等。用友 ERP-U8 系统管理在"视图"选项中为用户提供了清除当前任务、清除所有任务、清除锁定等功能，保证并监控系统运行的稳定性。

### 3.1.3　系统管理相关用户

系统管理作为数据权限分配的核心平台，只允许系统管理员和账套主管两类用户登录。

#### 1．系统管理员

系统管理员，登录名为"admin"，在用友 ERP-U8 教学版系统管理中默认无密码，直接选择数据库即可登录。系统管理员负责整个系统的总体控制和数据维护工作，可以管理该系统中所有的账套。系统管理员可以进行账套的建立、引入和输出；设置角色和用户；指定账套主管；设置和修改用户的密码及其权限等。系统管理员没有账套修改权限，因此只能使用"账套"选项中的建立、引入、输出功能，而不能使用修改功能。登录界面如图 3-1 所示。

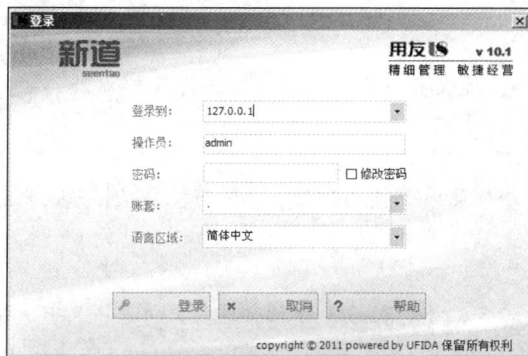

图 3-1　系统管理登录界面图

## 2. 账套主管

账套主管需首先使用系统管理员身份登录系统，自定义账套主管用户名和密码，然后使用账套主管身份录入用户名和密码，选择相应账套和登录日期即可登录系统管理。账套主管负责所选账套的维护工作，主要包括对所选账套参数进行修改，但是没有权限建立新账套。因此，账套主管只能使用"账套"选项中的修改功能，而不能使用建立、引入、输出功能。此外，账套主管还可以进行该账套所有用户权限的设置。

【注意】系统管理员（admin）与账套主管的权限明细对比如表 3-2 所示。

表 3-2　系统管理员与账套主管权限明细对比表

| 主要功能 | 详细功能 | 系统管理员 | 账套主管 |
|---|---|---|---|
| 账套操作 | 新建账套 | √ | × |
| | 修改账套 | × | √ |
| | 删除/恢复账套数据 | √ | × |
| | 输出（备份）账套数据 | √ | × |
| | 设置账套输出（备份）计划 | √ | × |
| | 升级 Access/SQL Server 数据库 | √ | √ |
| | 清空年度数据/结转上年数据 | × | √ |
| 人员、权限 | 角色操作 | √ | √ |
| | 用户操作 | √ | × |
| | 权限操作 | √ | √ |
| 其他操作 | 清除异常任务 | √ | × |
| | 清除单据锁定 | √ | × |
| | 上机日志 | √ | × |
| | 视图刷新 | √ | √ |

【**任务 1**】用系统管理员（admin）身份进入系统管理，增加用户信息。

**操作提示：**

**1. 打开界面**

执行"开始→程序→用友→系统服务→系统管理（双击进入）"命令。

**2. 注册登录**

执行"系统→注册"命令，操作员为"admin"，密码为"空"，选择默认账套，无须输入时间，登录系统管理。

**3. 增加用户信息**

执行"权限→用户→增加"命令，添加表 3-3 中的普通用户信息，其中，增加编号为"01"的操作员界面如图 3-2 所示。

表 3-3　新增用户信息表

| 编号 | 姓名 | 口令 | 职务 | 部门 | 所属角色 | 系统权限 |
|------|------|------|------|------|----------|----------|
| 01 | 张平 | 1 | 账套主管 | 财务部 | 账套主管 | 账套全部权限 |
| 02 | 杨乐 | 2 | 财务会计 | 财务部 | 普通员工 | 公用目录设置、总账、人力资源、固定资产、应收款/应付款管理 |
| 03 | 王芳 | 3 | 出纳 | 财务部 | 普通员工 | 总账凭证中出纳签字、查询凭证，出纳部分所有权限 |
| 04 | 李同 | 4 | 业务主管 | 销售部 | 普通员工 | 公用目录设置、公共单据、采购管理、销售管理、库存管理、存货核算 |

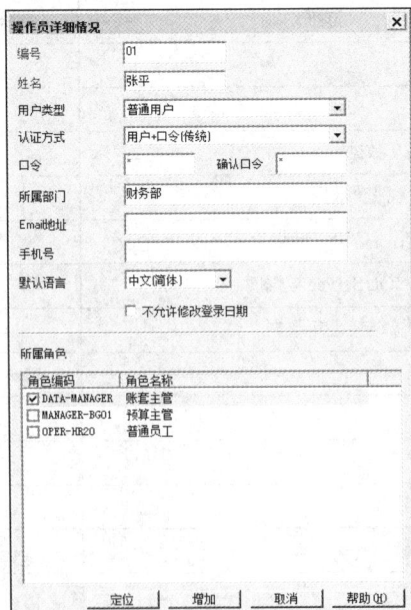

图 3-2　增加操作员界面

**【任务 2】**用系统管理员（admin）身份，新建账套，设置账套信息及权限。

**操作提示：**

**1. 新建账套**

执行"系统管理界面→账套→建立"命令，按照以下任务资料完成666 账套的建立和基本信息的设置，未提供信息的项目按照默认值设置。创建账套过程依次分别如图 3-3～图 3-11 所示。

建立账套

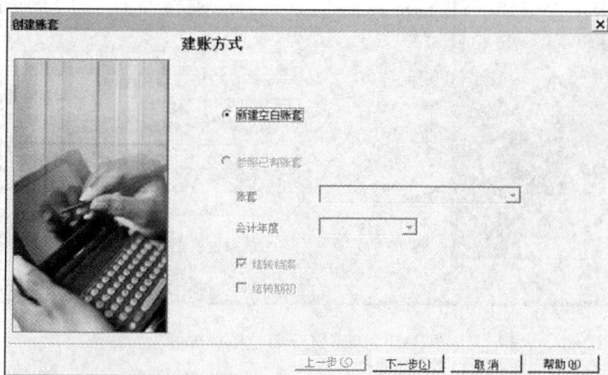

图 3-3　创建账套界面

（1）单位信息

账套号：666（账套号一经设置不可修改）。

账套名称：天津易捷科技有限公司。

启用会计期：2021 年 9 月（启用日期一经设置不可修改，教学版一般不提供与电脑系统时间跨期三年以上的服务，建议启用日期设置为实操时的系统同年，防止系统报错）。

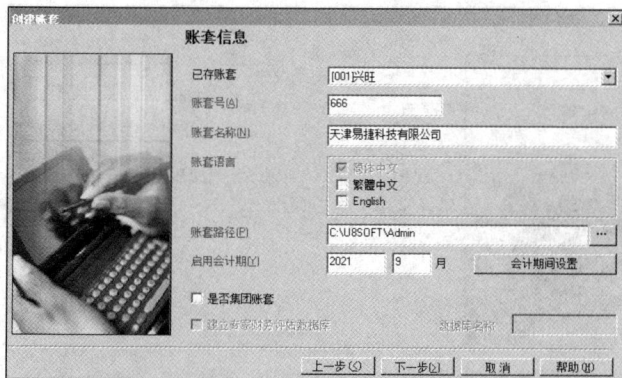

图 3-4　创建账套信息界面

单位名称：天津易捷科技有限公司。

单位简称：易捷科技。

单位地址：天津市宝坻区京津新城珠江北环东路 101 号。

法人代表：杨喆。

邮政编码：301830。

联系电话：022-22413666。

传真：022-22413666。

税号：010283783927666。

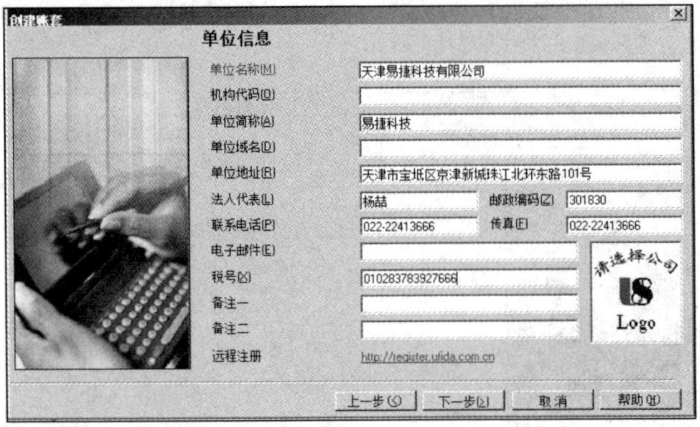

图 3-5　创建账套单位信息界面

（2）核算类型

本币代码：RMB。

本币名称：人民币。

企业类型：工业。

行业性质：2007 新会计制度科目。

账套主管：01 张平（此处必须先完成【任务 1】的用户增加操作）。

勾选"按行业性质预置科目"复选框。

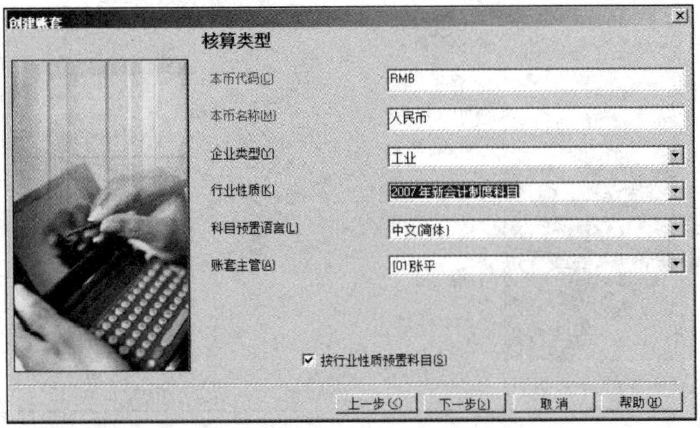

图 3-6　创建账套核算类型界面

（3）基础信息

　　分类信息：存货、客户、供应商、有无外币核算（4 项全部选择），单击"下一步"按钮开始进行账套的创建，大概需要等待 3 分钟。

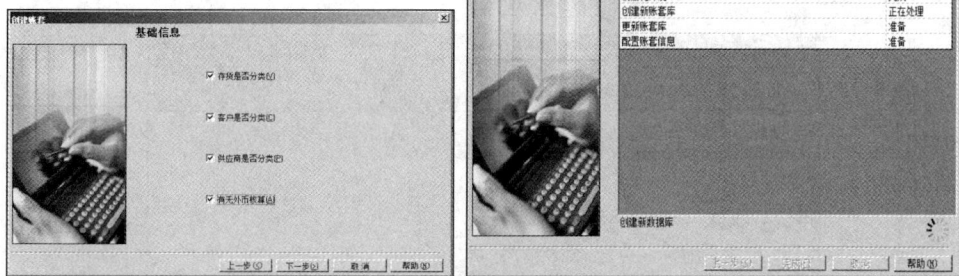

图 3-7 创建账套基础信息及建账界面

（4）编码方案：

科目编码级次：4222。

客户分类编码级次：21。

供应商分类编码级次：21。

存货分类编码级次：2221。

部门编码级次：22。

地区分类编码级次：221。

其他设置采用系统默认（单击"确定"按钮后关闭对话框即可）。

（5）数据精度：采用系统默认（单击"确定"按钮后关闭对话框即可）。

图 3-8 创建账套编码方案界面

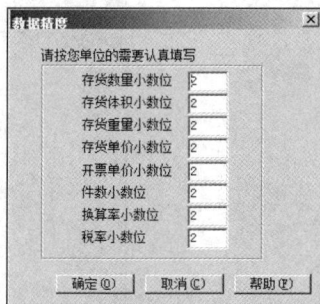

图 3-9 创建账套数据精度界面

（6）系统启用

数据精度设置成功后将提示"666 账套天津易捷科技有限公司建立成功，是否启用系统？"，用友 ERP-U8 的各个系统均可在此处启用，也可以在企业应用平台中启用。此处选择直接关闭，在企业应用平台中启用。

**2. 设置权限**

执行"系统管理界面→权限→权限"命令，选中要授权的操作员，单击"修改"功能，按照表 3-3 的资料分别为 4 位用户进行权限设置。需要注意的是，设置权限应该先选择账套，再选择人员，最后设置权限并保存，如图 3-10 所示。

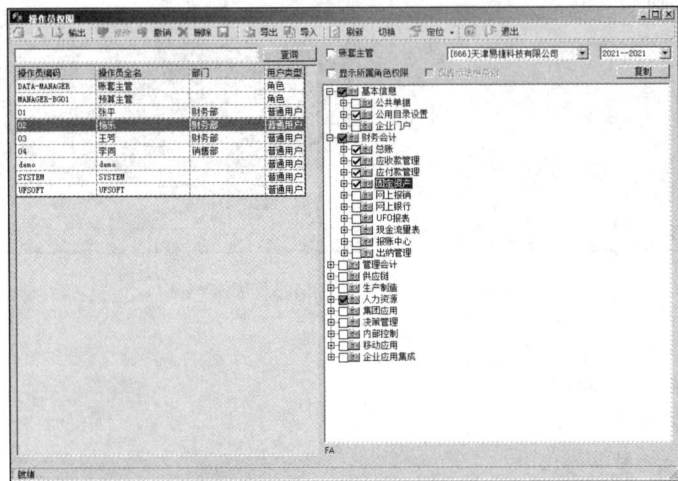

图 3-10　设置权限界面

**【任务 3】** 使用账套主管（01 操作员张平）身份修改账套信息。

**操作提示：**

**1. 转换身份登录系统管理**

执行"系统→注销"命令，退出系统管理员身份，重新使用账套主管身份登录，操作员为"01"，密码为"1"，账套选择"[666].天津易捷科技有限公司"，操作日期为"2021-09-01"，如图 3-11 所示，单击"登录"按钮进入系统管理界面。

图 3-11　账套主管登录界面

**2. 修改账套信息**

执行"账套→修改"命令，进入"666 账套"基本信息界面，将联系电话"022-22413666"修改为"022-22410666"，如图 3-12 所示。单击"下一步"按钮，弹出编码方案及数据精度窗口，再单击"取消"按钮即可。

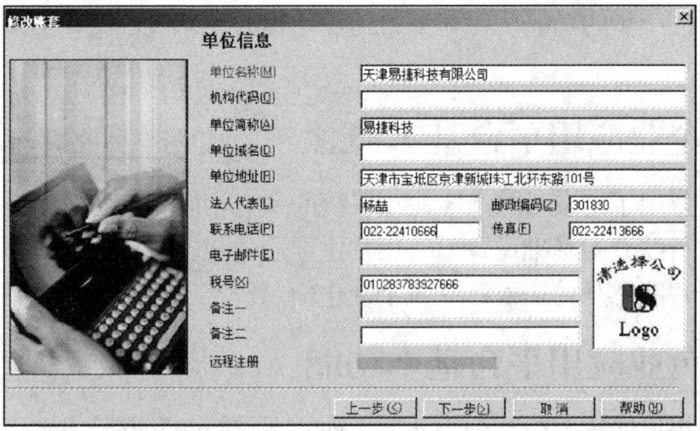

图 3-12　修改账套信息界面

> **【注意】**使用账套主管身份登录时，"账套"选项中只有"修改"和"决策管理设置"功能可以使用；账套建立成功后，"账套号"和"启用会计期"均不可以修改。

**【任务 4】**使用系统管理员（admin）身份输出账套，并保存到以"姓名+日期"命名的文件夹中，压缩文件夹并将其复制到 U 盘中。将文件解压缩并重新通过系统管理引入。

操作提示：

**1.　输出账套**

重新使用 admin 身份登录，执行"账套→输出"命令，学生在使用非个人计算机时，建议首先在计算机的 E 盘下新建一个以"姓名+日期"命名的文件夹，并将"666 账套"输出到该文件夹中，等待 3 分钟左右输出成功，如图 3-13 所示。文件夹中会显示两个文件，其中一个是名为"UFDATA.BAK"的数据库文件，另一个是名为"UfErpAct.Lst"的表单文件，如图 3-14 所示。将文件夹压缩并将其复制到 U 盘中备份。

图 3-13　账套输出成功界面

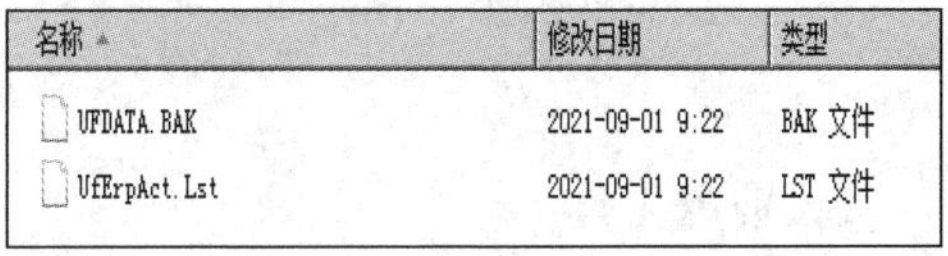

图 3-14　账套输出文件界面

**2.　引入账套**

使用 admin 身份登录，执行"账套→引入"命令，选择 E 盘中的文件夹（可能会出现需要选择两次的情况），等待引入成功后将文件夹从 U 盘中复制到 E 盘中解压缩。

# 3.2　企业应用平台

企业应用平台是为用友 ERP-U8 软件使用者提供的面向用户的操作端口，用友 ERP-U8

V10.1 版软件做了进一步的功能优化和平台建设，提升了系统性能，使系统资源能够得到高效和适当的使用。

## 3.2.1　企业应用平台基本概念

企业应用平台集中了用友 ERP-U8 应用系统的所有功能，为各个子系统提供了一个公共的交流平台。在进行账套的基础设置后，用户主要通过业务工作进行日常业务的处理。通过企业应用平台，用户能够从单一入口寻找个性化信息，定义业务工作，并设计工作流程。

## 3.2.2　企业应用平台基本功能

企业应用平台提供的主要功能分为业务工作、系统服务和基础设置等三大板块，均在页面左下角显示，如图 3-15 所示。

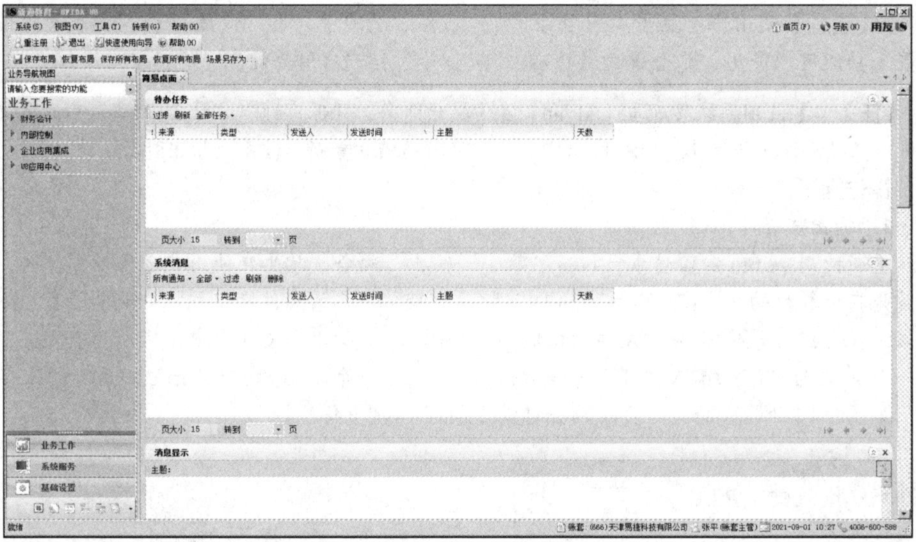

图 3-15　企业应用平台界面

### 1．业务工作

业务工作是用户使用用友 ERP-U8 软件各个模块的入口。用友 ERP-U8 V10.1 版软件提供了财务会计、管理会计、供应链、生产制造、人力资源、集团应用、决策支持和企业应用集成等产品组，每个产品组中又包含若干模块，在业务工作选项中将显示所有模块的入口。大多数模块既可以独立运行，又可以集成使用，但两种用法的流程是有差异的。独立运行是在建账结束后由账套主管在系统管理中进行系统启用设置；集成使用是在企业建账完成后立即进行系统启用。

### 2．系统服务

系统服务主要包括系统管理、服务器配置、工具、权限等功能。其中，"工具"选项中提供了财务、决策、数据传输、集团应用、多语言以及预警和定时任务等功能；"权限"选项中提供了数据权限分配、金额权限分配以及功能权限转授等功能。

### 3．基础设置

基础设置是用友 ERP-U8 V10.1 版本较之前版本在客户使用便捷度方面的一次提升。该软件版本将所有模块可共用的基本信息均汇总到了基础设置中。基础设置的内容很多，包括企业基本信息的设置，如会计期间、系统启用、编码方案及数据精度等；基础档案的设置，如机构人员、客商信息、存货、财务及业务等；基本核算信息的设置，如会计科目、结算方式、银行账号等。除此之外，基本核算信息的设置还提供了业务参数、个人参数、单据设置及档案设置等功能。

【任务 5】使用账套主管（01 操作员张平）身份登录企业应用平台，查看业务工作、系统服务、基础设置的所有功能。

操作提示：

执行"开始→程序→用友→企业应用平台（双击）"命令。与系统管理登录界面不同，"登录到"选项需要输入所用服务器 IP，服务器 IP 可在系统管理最下方栏目中查看（或在"计算机→属性"中查找计算机名）。

企业应用平台与
基础档案设置

然后，以"01"的操作员身份，密码为"1"，账套为"666 账套"，操作日期为"2021-09-01"的信息登录企业应用平台，如图 3-16 所示。在屏幕左下角查看业务工作、系统服务、基础设置的所有功能，在页面上方查看其他基本功能，如图 3-15 所示。

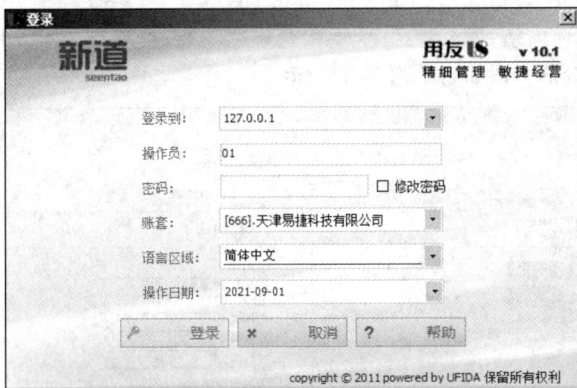

图 3-16　企业应用平台登录界面

【任务 6】使用账套主管（01 操作员张平）身份进入企业应用平台，设置基础档案。

操作提示：

（1）分别执行"基础设置→基础档案→机构人员→部门档案/人员类别/人员档案"命令，设置部门档案及职员档案，设置内容分别如表 3-4～表 3-6 所示。

表 3-4　部门编码表

| 部门编码 | 部门名称 |
| --- | --- |
| 01 | 总裁办 |
| 02 | 财务部 |
| 03 | 制作部 |
| 04 | 销售部 |

表 3-5　人员类别编码表

| 部门编码 | 档案名称 |
| --- | --- |
| 1011 | 管理人员 |
| 1012 | 经营人员 |

表 3-6　人员档案编码表

| 人员编码 | 人员姓名 | 行政部门 | 性别 | 人员类别 | 雇佣状态 | 操作员 | 业务员 |
| --- | --- | --- | --- | --- | --- | --- | --- |
| 101 | 杨喆 | 总裁办 | 男 | 管理人员 | 在职 | 是 | 是 |
| 201 | 张平 | 财务部 | 男 | 管理人员 | 在职 | 否 | 是 |
| 202 | 本人姓名 | 财务部 | 男 | 管理人员 | 在职 | 否 | 是 |
| 203 | 王芳 | 财务部 | 女 | 管理人员 | 在职 | 否 | 是 |
| 301 | 王建国 | 制作部 | 男 | 经营人员 | 在职 | 否 | 是 |
| 302 | 冯洁 | 制作部 | 女 | 经营人员 | 在职 | 否 | 是 |
| 401 | 付风 | 销售部 | 男 | 经营人员 | 在职 | 否 | 是 |
| 402 | 李同 | 销售部 | 男 | 经营人员 | 在职 | 否 | 是 |

操作步骤依次分别如图 3-17～图 3-20 所示。

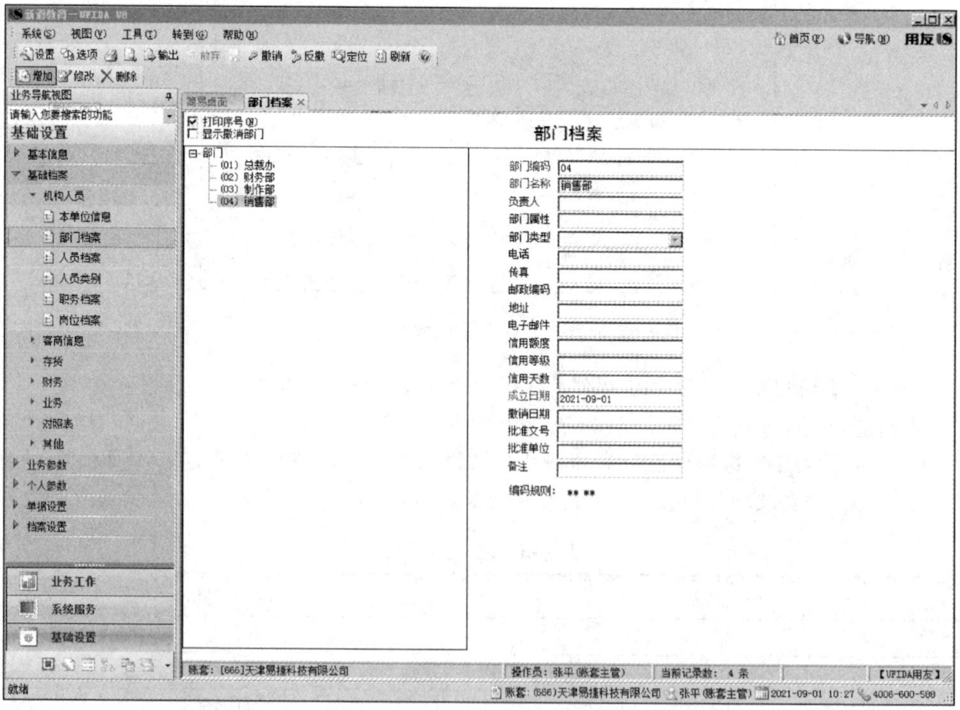

图 3-17　部门档案界面

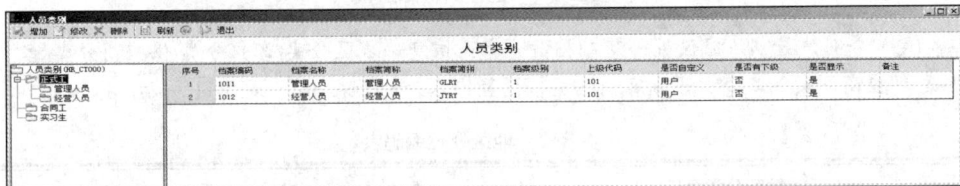

图 3-18　人员类别界面

图 3-19　增加人员档案界面

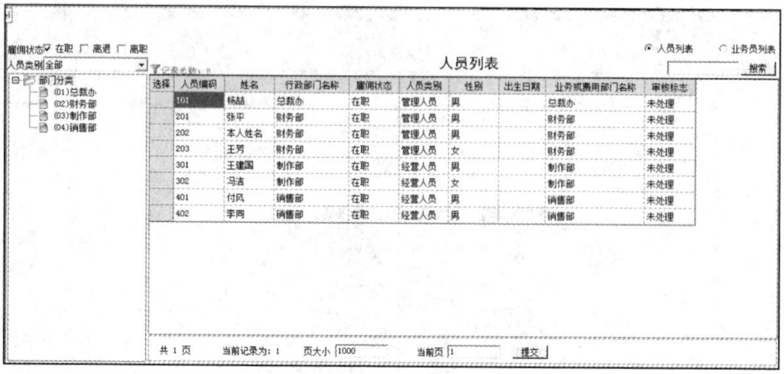

图 3-20　人员档案列表界面

（2）分别执行"基础设置→基础档案→客商信息→地区分类/客户分类/供应商分类/客户档案/供应商档案"命令，设置客商档案，设置内容分别如表 3-7～表 3-11 所示。

表 3-7　地区分类编码表

| 地区分类编码 | 地区分类名称 |
| --- | --- |
| 01 | 东北地区 |
| 0101 | 黑龙江省 |
| 0102 | 吉林省 |
| 0103 | 辽宁省 |
| 02 | 华北地区 |
| 0201 | 北京市 |
| 0202 | 天津市 |
| 0203 | 河北省 |
| 99 | 其他 |

表 3-8　客户分类编码表

| 分类编码 | 分类名称 |
| --- | --- |
| 01 | 代理商 |
| 011 | 一级代理 |
| 012 | 二级代理 |
| 02 | 零散客户 |

表 3-9　供应商分类编码表

| 分类编码 | 分类名称 |
| --- | --- |
| 01 | 硬件供应商 |
| 02 | 软件供应商 |

表 3-10　客户档案表

| 客户编号 | 客户名称 | 客户简称 | 所属分类码 | 所属地区码 | 邮编 | 开户银行 | 银行账号 | 专管业务员 |
|---|---|---|---|---|---|---|---|---|
| 01 | 北京创科教育 | 创科 | 02 | 0201 | 100077 | 工行 | 123456 | 付风 |
| 02 | 天津海泰公司 | 海泰 | 011 | 0202 | 200088 | 工行 | 234567 | 李同 |
| 03 | 北京木子书店 | 木子 | 012 | 0201 | 100088 | 工行 | 345678 | 李同 |

注：开户银行"默认值"选择"是"选项。

表 3-11　供应商档案编码表

| 供应商编号 | 供应商名称 | 简称 | 所属分类码 | 所属地区码 | 开户银行 | 银行账号 |
|---|---|---|---|---|---|---|
| 01 | 北京新智科技公司 | 新智 | 01 | 0201 | 工行 | 456789 |
| 02 | 北京亿光软件公司 | 亿光 | 02 | 0201 | 工行 | 567890 |
| 03 | 北京邮电出版社 | 邮电出版 | 02 | 0201 | 工行 | 678901 |

操作步骤依次分别如图 3-21～图 3-25 所示。

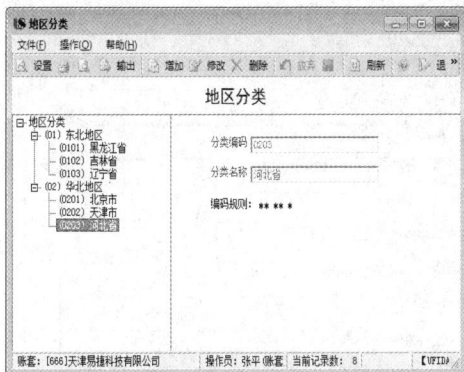

图 3-21　地区分类界面

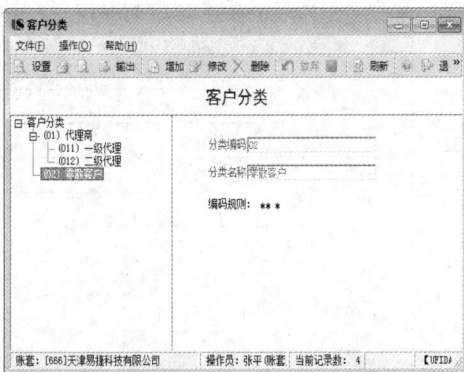

图 3-22　客户分类界面

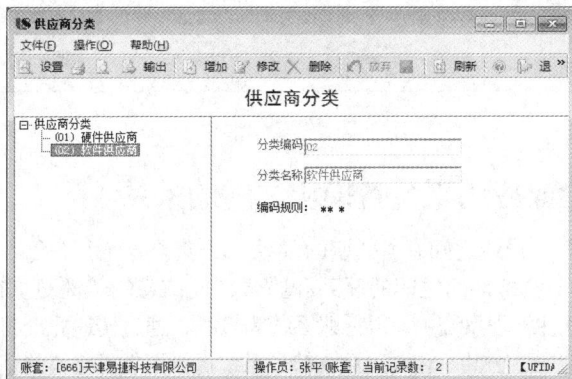

图 3-23　供应商分类界面

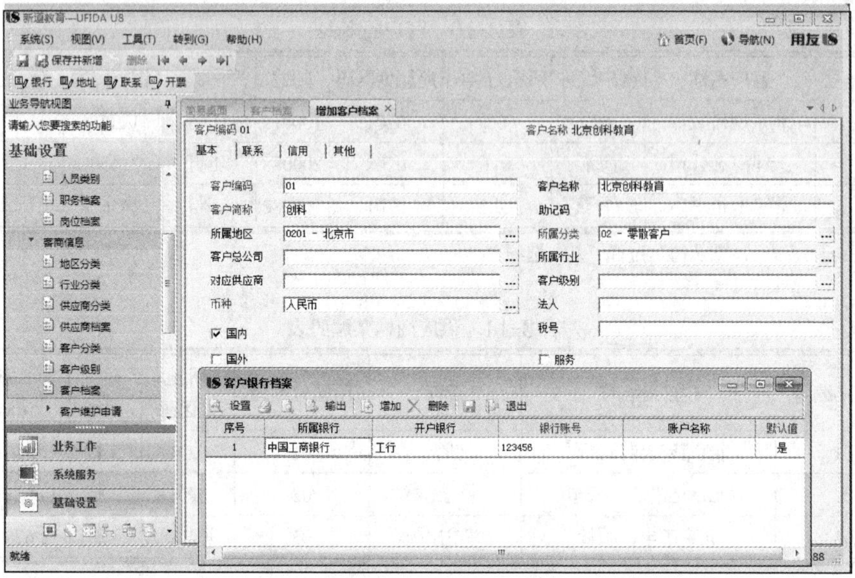

图 3-24　客户档案界面

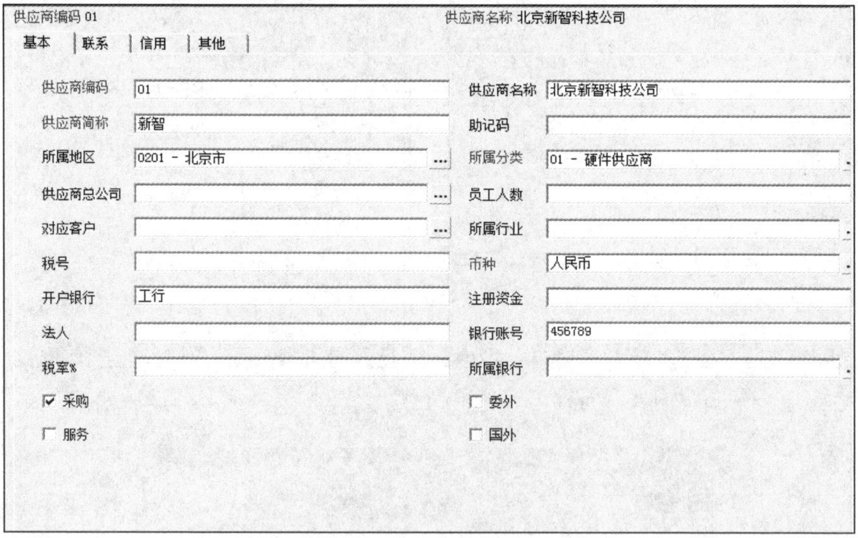

图 3-25　供应商分类界面

## 3.2.3　企业应用平台各模块之间的关系

企业应用平台各个模块之间有着紧密的联系，减少了传统手工会计大量重复的输入工作，并且增加了各个业务部门之间的联系和监督，使信息的传递更加快捷有效。在用友 ERP-U8 V10.1 版软件管理系统中，以总账系统为核心，通过传递凭证将财务子系统与供应链系统有效地连接起来，公共平台与决策支持子系统提供了软件必需的基本信息设置和整体功能的应用，企业应用平台中各模块的具体关系如图 3-26 所示。

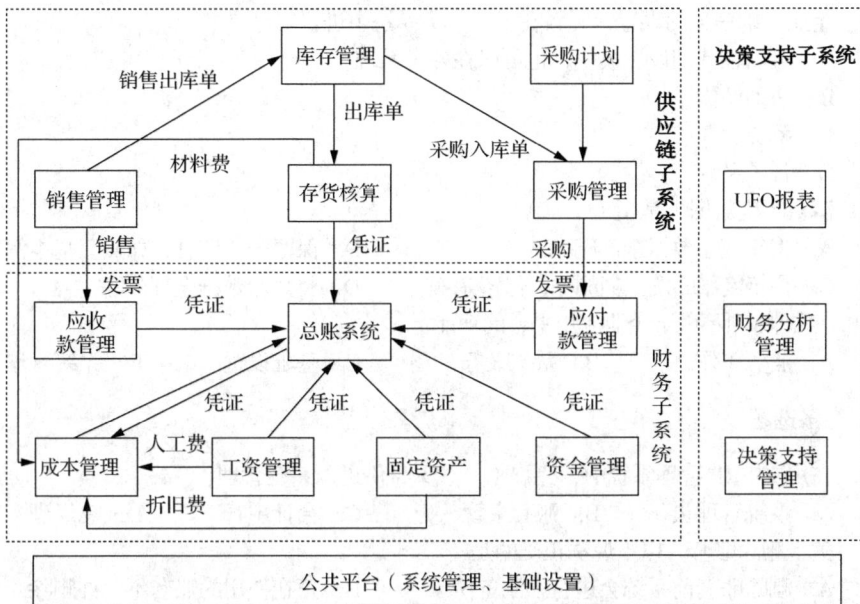

图 3-26 用友 ERP-U8 V10.1 版软件管理系统各模块间关系图

# 思考与练习

**一、单选题**

1. 在用友 EPR 管理系统中，系统管理员不能进行以下（ ）操作。
   A. 账套建立                 B. 设置自动备份计划
   C. 清除异常任务         D. 账套修改

2. （ ）是区分不同操作员的唯一标志。
   A. 操作员姓名     B. 操作员权限     C. 操作员编号     D. 操作员口令

3. 设置会计科目编码时，必须是（ ）。
   A. 科目全编码     B. 一级科目编码     C. 助记码     D. 明细科目编码

4. 会计信息系统运行的软件平台不包括（ ）。
   A. 网络操作系统           B. 数据库管理系统
   C. 操作系统                 D. 服务器

5. （ ）可以作为区分不同账套数据的唯一标识。
   A. 账套号     B. 账套主管     C. 账套名称     D. 单位名称

6. （ ）有权在系统中建立企业账套。
   A. 总经理     B. 销售总监     C. 系统管理员     D. 账套主管

7. 用户的初始密码由（ ）指定。
   A. 系统管理员     B. 账套主管     C. 用户本人     D. 总经理

8. 企业基础信息的设置，一般在（    ）模块中进行。

  A. 可以在基础设置模块，也可以在各子系统

  B. 基础设置

  C. 系统管理

  D. 各子系统

9. 清空年度数据，是指（    ）。

  A. 将年度账数据全部删除    B. 保留一些信息，如账套基本信息等

  C. 将年度账的发生额删除，保留余额    D. 将账套数据全部删除

10. 下列哪项不属于企业应用平台的功能？（    ）

  A. 业务工作    B. 系统服务    C. 基础设置    D. 系统管理

## 二、多选题

1. 在用友 ERP 管理系统中，允许（    ）身份进入系统管理。

  A. 系统管理员    B. 账套主管    C. 会计主管    D. 总经理

2. 关于删除账套，以下说法正确的是（    ）。

  A. 删除账套前系统会进行强制备份    B. 正在使用的账套不允许删除

  C. 系统不提供删除账套的功能    D. 只有账套主管才能删除账套

3. 用友 ERP-U8 管理软件安装完成后，主要操作界面是（    ）。

  A. 企业应用平台    B. 数据服务管理器    C. 系统服务    D. 应用软件

4. 系统管理包括哪些？（    ）

  A. 操作人员的权限管理    B. 各种编码的管理

  C. 操作日志的管理    D. 凭证的复核记账

5. （    ）编码的设置不必根据财政部颁布的统一会计制度规定。

  A. 一级科目    B. 二级科目    C. 三级科目    D. 四级科目

6. 操作人员岗位分工情况，包括（    ）等。

  A. 操作人员姓名    B. 操作密码    C. 操作过程    D. 操作权限

7. 下列情况中，可以反映会计信息系统进行数据备份和恢复的重要性的有（    ）。

  A. 备份数据存储不当造成数据丢失    B. 软件故障造成财务数据丢失

  C. 计算机病毒造成财务数据丢失    D. 人为的误操作造成财务数据丢失

8. 设置基础档案时，主要包括的项目有（    ）。

  A. 职员档案    B. 客户档案    C. 供应商档案    D. 部门档案

9. 会计信息系统岗位设置原则有（    ）。

  A. 体现工作重点转移原则    B. 不相容岗位分离原则

  C. 注重灵活性原则    D. 坚持系统安全性原则

10. 下列关于会计科目编码设置的描述正确的是（    ）。

  A. 科目编码可以不唯一

  B. 一级科目编码必须按会计制度的要求设定

  C. 科目编码应为全编码

  D. 科目编码的建立可以不按级次的先后顺序

## 三、判断题

1. 企业基础信息设置既可以在公共管理模块中进行，也可以在进入各个子系统后进行，其结果都是由各个模块共享的。　　　　　　　　　　　　　　　　　　　　（　　）

2. 账套主管自动拥有管辖账套所有模块的操作权限。　　　　　　　　　　　（　　）

3. 当操作员以其身份进入系统进行操作时，系统管理员则没有权利修改其口令。
　　　　　　　　　　　　　　　　　　　　　　　　　　　　　　　　　　（　　）

4. 科目编码中的一级科目编码可以根据企业自身需要来确定。　　　　　　（　　）

5. 企业一套完整的账簿体系在计算机系统中称为一个账套。　　　　　　　（　　）

6. 账套路径一般由系统默认，用户不能修改。　　　　　　　　　　　　　（　　）

7. 初始设置工作在系统投入使用时进行，后期一般不再重新设置或修改。（　　）

8. 在设置供应商分类的前提下，必须先设置供应商类型才能建立供应商档案。
　　　　　　　　　　　　　　　　　　　　　　　　　　　　　　　　　　（　　）

9. 科目启用后，可以直接删除非末级科目。　　　　　　　　　　　　　　（　　）

10. 在会计信息系统岗位中，软件操作岗位负责协调计算机及会计软件系统的运行工作，要求具备会计和计算机知识，以及相关的会计信息系统组织管理经验。　　　（　　）

## 四、思考题

1. 什么是系统管理？什么是企业应用平台？两者的区别与联系分别是什么？

2. 系统管理有哪些功能？

3. 企业应用平台有哪些功能？

4. 系统管理输出文件应由两部分组成，其后缀名分别是什么？

5. 账套建立成功后，什么内容是不可以修改的？

6. 分别使用账套主管和系统管理员身份登录，"账套"选项中有何区别？

# 实训题

## 【实训 3】系统管理与企业应用平台——系统管理基础设置

**【实训目的】**
熟练掌握操作员的添加和权限设置操作；熟练建立、修改、备份、恢复账套。

**【实训内容】**

1. 增加操作员
2. 建立单位账套
3. 操作员权限设置
4. 备份和恢复账套数据
5. 修改账套数据

**【实训资料】**

1. 操作员资料（见表 3-12）

表 3-12　操作员资料表

| 编号 | 姓名 | 口令 | 所属部门 |
|---|---|---|---|
| 01 | 陈立 | 101 | 财务部 |
| 02 | 王悦 | 102 | 财务部 |
| 03 | 马乐 | 103 | 财务部 |

2. 账套资料

（1）账套信息

账套号：333；账套名称：北京宏远科技有限公司；采用默认账套路径；启用会计期：20X1 年 01 月；会计期间设置：1 月 1 日至 12 月 31 日。

（2）单位信息

单位名称：北京宏远科技有限公司；单位简称：宏远科技。

（3）核算类型

该企业的记账本位币：人民币（RMB）；企业类型：工业；行业性质：2007 新会计制度科目；账套主管：陈立；按行业性质预置科目。

（4）基础信息

该企业有外币核算，进行经济业务处理时，需要对存货、客户、供应商进行分类。

（5）分类编码方案

科目编码级次：42222　　　其他：默认

（6）数据精度

该企业对存货数量、单价小数位定为 2。

（7）系统启用

总账处理模块的启用日期为"20X1 年 1 月 1 日"。

3. 操作员权限设置

（1）陈立——账套主管

负责财务软件运行环境的建立，以及各项初始设置工作；负责财务软件的日常运行管理工作，监督并保证系统的有效、安全、正常运行；负责总账处理模块的凭证审核、记账、账簿查询、月末结账工作；负责报表管理及其财务分析工作。

具有系统所有模块的全部权限。

（2）王悦——出纳

负责现金、银行账管理工作。

具有"总账—凭证—出纳签字"权限，具有"出纳"的全部操作权限。

（3）马乐——会计

负责总账处理模块的凭证管理工作、客户往来和供应商往来管理工作及报表管理工作。

具有"总账""应收款管理""应付款管理""财务报表（UFO）""固定资产""人力资源"的全部权限。

4. 建立账套
5. 输出账套数据
6. 账套数据引入
7. 修改账套数据

修改单位名称为：北京宏远科技股份有限公司；单位简称：宏远科技股份。

8. 企业应用平台基础设置

（1）部门档案（见表3-13）

表3-13　部门档案表

| 部门编码 | 部门名称 | 部门编码 | 部门名称 |
|---|---|---|---|
| 1 | 综合部 | 203 | 销售三部 |
| 101 | 总经理办公室 | 204 | 销售四部 |
| 102 | 财务部 | 3 | 供应部 |
| 2 | 销售部 | 4 | 制造部 |
| 201 | 销售一部 | 401 | 产品研发 |
| 202 | 销售二部 | 402 | 制造车间 |

（2）职员档案（见表3-14和表3-15）

表3-14　人员类别编码表

| 部门编码 | 档案名称 |
|---|---|
| 1011 | 管理人员 |
| 1012 | 经营人员 |
| 1013 | 销售人员 |

表3-15　职员档案表

| 职员编号 | 职员名称 | 所属部门 | 人员类别 |
|---|---|---|---|
| 101 | 肖剑 | 总经理办公室 | 管理人员 |
| 102 | 陈立 | 财务部 | 管理人员 |
| 103 | 王悦 | 财务部 | 管理人员 |
| 104 | 马乐 | 财务部 | 管理人员 |
| 201 | 赵斌 | 销售一部 | 销售人员 |
| 202 | 宋佳 | 销售二部 | 销售人员 |
| 203 | 孙健 | 销售三部 | 销售人员 |
| 204 | 王华 | 销售四部 | 销售人员 |
| 301 | 白雪 | 供应部 | 经营人员 |
| 401 | 周月 | 产品研发 | 经营人员 |
| 402 | 李彤 | 制造车间 | 经营人员 |

注：以上人员均为在职正式工、业务员。

（3）客户分类（见表3-16）

表3-16 客户分类表

| 分类编码 | 分类名称 |
|---|---|
| 01 | 事业单位 |
| 01001 | 学校 |
| 01002 | 机关 |
| 02 | 企业单位 |
| 02001 | 工业 |
| 02002 | 商业 |
| 02003 | 金融 |
| 03 | 其他 |

（4）供应商分类（见表3-17）

表3-17 供应商分类表

| 分类编码 | 分类名称 |
|---|---|
| 01 | 硬件供应商 |
| 02 | 软件供应商 |
| 03 | 材料供应商 |
| 04 | 其他 |

（5）地区分类（见表3-18）

表3-18 地区分类表

| 地区分类 | 分类名称 |
|---|---|
| 01 | 东北地区 |
| 02 | 华北地区 |
| 03 | 华东地区 |
| 04 | 华南地区 |
| 05 | 西北地区 |
| 06 | 西南地区 |

（6）客户档案（见表3-19）

表3-19 客户档案表

| 编号 | 客户名称 | 客户简称 | 分类码 | 地区 | 地址 | 邮政编码 |
|---|---|---|---|---|---|---|
| 001 | 北京世纪学校 | 世纪学校 | 01001 | 02 | 北京市海淀区上地路1号 | 100077 |
| 002 | 天津海达公司 | 海达公司 | 02002 | 02 | 天津市南开区华苑路1号 | 300000 |
| 003 | 上海万邦证券公司 | 万邦证券 | 02003 | 03 | 上海市徐汇区天平路8号 | 200032 |
| 004 | 哈尔滨飞机制造厂 | 哈飞 | 02001 | 01 | 哈尔滨市平房区和平路6号 | 150008 |

（7）供应商档案（见表 3-20）

表 3-20　供应商档案表

| 编号 | 供应商名称 | 简称 | 分类码 | 地区 | 地址 | 邮政编码 |
|------|-----------|------|--------|------|------|----------|
| 001 | 北京万科有限公司 | 万科 | 02 | 02 | 北京市朝阳区十里堡 8 号 | 100045 |
| 002 | 北京联想分公司 | 联想 | 01 | 02 | 北京市海淀区 108 号 | 100036 |
| 003 | 南京多媒体研究所 | 多媒体研究所 | 04 | 03 | 南京市沿江区湖北路 100 号 | 230187 |
| 004 | 上海信息记录纸厂 | 记录纸厂 | 03 | 03 | 上海市浦东新区东方路 1 号 | 200332 |

（8）外币及汇率

币符：USD；币名：美元；1 月份固定汇率为 1∶6.625，小数位数：3 位。

（9）结算方式（见表 3-21）

表 3-21　结算方式表

| 结算方式编码 | 结算方式名称 | 票据管理 |
|-------------|-------------|----------|
| 1 | 现金 | 否 |
| 2 | 支票 | 否 |
| 201 | 现金支票 | 是 |
| 202 | 转账支票 | 是 |
| 3 | 其他 | 否 |

【实训要求】

以账套主管 01 "陈立"的身份进行基础档案设置。

# 第 4 章　总账模块应用

📎 **学习目标**

- 熟悉总账模块界面。
- 熟悉总账模块的基本功能和使用方法。
- 熟练利用总账模块进行期初设置、日常业务处理以及期末处理。
- 了解总账模块与其他模块之间的关系。

📋 **课前思考**

　　总账模块是用友 ERP-U8 软件中财务管理部分的核心内容。我们将设置账户、复式记账、填制和审核凭证、登记账簿等统称为"总账处理",把集中进行总账处理的核算模块称为"总账处理系统",简称为总账模块。在用友 ERP-U8 软件中总账模块的运行流程如何?与手工会计对比优势又有哪些?这些内容将在本章进行详细介绍。

　　总账模块是用友财务软件的核心模块,它与应收款管理模块、应付款管理模块、固定资产管理模块、人力资源管理模块、成本管理模块、项目管理模块、网上银行、报账中心接口,接收其他系统生成的凭证。该模块与财务报表模块、合并报表、管理驾驶舱、专家财务分析、数据分析等系统接口,提供财务数据,进而生成财务报表及其他财务分析表。

## 4.1　总账模块概述

　　总账模块主要用来进行凭证处理、账簿管理、客户及供应商往来管理、个人往来款管理、部门管理、项目核算和出纳管理等。总账模块的主要功能有基础设置、凭证管理、出纳管理、账簿管理、辅助核算管理和期末处理等。

### 4.1.1　总账模块基础设置

　　基础设置也称为系统的初始化,它是由用户结合本单位的实际情况,把会计核算规则、核算方法、应用环境以及基础数据输入计算机,将一个通用的系统设置成适合本单位核算要求的专用系统。在基础设置中,由用户根据自己的需要建立财务应用环境,设置适合本单位实际需要的专用模块,包括自由定义科目代码长度、科目级次、汇率、凭证类别、凭证格式,提供包括部门、个人、客户、供应商、项目等 10 多种组合的辅助核算功能。基础设置主要包括设置账簿选项、设置会计科目、设置数据权限、设置外币及汇率、设置凭证类别及结算方式、定义常用凭证及常用摘要、定义辅助核算项目以及录入期初余额等。

　　启动总账系统有两种方式:一种是系统管理员在建立账套时直接启用;另一种是账套主

管在企业应用平台的基本信息中进行系统启用。现介绍第 2 种方式。

【任务 1】使用账套主管（01 操作员张平）身份启用总账系统，日期为"2021 年 9 月 1 日"。

**操作提示：**

执行"开始→程序→用友 ERP-U8→企业门户"命令，打开登录对话框，在对话框中输入账套主管 01 张平注册信息登录"用友 ERP-U8门户"。在"基础设置"选项卡中，执行"基本信息→系统启用"命令，打开"系统启用"对话框，选中"GL 总账"前的复选框，弹出"日历"对话框。选择"日历"对话框中的日期"2021 年 9 月 1 日"，单击"确定"按钮，系统弹出"确实要启用当前系统"信息提示框，单击"是"按钮，即可启动总账系统，如图 4-1 所示。

启用总账系统

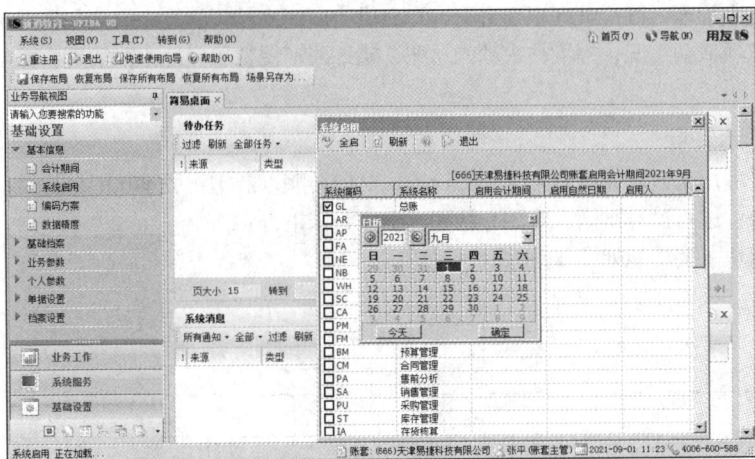

图 4-1 系统启用界面

【注意】此处只启用总账系统，同时启用其他系统将影响总账系统的结账工作。

## 4.1.2 总账模块主要功能

### 1. 凭证管理

凭证管理功能主要包括填制凭证、审核凭证、记账、凭证查询、打印凭证、出纳签字、常用凭证定义等，凭证管理生成的记账凭证是总账模块运行的起点。

### 2. 出纳管理

出纳管理功能为出纳人员提供了一个集成办公环境，加强对现金及银行存款的管理，可完成银行日记账、现金日记账、最新资金日报表、余额调节表以及进行银行对账等。

### 3. 账簿管理

账簿管理功能可以通过强大的查询功能使整个系统实现总账、明细账、凭证关联查询，并且可以查询包含未记账凭证的最新数据。可查询账表包括总账、余额表、序时账、明细账、多栏账，以及能够同时查询上级科目总账数据及科目明细数据的月份综合明细账、日记账、日报表。

#### 4．辅助核算管理

（1）个人往来管理。个人往来管理主要进行个人借款、还款管理工作；提供个人借款明细账、催款单、余额表、账龄分析报告及自动清理核销已清账等功能。

（2）部门核算。部门核算用来考核部门费用收支发生情况，及时地反映控制部门费用的支出，对各部门的收支情况加以比较，便于进行部门考核；提供各级部门总账、明细账的查询，并对部门收入与费用进行部门收支分析等功能。

（3）项目管理。项目管理用于生产成本、在建工程等业务的核算。以项目为中心，为使用者提供各项目的成本、费用、收入、往来等汇总与明细情况，以及项目计划执行报告等，也可用于核算科研课题、专项工程、产成品成本、旅游团队、合同、订单等；提供项目总账、明细账查询功能。

（4）往来管理。往来管理主要进行客户和供应商往来款项的发生、清欠管理工作，及时掌握往来款项最新情况；提供往来款的总账、明细账、催款单、往来账清理、账龄分析报告等功能。

#### 5．期末处理

期末处理用来自动完成月末分摊、计提、对应转账以及销售成本、汇兑损益、期间损益结转等业务；进行试算平衡、对账、结账、生成月末报告。

总账模块主要功能如图4-2所示。

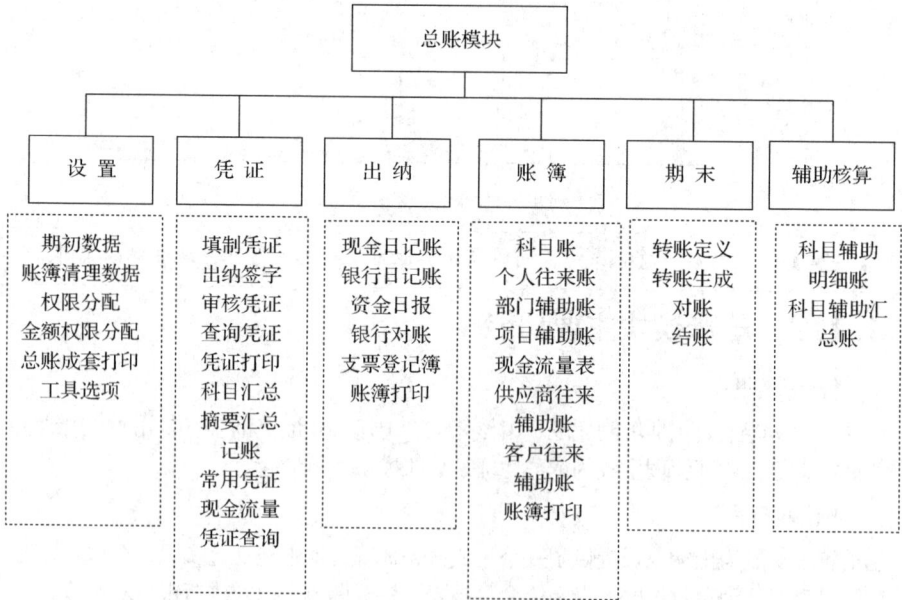

图 4-2　总账模块主要功能

## 4.1.3　总账模块处理流程

总账模块在整个系统中处于核心地位，既可以单独使用，也可与其他系统同时使用。各子模块分别侧重于某一经营环节或某类经济业务的核算和管理，其数据经过处理，必须传送到总账模块进行汇总处理，而且各子模块之间的数据交换也必须经过总账模块才能进行。总账模块流程如图 4-3 所示。

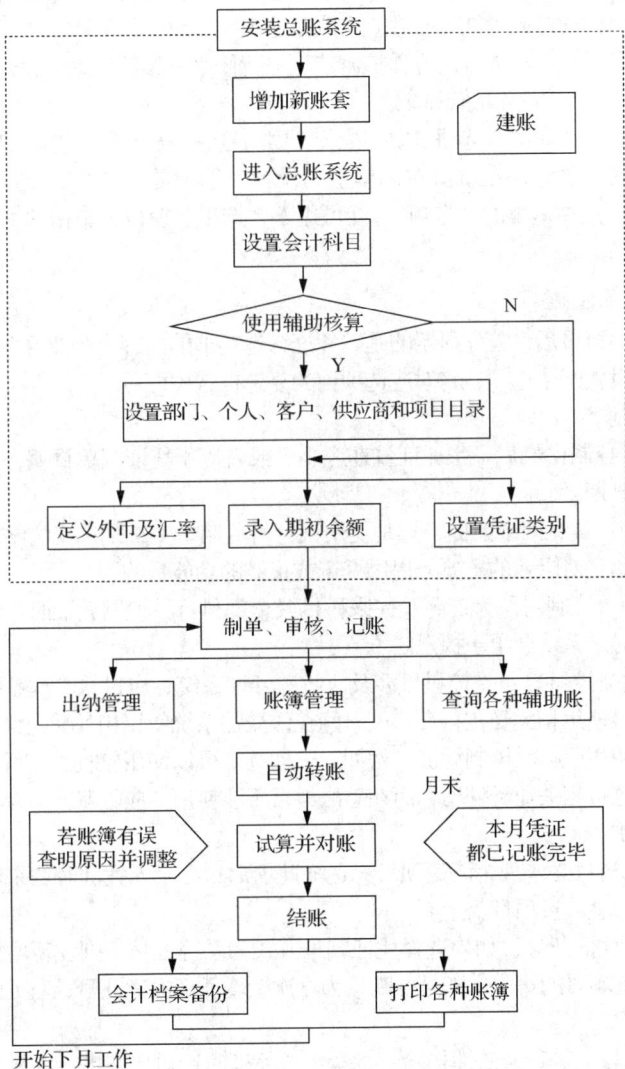

图 4-3　总账模块流程图

# 4.2　总账模块初始设置

　　总账模块初始设置为总账处理模块的运行提供了数据环境和运行基础，以及总账控制参数设置、外币设置、会计科目设置、凭证类别设置、结算方式设置、项目目录设置以及期初余额设置等核心功能。

## 4.2.1　总账控制参数设置

由于具体情况需要或者业务变更，系统在建立新的账套后会发生账套信息与核算内容不符的情况，用户可以通过此功能调整和查看账簿选项；并对"凭证选项""账簿选项""会计日历""其他选项"等 8 项内容的操作控制选项进行修改。参数设置一般要求在总账模块使用之前进行，设定后一般不得随意修改。

在企业应用平台"业务"选项卡中，执行"财务会计→总账"命令，启动总账模块，系统弹出"U8-总账"窗口，在窗口左侧单击"设置"选项前的"+"按钮展开该模块；然后，单击"设置"选项卡下的"选项"，即可进入"选项"窗口；单击"编辑"按钮，对总账参数进行设置。

### 1．凭证参数设置

进入"选项"窗口后，首先显示的是"凭证"选项卡的内容。企业可根据自身需要进行设置，如果需要设置某个选项，将对应选项前的复选框选中即可。

（1）制单控制

① 制单序时控制：最后一张凭证日期应小于或者等于凭证制单日期，小于或者等于当前计算机的系统日期。

② 支票控制：具有两个前提，一是使用银行科目制单，二是选用的结算方式设置了票据管理，最终要达到对录入的支票号提供登记或报销的功能目的。

③ 赤字控制：控制对象为资金及往来科目或全部科目，填制凭证时，当相关科目的最新余额出现负数时，系统会给予提示。

④ 可以使用受控科目：受控科目涉及应收款管理系统、应付款管理系统和存货核算系统。如果未勾选可使用相关受控科目，则只能在该受控系统使用相关受控科目生成凭证，而在总账系统不能使用该科目填制凭证。例如，未勾选"可以使用应收受控科目"时，只能在应收款管理系统进行相关业务处理，而在总账科目不能使用"应收账款"等科目。

（2）凭证控制

① 现金流量科目必录现金流量项目：选择此项后，在录入凭证时如果使用现金流量科目，则必须输入现金流量项目及金额。

② 自动填补凭证断号：如果选择凭证编号方式为系统编号，则在新增凭证时，系统按凭证类别自动查询本月的第一个断号并默认为本次新增凭证的凭证号；若无断号则为新号，与原编号规则一致。

③ 批量审核凭证进行合法性校验：批量审核凭证时针对凭证进行二次审核，提高凭证输入的正确率，合法性校验与保存凭证时的合法性校验相同。

④ 银行结算方式及往来科目票据号必录：该项为凭证录入控制，防止凭证录入错误，对有客户供应商往来的科目、银行科目在录入凭证时进行控制。

（3）凭证编号方式

系统在"填制凭证"功能中一般按照凭证类别按月自动编制凭证编号，即"系统编号"；但部分企业需要系统允许在制单时手工录入凭证编号，即"手工编号"。

### 2．权限参数设置

在"选项"窗口选择"权限"页签，系统显示"权限"选项卡内容，可进行权限参数设置。

（1）制单权限控制到科目：在系统管理的"功能权限"中设置科目权限，再选择此项，使权限设置有效。选择此项，则操作员在制单时只能使用具有相应制单权限的科目制单。

（2）制单权限控制到凭证类别：在系统管理的"功能权限"中设置凭证类别权限，再选择此项，使权限设置有效。选择此项，则在制单时，只显示此操作员有权限的凭证类别。同时，在凭证类别参照中按人员的权限过滤出有权限的凭证类别。

（3）操作员进行金额权限控制：选择此项，可以对不同级别的人员进行金额大小的控制。例如，财务主管可以对10万元以上的经济业务制单，一般财务人员只能对5万元以下的经济业务制单等，这样可以减少由于不必要的责任事故带来的经济损失。若为外部凭证或常用凭证调用生成，则处理与预算处理相同。

（4）凭证审核控制到操作员：若只允许某操作员审核其本部门操作员填制的凭证，则应选择此选项。

（5）出纳凭证必须经出纳签字：若要求现金、银行科目凭证必须由出纳人员核对签字后才能记账，则选择此项。

（6）凭证必须经由主管会计签字：若要求所有凭证必须由主管签字后才能记账，则选择此项。

（7）允许修改、作废他人填制的凭证：若选择此项，则在制单时可修改或作废别人填制的凭证；否则，不能修改。

（8）可查询他人凭证：若允许操作员查询他人凭证，则选择此项。

（9）制单、辅助账查询控制到辅助核算：设置此项权限，在制单时才能使用有辅助核算属性的科目录入，在辅助账查询时只能查询有权限的辅助项内容。

（10）明细账查询权限控制到科目：这里是权限控制的开关，在系统管理中设置明细账查询权限，必须在总账模块选项中打开，才能起到控制作用。

### 3．账簿参数设置

（1）打印位数宽度：定义打印正式账簿时各栏目的宽度，包括摘要、金额、外币、数量、汇率、单价。

（2）明细账（日记账、多栏账）打印输出方式：打印正式明细账、日记账或多栏账时，系统提供"按月排页"和"按年排页"两种打印格式。按月排页即打印时每月账页的起始页码均从第一页开始往下编号；按年排页即打印时从本会计年度的第一个会计月开始将明细账顺序排页，再将打印月份范围所在的页打印输出，打印起始页号为所打印月份在全年总排页中的页号，若所选择月份范围不是第一个月，则打印结果的页号有可能不是从第一页开始。

（3）凭证、账簿套打：在"选项"窗口选择"账簿"页签，系统显示"账簿"选项卡内容。所谓套打是指将待打印内容打印在事先印制好格线的专用打印纸上。系统提供4种套打纸型，适合于用各种打印机输出管理用表单与账簿。

（4）打印设置按客户端保存。当有多个用户在使用多台不同型号的打印机时，选择此项则可以按照每个用户的打印机类型和打印选项进行设置，打印凭证和账簿。

### 4．会计日历

在"选项"窗口选择"会计日历"页签，系统显示"账簿"选项卡内容。这里只能查看各会计期间的起始日期与结束日期，以及启用会计年度和启用日期，如需修改，需到系统管理中进行操作。需要注意的是，总账模块的启用日期不能在系统的启用日期之前；已录入汇率后不能修改总账启用日期；如总账中已录入期初余额（包括辅助项目期初余额），则不能修改总账启用日期；总账中已制单的月份不能修改总账的启用日期，其他系统中已制单的月份不能修改总账的启用日期；第 2 年进入系统，不能修改总账的启用日期。

此外，会计日历还可以显示在建立账套时的部分信息：账套名称、单位名称、账套存放的路径、行业性质和定义的科目级长等。

### 5．预算控制选项

在"选项"窗口选择"预算控制"页签，系统显示"预算控制"选项卡内容。该选项提供了预算管理和财务分析两个系统的控制功能。

（1）预算管理系统。预算控制是否有效以及具体的控制方式，与是否安装了预算管理系统有关。预算管理的预算控制在审核凭证时，若超预算，则会弹出提示或审核不通过。

（2）财务分析系统。这里可以选择预算控制是否有效，但具体的控制方式需在财务分析系统中进行设置。财务分析的预算控制点发生在凭证录入的过程中，当某一科目下的实际发生数导致多个科目及辅助项的发生数及余额总数超过预算数与报警数的差额时，则会发生报警。

### 6．其他参数设置

在"选项"窗口选择"其他"页签，系统显示"其他"选项卡内容。

（1）外币核算。如果企业有外币业务，则应选择相应的汇率方式是固定汇率还是浮动汇率。"固定汇率"即在制单时每个月只按一个固定的汇率折算本位币金额；"浮动汇率"即在制单时，按当日汇率折算本位币金额。

（2）本位币。用户可以在这里输入核算的本位币的币符和币名。例如，如果企业核算的本位币是人民币，那么币符为"RMB"，币名为"人民币"。

（3）排序方式。部门排序方式：在查询部门账或参照部门目录时用户可根据需要在这里设置按部门编码排序或按部门名称排序。

个人排序方式：在查询个人账或参照个人目录时用户可根据需要在这里设置按个人编码排序或按个人名称排序。

项目排序方式：在查询项目账或参照项目目录时用户可根据需要在这里设置按项目编码排序或按项目名称排序。

（4）分销联查凭证 IP 地址。在这里输入分销系统的网址，用户便可以关联查询分销系统的单据。

（5）自定义项为辅助核算。选中此项，则可得到期初录入科目按自定义项组合的期初余额，在年结时，用户可以按科目自定义项组合结转科目期末余额。

【任务 2】以账套主管（01 操作员张平）身份进行总账控制参数的设置。

总账控制参数及外币设置

操作提示：

执行"业务工作→财务会计→总账→设置→选项"命令，资料如表 4-1 所示，操作界面如图 4-4 所示。

表4-1　总账控制参数设置表

| 项目 | 设置选项 |
|------|----------|
| 凭证 | 制单序时控制，支票控制<br>可以使用应收、应付、存货受控科目，现金流量科目必录现金流量项目 |
| 权限 | 出纳凭证必须经由出纳签字 |
| 会计日历 | 数量小数位、单价小数位、本位币精度均为2 |
| 其他 | 固定汇率<br>部门、个人、项目排序方式为按编码排序 |

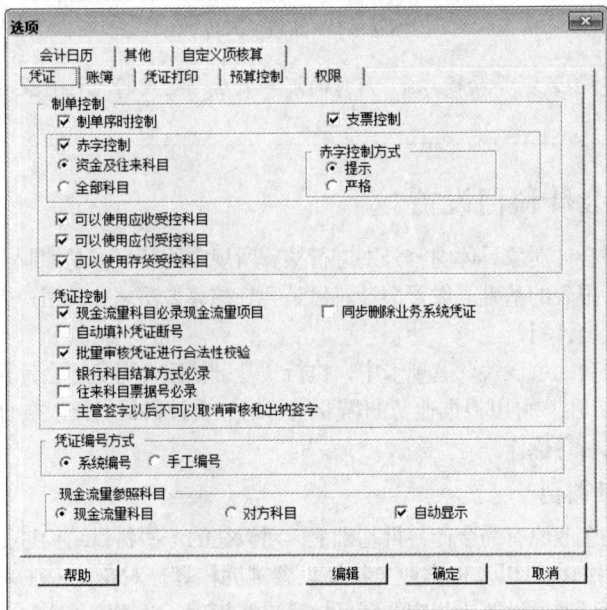

图4-4　总账控制参数设置界面

## 4.2.2　外币设置

总账模块支持科目多币种核算，包括凭证录入、汇兑损益计算、账表分币种展示，为企业提供更灵活方便的账务查询分析功能。企业有外币业务，应进行外币及汇率的设置。若使用当日汇率，则应将其输入浮动汇率中；若使用月初汇率，则应将其输入固定汇率中。

【任务3】以账套主管（01操作员张平）身份设置美元汇率，固定汇率，定义外币及汇率。币符：USD，币名：美元，汇率小数位：2位，最大误差：0.01，折算方式：外币*汇率=本位币，固定汇率，假设9月记账汇率为6.5。

操作提示：

执行"基础设置→基础档案→财务→外币设置"命令，单击"增加"按钮，按要求输入后单击"确认"按钮，然后双击2021.09记账汇率对应文本框，输入记账汇率6.5。操作界面如图4-5所示。

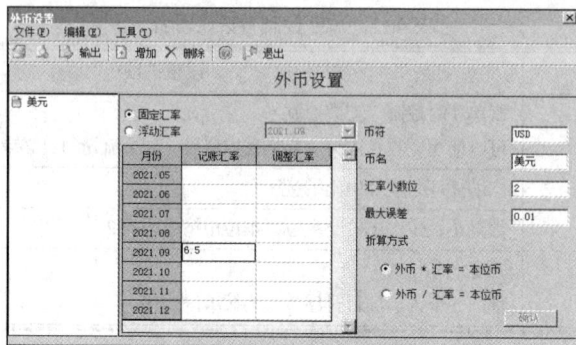

图 4-5　外币设置界面

【注意】在外币设置界面输入完 9 月的汇率之后一定要将光标移至其他空格才能够自动保存。

## 4.2.3　会计科目设置

会计科目是对会计对象具体内容分别进行核算所规定的项目，是填制会计凭证、登记会计账簿、编制会计报表的基础。设置会计科目是会计核算方法之一，用户应根据需要在总账初始化过程中设置会计科目。

在企业应用平台的"设置"选项卡中，执行"基础档案→财务→会计科目"命令，进入"会计科目"窗口，用户可以根据业务的需要进行增加会计科目、修改会计科目、删除会计科目、指定会计科目等操作。

### 1．增加会计科目

操作员需要在企业原有的会计科目基础上，对以往的一些科目结构进行调整，如根据企业实际需要增加明细科目以及根据业务特征设置辅助核算。对企业中往来单位、个人、部门、项目等的核算可通过设置为相应的辅助核算进行管理。总账模块中一共可设置 11 种辅助核算，包括部门、个人、客户、供应商、项目 5 种辅助核算以及部门客户和部门供应商、客户项目、供应商项目、部门项目及个人项目 6 种组合辅助核算。

### 2．修改会计科目

在"会计科目"窗口中，单击工具栏中的"修改"按钮，便会弹出"会计科目→修改"窗口，在其中将科目设置成辅助核算后，还应设置相应的目录或档案。

根据实验资料，将需要增加的会计科目（主要是一级科目以下的科目）的各项数据逐一录入或点选，进行设置时需注意：

（1）对于需进行"外币核算"的科目，选中"外币核算"复选框，"币种"下拉框会被激活，从其下拉框中选择对应的币种；

（2）对于需进行"数量核算"的科目，选中"数量核算"复选框，"计量单位"文本框会被激活，可输入相应的计量单位；

（3）对于需进行"客户往来"辅助核算的科目，选中辅助核算项下的"客户往来"复选框，"受控系统"下拉框中会自动显示"应收系统"，若科目不要求设置受控系统，可将其置空；

（4）对于需进行"供应商往来"辅助核算的科目，选中辅助核算项下的"供应商往来"复选框，"受控系统"下拉框中会自动显示"应付系统"，若科目不要求设置受控系统，可将其置空；

（5）对于需进行"项目核算（存货核算）"辅助核算的科目，选中辅助核算项下的"项目核算"复选框，然后从"受控系统"下拉框中选择"存货核算系统"。

### 3．删除会计科目

系统预置的部分会计科目中可能并不是企业需要的，特别是对于规模较小的企业。在有些科目不需要明细的情况下，该功能在设置会计科目时被较为频繁地运用，因为在应用软件中，用户一般只能对最末级科目进行操作，为了保证后续业务处理的正确性，要删除部分明细科目。例如，选择"1101"科目，然后单击"删除"按钮，系统会弹出询问窗口，如图 4-6 所示，单击"确定"按钮即可完成删除科目的操作。

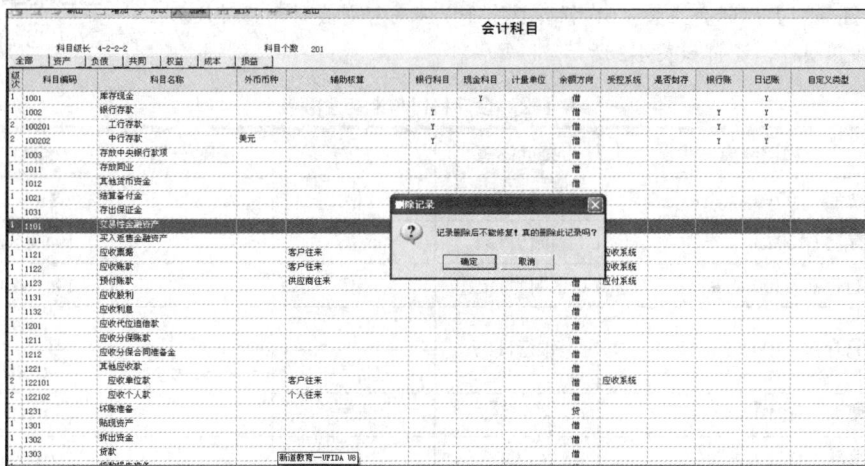

图 4-6　删除科目界面

虽然本书案例资料并不要求设置全部预置的会计科目，但无需删除，保留它们并不妨碍系统的正常使用，以备企业以后使用，另外，需要注意的是，会计科目一旦被使用则不能被删除。

### 4．指定会计科目

指定会计科目主要是指定出纳的专管科目，这些专管科目主要包括现金、银行总账科目和现金流量科目，只有指定后才能进行出纳签字、查询现金和银行存款日记账的操作。步骤如下：单击"编辑"主菜单中的"指定科目"命令，弹出"指定科目"窗口，单击"现金总账科目"单选按钮，再单击"待选科目"中的"1001 库存现金"，然后单击按钮，将"1001 库存现金"移至"已选科目"框中。按照相似的操作指定银行总账科目，单击"确认"按钮完成设置。

指定会计科目可以保证现金、银行存款管理的保密性以及为现金流量统计表、现金流量明细表提供数据。

### 5．会计科目辅助项目

传统手工会计核算中，企业通常将往来单位、个人、部门、项目等通过设置明细科目进行核算管理。例如，"应收账款""应付账款"等往来科目，为了反映与各往来单位间的款项结算情况，需要按照每个往来单位设置明细科目，若企业往来单位较多，则会使企业明细科目数量庞大。为了解决这个问题，在引入 U8 财务软件后，用户可以首先在企业门户中对相关基础档案进行设置，主要包括部门档案、职员档案、客户及供应商档案等，这些档案的设置是设置科目辅助核算的基础，然后对相关科目设置辅助核算。这样既能够满足核算管理的需求，又能够大大减少明细科目的数量。

系统提供部门核算、个人往来、供应商往来、项目核算等辅助核算。其中，部门档案、个人档案、客户及供应商档案已在企业门户中的基础档案中设置完成，这里不再赘述。

> 【注意】系统规定只有在指定"现金总账科目"及"银行总账科目"后，才能进行出纳签字的操作；只有在指定"现金流量科目"后，才能在填制凭证时录入现金流量项目。

会计科目设置

【任务 4】以账套主管（01 操作员张平）身份增加会计科目并设置辅助核算项目，资料如表 4-2 所示。

表 4-2　会计科目与期初余额表

单位：元

| 科目名称 | 辅助核算 | 方向 | 币别/计量 | 金额 |
| --- | --- | --- | --- | --- |
| 库存现金（1001） | 日记 | 借 | | 68 974.56 |
| 银行存款（1002） | 银行日记 | 借 | | 194 598.83 |
| 工行存款（100201） | 银行日记 | 借 | | 194 598.83 |
| 中行存款（100202） | 银行日记 | 借 | | 0.00 |
| | | 借 | 美元 | 0.00 |
| 应收票据（1121） | 客户往来 | 借 | | 0.00 |
| 应收账款（1122） | 客户往来 | 借 | | 160 000.00 |
| 预付账款（1123） | 供应商往来 | 借 | | 0.00 |
| 其他应收款（1221） | | 借 | | 3 800.00 |
| 应收单位款（122101） | 客户往来 | 借 | | 0 |
| 应收个人款（122102） | 个人往来 | 借 | | 3 800.00 |
| 坏账准备（1231） | | 贷 | | 800.00 |
| 原材料（1403） | | 借 | | 2 050.00 |
| Z1 光盘（140301） | 数量金额 | 借 | | 400.00 |
| | | 借 | 张 | 5.00 |
| Z2 光盘（140302） | 数量金额 | 借 | | 450.00 |
| | | 借 | 张 | 3.00 |
| 硬盘（140303） | 数量金额 | 借 | | 1 200.00 |
| | | 借 | 盒 | 40.00 |
| 库存商品（1405） | | 借 | | 200 000.00 |

| 科目名称 | 辅助核算 | 方向 | 币别/计量 | 金额 |
|---|---|---|---|---|
| 云计算教程（140501） | 数量金额 | 借 | | 28 000.00 |
| | | 借 | 套 | 100.00 |
| 大数据讲座（140502） | 数量金额 | 借 | | 21 000.00 |
| | | 借 | 套 | 105.00 |
| 多媒体开发工具（140503） | 数量金额 | 借 | | 40 000.00 |
| | | 借 | 套 | 5.00 |
| 软件制作工具（140504） | 数量金额 | 借 | | 6 000.00 |
| | | 借 | 套 | 5.00 |
| 计算机（140505） | 数量金额 | 借 | | 105 000.00 |
| | | 借 | 台 | 50.00 |
| 固定资产（1601） | | 借 | | 260 680.00 |
| 累计折旧（1602） | | 贷 | | 12 512.64 |
| 固定资产清理（1606） | | 借 | | 0.00 |
| 无形资产（1701） | | 借 | | 58 500.00 |
| 累计摊销（1702） | | 贷 | | 5 878.06 |
| 短期借款（2001） | | 贷 | | 200 000.00 |
| 应付票据（2201） | 供应商往来 | 贷 | | 0.00 |
| 应付账款（2202） | 供应商往来 | 贷 | | 222 300.00 |
| 预收账款（2203） | 客户往来 | 贷 | | 0.00 |
| 应付职工薪酬（2211） | | 贷 | | 8 400.00 |
| 应付工资（221101） | | 贷 | | 8 400.00 |
| 应交税费（2221） | | 贷 | | -17 000.00 |
| 应交增值税（222101） | | 贷 | | 0.00 |
| 进项税额（22210101） | | 贷 | | 0.00 |
| 销项税额（22210102） | | 贷 | | 0.00 |
| 未交增值税（222105） | | 贷 | | -17 000.00 |
| 应付利息（2231） | | 贷 | | 0.00 |
| 其他应付款（2241） | | 贷 | | 2 100.00 |
| 实收资本（4001） | | 贷 | | 500 000.00 |
| 资本公积（4002） | | 贷 | | 0.00 |
| 盈余公积（4101） | | 贷 | | 0.00 |
| 本年利润（4103） | | 贷 | | 0.00 |
| 利润分配（4104） | | 贷 | | 30 778.43 |

| 科目名称 | 辅助核算 | 方向 | 币别/计量 | 金额 |
|---|---|---|---|---|
| 提取盈余公积（410401） | | 贷 | | 0.00 |
| 应付股利（410402） | | 贷 | | 0.00 |
| 未分配利润（410403） | | 贷 | | 30 778.43 |
| 生产成本（5001） | 项目核算 | 借 | | 17 165.74 |
| 直接材料（500101） | 项目核算 | 借 | | 155.00 |
| 直接人工（500102） | 项目核算 | 借 | | 15 000.00 |
| 制造费用（500103） | 项目核算 | 借 | | 2 010.74 |
| 制造费用（5101） | | 借 | | 0.00 |
| 主营业务收入（6001） | | 贷 | | 0.00 |
| 云计算教程（600101） | 数量金额 | 贷 | 套 | 0.00 |
| 大数据讲座（600102） | 数量金额 | 贷 | 套 | 0.00 |
| 多媒体开发工具（600103） | 数量金额 | 贷 | 套 | 0.00 |
| 软件制作工具（600104） | 数量金额 | 贷 | 套 | 0.00 |
| 计算机（600105） | 数量金额 | 贷 | 台 | 0.00 |
| 其他业务收入（6051） | | 贷 | | |
| 营业外收入（6301） | | 贷 | | 0.00 |
| 主营业务成本（6401） | | 借 | | 0.00 |
| 云计算教程（640101） | 数量金额 | 借 | 套 | 0.00 |
| 大数据讲座（640102） | 数量金额 | 借 | 套 | 0.00 |
| 多媒体开发工具（640103） | 数量金额 | 借 | 套 | 0.00 |
| 软件制作工具（640104） | 数量金额 | 借 | 套 | 0.00 |
| 计算机（640105） | 数量金额 | 借 | 台 | 0.00 |
| 其他业务成本（6402） | | 借 | | 0.00 |
| 税金及附加（6403） | | 借 | | 0.00 |
| 销售费用（6601） | 部门核算 | 借 | | 0.00 |
| 工资费用（660101） | 部门核算 | 借 | | 0.00 |
| 折旧费用（660102） | 部门核算 | 借 | | 0.00 |
| 办公费用（660103） | 部门核算 | 借 | | 0.00 |
| 管理费用（6602） | 部门核算 | 借 | | 0.00 |
| 工资费用（660201） | 部门核算 | 借 | | 0.00 |
| 折旧费用（660202） | 部门核算 | 借 | | 0.00 |
| 办公费用（660203） | 部门核算 | 借 | | 0.00 |
| 差旅费（660204） | 部门核算 | 借 | | 0.00 |

| 科目名称 | 辅助核算 | 方向 | 币别/计量 | 金额 |
|---|---|---|---|---|
| 其他费用（660205） | 部门核算 | 借 | | 0.00 |
| 财务费用（6603） | | 借 | | 0.00 |
| 利息支出（660301） | | 借 | | 0.00 |
| 银行手续费（660302） | | 借 | | 0.00 |
| 汇兑损益（660303） | | 借 | | 0.00 |
| 资产减值损失（6701） | | 借 | | 0.00 |
| 信用减值损失（6702） | | 借 | | 0.00 |
| 营业外支出（6711） | | 借 | | 0.00 |
| 所得税费用（6801） | | 借 | | 0.00 |

**操作提示：**

在"基础设置→基础档案→财务→会计科目"窗口执行"增加"命令，增加相关的二级明细科目，并为所有科目设置相关的辅助核算，同时，系统预制的未使用的科目不需要删除。如果不同科目的二级明细科目相同，可以使用"成批复制"功能一次性复制所有二级科目。例如，在"会计科目"窗口执行"编辑→成批复制"命令，在弹出的对话框中输入如图4-6所示内容，即可将"库存商品"科目的二级科目批量复制到"主营业务收入"科目下的二级科目。操作界面如图4-7所示。增加会计科目后的界面如图4-8所示。

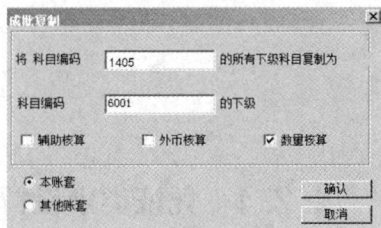

图4-7 成批复制界面

图4-8 会计科目界面

【任务5】以账套主管（01操作员张平）身份指定"现金科目为1001""银行科目为1002"及"现金流量科目为1001，100201，100202"等会计科目。

**操作提示：**

在"会计科目"窗口执行"编辑→指定科目"命令，系统弹出"指定科目"对话框。窗口分为左、中、右3个部分，左边部分显示将要被指定的科目大类，中间部分列示待选科目，右边部分列示已选科目。用户在此选择"1001 库存现金"为现金科目，选择"1002 银行存款"为银行科目，选择1001及1002、100201、100202为现金流量科目，单击"确认"按钮即可。操作界面如图4-9所示。

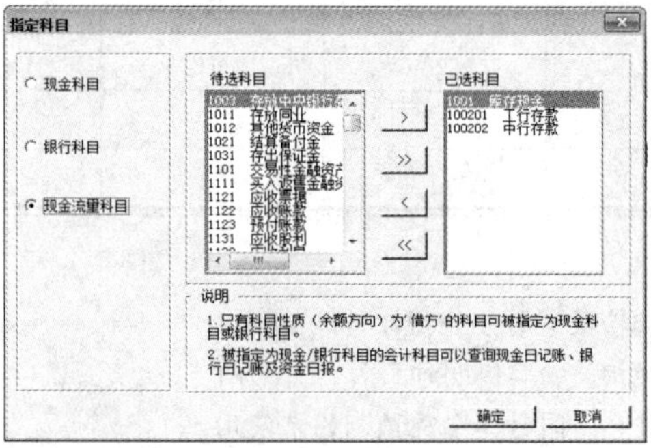

图4-9 指定科目界面

## 4.2.4 凭证类别设置

在开始处理日常业务之前，应在系统中根据需要设置凭证类别。为了便于管理，各企业通常对记账凭证进行分类编制，但分类方法不尽相同。用友 ERP-U8 系统提供了"凭证类别"功能，用户完全可以按照本单位的需要对凭证进行分类。

在企业应用平台的"设置"选项卡中，执行"基础档案→财务→凭证类别"命令，进入"凭证类别预置"窗口。系统提供了5种凭证类别设置方案，用户可根据本企业自身需要进行选择。除选择凭证类别为"记账凭证"外，其他各种设置必须在会计科目设置完成之后进行。

例如，将凭证分为"收、付、转"3种常用凭证类别。可选择"收款凭证 付款凭证 转账凭证"前的单选按钮，即可进入"凭证类别"对话框，对凭证类别进行详细设置。凭证的详细设置应根据每类凭证的特点选择"限制类型"和"限制科目"。如收款凭证，单击"修改"按钮，双击"收款凭证"所在行的"限制类型"栏，从下拉列表中选择"借方必有"，在"限制科目"栏录入"1001，1002"，或单击限制科目栏参照按钮，分别选择"1001"和"1002"。依次类推，对其他凭证类别进行设置。设置完成后，单击"退出"按钮，即可退出当前窗口。

> **【注意】**已使用的凭证类别不能删除，也不能修改类别字；若选有科目限制（即"限制类型"不是"无限制"），则至少要输入一个限制科目。若限制类型选"无限制"，则不能输入限制科目；若限制科目为非末级科目，则在制单时，其所有下级科目都将受到同样的限制。例如，若分类如上所设，且"1001"科目下有"100101"和"100102"两个下级科目，那么，在填制转账凭证时，将不能使用"100101""100102"及"1002"下的所有科目。

**【任务 6】**以账套主管（01 操作员张平）身份设置凭证类别为"收款凭证、付款凭证、转账凭证"。

**操作提示：**

执行"基础档案→财务→凭证类别"命令，选择"收款凭证 付款凭证 转账凭证"类型，按照表4-3 所示资料进行设置。

凭证类别及结算
方式设置

表 4-3 凭证类别设置

| 类别字 | 类别名称 | 限制类型 | 限制科目 |
|---|---|---|---|
| 收 | 收款凭证 | 借方必有 | 1001（库存现金），100201（工行存款），100202（中行存款） |
| 付 | 付款凭证 | 贷方必有 | 1001（库存现金），100201（工行存款），100202（中行存款） |
| 转 | 转账凭证 | 凭证必无 | 1001（库存现金），100201（工行存款），100202（中行存款） |

操作依次分别如图 4-10 和图 4-11 所示。

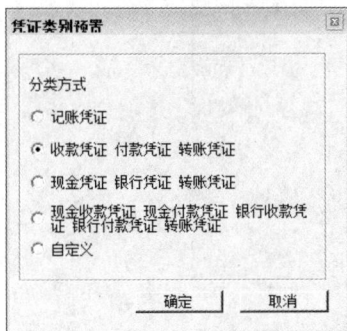

图 4-10 凭证类别选择界面

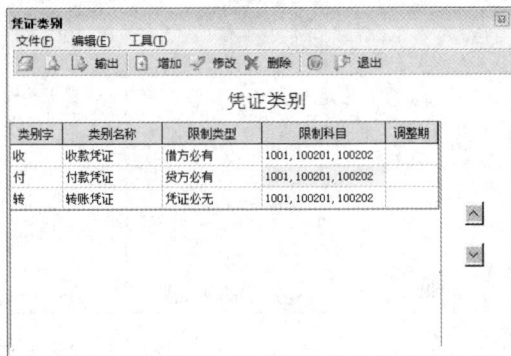

图 4-11 凭证类别设置界面

## 4.2.5 结算方式设置

常用的收付款结算方式有支票、商业汇票、银行本票等。该设置功能用来建立和管理用户在经营活动中所涉及的结算方式。它与财务结算方式一致，如现金结算、支票结算等。结算方式最多可以分为2级，且一旦被引用，便不能进行修改和删除操作。登录总账模块后，执行"设置→结算方式"命令，进入"结算方式"对话框，单击"增加"按钮即可使右边窗口变为可编辑状态，然后单击"保存"按钮，可将增加的结算方式显示在左边窗口中。

需要说明的是：结算方式编码用于标注某种结算方式，用户必须按照结算方式编码级次的先后顺序进行录入，且录入值必须唯一。用户必须根据企业的实际情况，录入结算方式的名称，且录入值必须唯一，结算方式名称最多可写 6 个汉字（或 12 个字符）。票据管理可方便出纳对银行结算票据的管理，用户可根据实际情况，通过单击复选框来选择该结算方式下的票据是否要进行票据管理。

**【任务 7】**以账套主管（01 操作员张平）身份设置结算方式。

**操作提示：**

执行"基础档案→收付结算→结算方式"命令，单击"增加"按钮，按照表 4-4 所示资料进行设置，操作界面如图 4-12 所示。

表 4-4 结算方式一览表

| 结算方式编码 | 结算方式名称 | 票据管理 |
|---|---|---|
| 1 | 现金结算 | 否 |
| 2 | 支票结算 | 是 |
| 201 | 现金支票 | 是 |
| 202 | 转账支票 | 是 |
| 3 | 其他 | 否 |

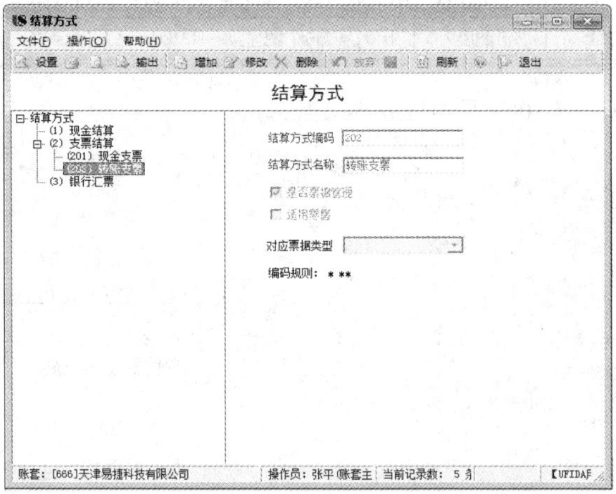

图 4-12 结算方式设置界面

## 4.2.6 项目目录设置

在实际业务处理过程中，许多企业会对多种类型的项目，如在建工程、对外投资、技术改造项目、项目成本管理、合同等进行核算和管理，这些都是单独作为项目管理进行核算的。在传统手工会计中，项目核算一般是通过设置大量的明细科目，然后根据科目开设账页，最后在账页中开设收入、成本、费用等专栏进行明细核算的，工作量比较大。在财务软件系统中，可以专设项目核算辅助账，将相同特性的项目定义为一个项目大类，然后在每一大类下进行项目管理，一个项目大类可以核算多个项目。为了便于管理，用户还可以对这些项目进行分类管理，使其与总账业务处理过程同步进行核算管理，从而大大减轻工作量。

使用项目核算与管理的首要步骤是设置项目档案，包括：增加或修改项目大类，指定核算科目，修改项目结构，定义项目分类以及维护项目目录等。

### 1．增加或修改项目大类

登录总账模块后，执行"设置基础档案→财务→项目目录"命令，进入"项目档案"设置窗口，该窗口主要是对项目大类进行操作的区域，"增加""删除"和"修改"功能键也是针对完成项目大类的相应操作而设置的。

单击"增加"按钮，进入"项目大类定义增加"窗口，执行增加一个项目大类的操作。增加一个项目需要完成 3 个操作步骤：首先是定义"项目大类名称"，用户可根据本企业项目设置情况输入名称，如"生产成本"，其次，单击"下一步"按钮；再次是"定义项目级次"，即项目编码规则，项目分类共有 8 级，总长度 22 位，单级级长不能超过 9 位，只有在这里定义了项目级次和编码原则，才能进行项目分类定义，定义完毕后，单击"下一步"按钮；最后是"定义项目栏目"，这一步骤主要是编辑项目栏目的名称和属性。系统默认包括"项目编导""项目名称""是否结算""所属分类码"等 4 个栏目，用户可以根据自身需要通过单击"增加"或"删除"按钮修改显示的栏目。但需要注意的是，窗口中显示白色背景的为可修改部分。

如果要修改项目大类，使用鼠标单击"修改"按钮，进入项目大类修改向导，即可修改项目大类名称、未定义项目分类的级次，以及项目栏中的可修改项；如果要删除某项目大类，则选择要删除的项目大类名称，单击"删除"按钮即可，该操作将删除所有与该项目相关的项目信息，所以在删除项目档案时一定要慎重。

### 2．指定核算科目

指定核算科目即具体指定核算当前项目大类所使用的会计科目，选择"项目大类"选项，然后选择"项目档案"窗口中的"核算项目"选项，即可进入"核算科目"选项卡。在首次进入时，系统会自动将会计科目表中设置有项目核算辅助账的所有科目列示在"待选科目"栏，用户可以将左侧的"待选科目"移至右侧的"已选科目"。选择完毕后，单击"确定"按钮，至此核算科目指定完毕。

### 3．修改项目结构

项目结构可在定义项目大类过程中进行修改，也可以通过选择"项目结构"选项进入"项目结构"选项卡后，单击右侧的"修改"按钮进行修改。

### 4．定义项目分类

为了便于统计，可对同一项目大类下的项目进行进一步划分，因此需要进行项目分类的定义。单击"项目分类定义"选项，弹出的"项目档案"窗口的下半部分将显示"项目分类定义"选项卡，单击"增加"按钮，在选项卡右侧分别输入"分类编码"和"分类名称"，单击"确定"按钮，系统会自动将新增的项目分类显示在选项卡左侧的空白区域内。

### 5．维护项目目录

完成项目分类定义后，选择"项目目录"选项，进入"项目目录"选项卡。单击右侧的"维护"按钮，进入"项目目录维护"窗口，在窗口内可对项目目录进行相关操作。单击"增加"按钮即可增加项目目录。

项目目录设置

【任务 8】以账套主管（01 操作员张平）身份增加项目大类"生产成本"，并完成表 4-5 所示的要求。

表 4-5　项目目录设置要求表

| 项目设置步骤 | 设置内容 |
| --- | --- |
| 项目大类 | 生产成本 |
| 项目分类 | 1 自行开发 |
| | 2 委托开发 |
| 项目目录 | 01　1 号软件  所属分类码 1 |
| | 02　2 号软件  所属分类码 2 |

操作提示：执行"基础档案→财务→项目目录"命令，增加项目大类后，按照表 4-5 所示资料指定核算科目，增加项目分类定义（注意此处单击"确定"按钮而非"增加"按钮），维护项目目录。操作界面依次分别如图 4-13～图 4-16 所示。

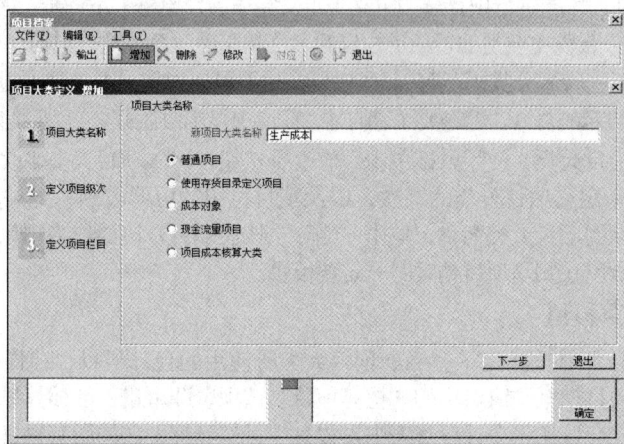

图 4-13　增加项目大类界面

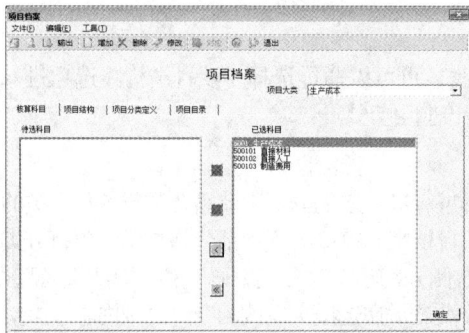

图 4-14　核算科目设置界面

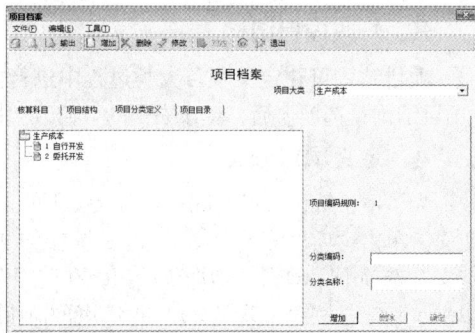

图 4-15　项目分类设置界面

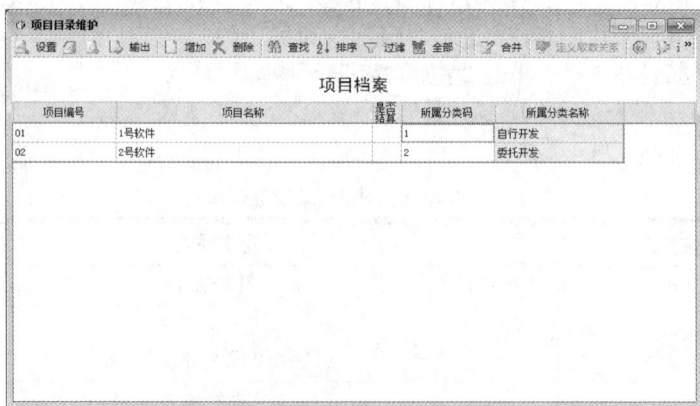

图 4-16　项目目录设置界面

## 4.2.7　期初余额录入

录入期初余额是指将原有手工账簿中的数据录入到计算机账中，使计算机账的数据与手工账簿数据衔接的过程。首次使用财务软件时需要手工录入余额，后期由系统自动进行结转。另外，如果是年初建账，则可以直接录入期初余额；如果是年中建账，则需要录入所建账月份的期初余额和从该年年初到该月份的科目借、贷方累计的发生额，系统会自动计算年初余额。

一般系统会为每个科目提供一个默认的科目余额方向，但是部分调整科目的余额方向可能与默认的余额方向相反，此时需要对科目余额方向进行调整。单击"期初余额录入"窗口的"方向"按钮，系统会弹出"调整余额方向"对话框，若确实要调整，则单击"是"按钮，该科目的余额方向即可调整为实际的余额方向。需要说明的是，余额方向的调整一般在录入期初余额之前进行，否则需要将期初余额清零才可以进行调整。

系统规定在录入期初余额时，只能录入末级科目余额，上级科目余额由系统自动计算填列，所以用户需要根据各科目"期初余额"栏显示颜色区分科目级次。白色背景的单元格为末级科目，可以直接输入期初余额；灰色背景的单元格为非末级科目，不允许录入期初余额，待下级科目余额录入完成后自动汇总生成。在录入科目余额时，将光标移动至需要输入数据的余额栏，直接输入数据即可。

若遇到黄色背景的单元格，则代表对该科目设置了辅助核算，不允许直接录入余额，需要在该单元格中双击进入"辅助账期初设置"界面，在辅助账中输入期初数据，完成后自动返回总账期初余额表中。现以设有"客户往来"辅助核算的"应收账款"科目为例，说明设有辅助核算的科目如何录入期初余额。双击该科目对应的"期初余额"栏，弹出"客户往来期初"对话框，在对话框中单击"增加"按钮，系统便自动增加一条空白记录，在空白记录中录入相关辅助信息和期初余额。如果输入过程中发现某项输入错误，可按"Esc"键取消当前项输入，并将光标移动至需要修改的编辑项上，直接输入正确的数据即可；如果要放弃整行增加数据，在取消当前输入后，再按"Esc"键即可；如果需要修改某个数据，将光标移动至要进行修改的数据上，直接输入正确数据即可。录入完毕后单击"退出"按钮，系统自动在"应收账款"科目栏的"客户往来期初"对话框内输入各条记录中余额的合计数。其他设有辅助核算的科目期初余额录入方式与客户往来辅助账期初余额录入方式类似。

一般期初余额录入工作的最后一个步骤是进行"试算平衡"。所谓试算平衡是指对录入的期初余额，按照"资产=负债+所有者权益+收入−费用"的平衡式进行平衡校验的过程。用户只需在录入所有科目余额后，单击"期初余额录入"窗口的"试算"按钮，系统便会自动完成检验工作，并显示检验结果。如果系统最终显示"试算结果平衡"，则总账系统初始化工作全部完成，便可以开始进行日常业务处理。但如果系统显示"试算结果不平衡"，则用户需要对期初余额进行检查，直到试算结果平衡才能开始日常业务处理。这是因为虽然试算结果不平衡不会影响凭证的填制和审核，但是会导致系统不能记账。

在初次使用财务软件时，总账模块初始化工作量大且烦琐，但总账模块初始化是日常业务处理的基础。该项工作的完成质量直接影响日常业务处理活动是否能顺利进行。总账模块在初始化工作中出现的问题或错误，将在后续业务处理过程中体现出来，因此这一部分的工作需要特别认真对待。

【注意】应先将各账户此时的余额和年初到此时的借贷方累计发生额计算清楚。若有辅助核算，还应整理各辅助项目的期初余额。科目被设置成辅助核算后还应设置相应的目录或档案。

（1）有辅助核算的会计科目。

① 必须先在会计科目中设置辅助核算；

② 期初余额在辅助项中录入，累计额直接录入。

（2）数量、外币核算科目。

① 外币核算科目必须先设置汇率，录入本币余额，再录入数量、外币；

② 数量金额式科目需录入单价和数量后自动计算总额。

（3）红字余额，使用负数录入。

（4）调整余额方向时，只能调整一级科目，且本科目或其下级科目尚未录入期初余额。

（5）录入期初余额后，必须先试算（手工试算年初），再对账。

（6）期初余额试算不平衡，不能记账。

（7）已经记过账，则不能再录入、修改期初余额。

【任务9】以账套主管（01 操作员张平）身份录入期初余额。

操作提示：

进入"总账"模块后，执行"业务工作→财务会计→设置→期初余额"命令，进入"期初余额录入"窗口。分别根据相关资料录入白色背景单元格期初余额，以及黄色背景单元格辅助核算科目的期初余额，输入完成后进行试算平衡，资料分别如表 4-6～表 4-9 所示，操作界面依次分别如图 4-17～图 4-27 所示。

期初余额录入

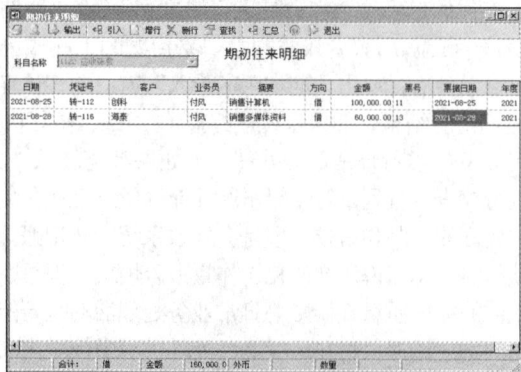

**1. 应收账款**

表 4-6　应收账款往来明细

| 客户 | 凭证号 | 业务员 | 摘要 | 方向 | 金额（元） | 票号 | 日期 |
|---|---|---|---|---|---|---|---|
| 创科 | 转-112 | 付风 | 销售计算机 | 借 | 100 000 | 11 | 2021-08-25 |
| 海泰 | 转-116 | 付风 | 销售多媒体资料 | 借 | 60 000 | 13 | 2021-08-28 |
| 合计 |  |  |  | 借 | 160 000 |  |  |

图 4-17　应收账款往来明细设置界面

【注意】先填制往来明细，再单击"汇总"按钮，汇总生成辅助科目明细余额表，否则将导致余额双倍等错误。

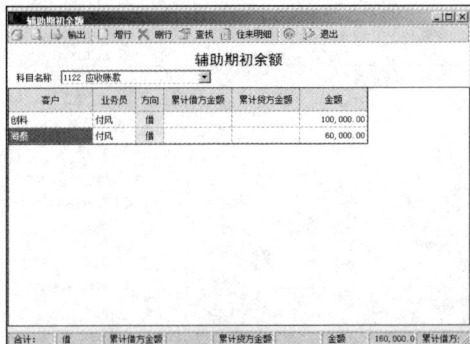

图 4-18 应收账款辅助期初余额设置界面

**2. 其他应收款**

表 4-7 其他应收款往来明细

| 凭证号 | 部门 | 个人 | 摘要 | 方向 | 金额（元） | 票号 | 日期 |
|---|---|---|---|---|---|---|---|
| 转-121 | 销售部 | 付风 | 预借差旅费 | 借 | 3 000 | 25 | 2021-06-28 |
| 转-123 | 销售部 | 李同 | 预借差旅费 | 借 | 800 | 28 | 2021-06-29 |
| 合计 | | | | 借 | 3 800 | | |

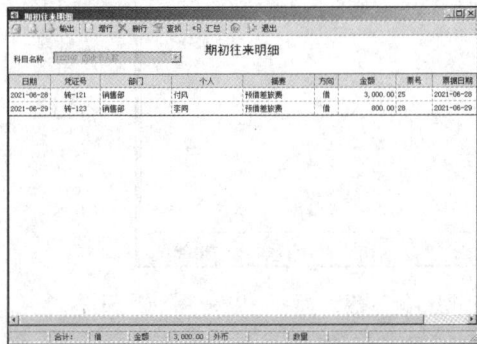

图 4-19 其他应收款往来明细设置界面

图 4-20 其他应收款辅助期初余额设置界面

**3. 应付账款**

表 4-8 应付账款往来明细

| 客户 | 凭证号 | 业务员 | 摘要 | 方向 | 金额（元） | 票号 | 日期 |
|---|---|---|---|---|---|---|---|
| 新智 | 转-117 | 付风 | 采购材料 | 贷 | 140 300 | 18 | 2021-08-28 |
| 亿光 | 转-119 | 付风 | 采购材料 | 贷 | 82 000 | 19 | 2021-08-29 |
| 合计 | | | | 贷 | 222 300 | | |

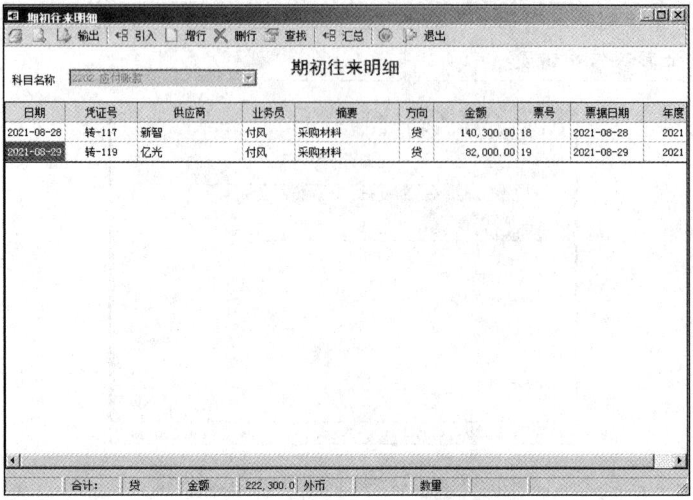

图 4-21　应付账款往来明细设置界面

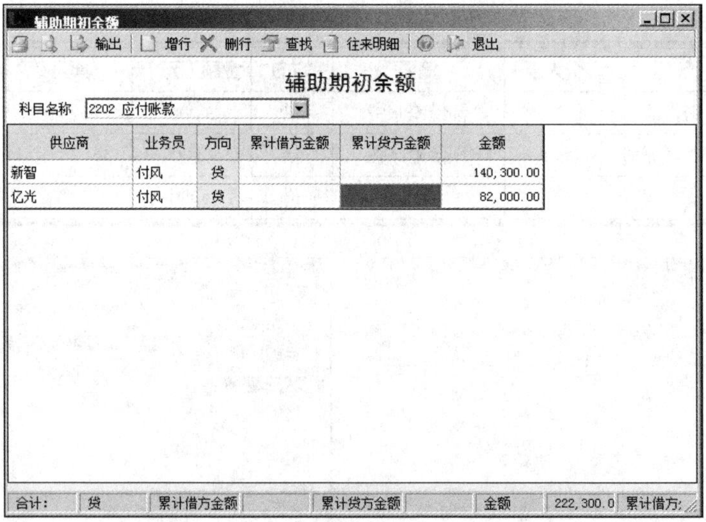

图 4-22　应付账款辅助期初余额设置界面

## 4. 生产成本

表 4-9　生产成本明细

| 科目名称 | 项目名称 | 金额（元） |
| --- | --- | --- |
| 直接材料 | 1 号软件 | 155.00 |
| 直接人工 | 1 号软件 | 15 000.00 |
| 制造费用 | 1 号软件 | 2 010.74 |
| 合计 | | 17 165.74 |

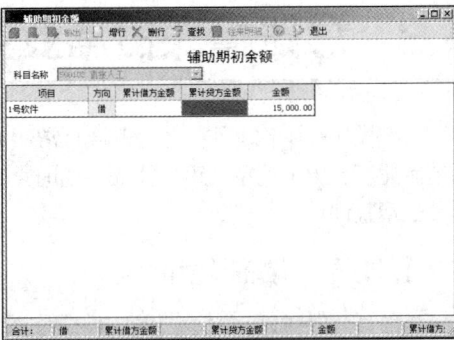

图 4-23  生产成本辅助期初余额直接材料设置界面　　图 4-24  生产成本辅助期初余额直接人工设置界面

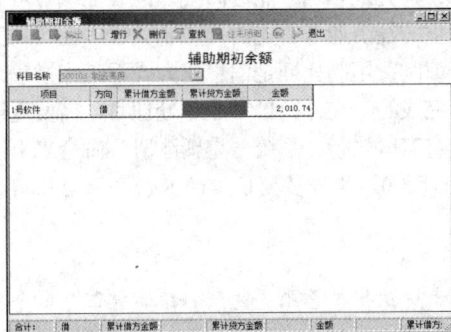

图 4-25  生产成本辅助期初余额制造费用设置界面

图 4-26  期初余额设置界面

图 4-27  试算平衡界面

# 4.3 总账模块日常业务处理

总账模块初始化工作为企业开展日常业务处理提供了基础。日常业务处理的主要内容包括填制凭证、出纳签字、审核凭证、查询凭证、作废整理凭证、记账和取消记账以及出纳管理及账簿查询。

## 4.3.1 填制凭证

凭证是总账模块的起点，也是所有查询数据的主要来源。日常业务处理首先从填制凭证开始。在系统编号情况下，凭证一旦保存，其凭证类别、凭证编号将不能再修改；在手工编号情况下，凭证一旦保存，其凭证类别不能再修改，但凭证编号可修改。

企业在日常活动中发生的经济业务首先需要填制凭证。在实际工作中，记账凭证可直接在计算机上根据原始凭证填制，填制凭证是信息化方式下工作量较大的一项内容。总账模块初始化工作是由账套主管完成的，在进行日常业务处理时，需要更换一名操作员。此时，不需要关闭总账窗口，直接在窗口执行"系统→重新注册"命令来更换操作员即可。

【任务 10】以财务会计（02 操作员杨乐）的身份登录企业门户，填制如下凭证。

**操作提示：**

在"业务工作"选项卡中执行"总账→凭证→填制凭证"命令，进入"填制凭证"窗口。在首次进入时，系统将显示一张"记账凭证"样例，若系统中有已经填制的未记账凭证，则会按收款凭证、付款凭证、转账凭证的顺序显示。

在"填制凭证"窗口，第一张凭证为样本，不可使用，单击"增加"按钮或按"F5"键，系统会自动增加一张空白凭证，如图 4-28 所示。

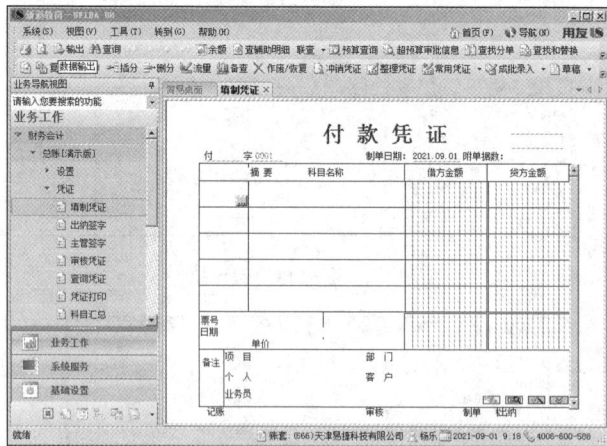

图 4-28 填制凭证界面

录入分录的借方或贷方本币发生额，金额不能为零，但可以是红字，红字金额以"-"形式输入。如果方向不符，可以按空格键调整金额方向。若"库存现金"科目设有日记账，

"银行存款"科目设有日记账、银行账，相关科目设有辅助核算账，则在使用这些科目时，填写完"科目名称"后按"Enter"键，在准备填写金额时，系统会弹出对话框，要求填写相关信息，所示的"银行存款/工行存款"科目设有日记账、银行账，系统将要求填写"结算方式""票号""发生日期"等相关信息。

2021 年 9 月发生如下业务。

（1）9 月 2 日，开出现金支票，支票号为 001，财务部王芳从工行提取现金 108 000 元作为备用金，附单据数为 1 张，填制凭证过程依次分别如图 4-29～图 4-32 所示（注意：提取备用金不影响现金流量变化）。

借：库存现金（1001）　　　　　　　　　　　　　　　　　　108 000.00

　　贷：银行存款/工行存款（100201）　　　　　　　　　　　　　　108 000.00

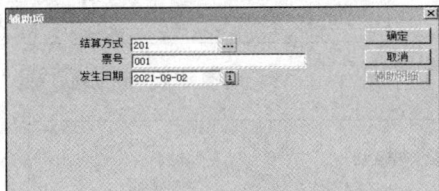

图 4-29　银行日记账辅助项界面

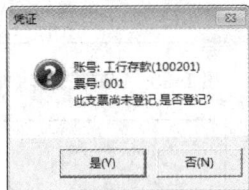

图 4-30　支票登记选择界面

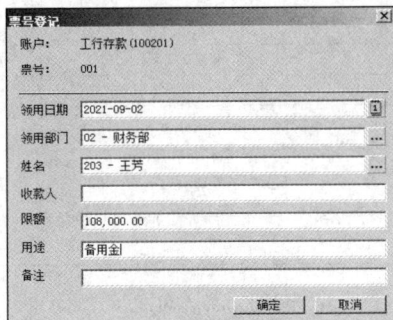

图 4-31　支票登记界面

图 4-32　业务（1）凭证界面

（2）9月7日，向北京创科教育公司售出台式计算机25台，单价人民币6650元，应交增值税21612.50（适用增值税税率为13%，后同）元，货款和税款尚未收到，填制凭证过程依次分别如图4-33～图4-35所示。

借：应收账款（1122） 187 862.50
  贷：主营业务收入/计算机（600105） 166 250.00
    应交税费/应交增值税/销项税额（22210102） 21 612.50

图 4-33 客户往来辅助项界面

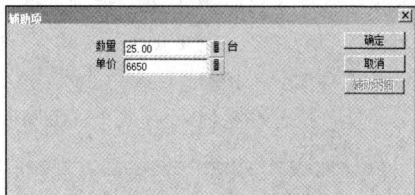

图 4-34 主营业务收入辅助项界面

图 4-35 业务（2）凭证界面

（3）9月8日，向天津海泰公司销售计算机10台，单价人民币6500元，应交增值税8450元，以转账支票形式收到全部价款73450元，支票号为Z001，填制凭证过程如图4-36～图4-39所示。

借：银行存款/工行存款（100201） 73 450.00
  贷：主营业务收入/计算机（600105） 65 000.00
    应交税费/应交增值税/销项税额（22210102） 8 450.00

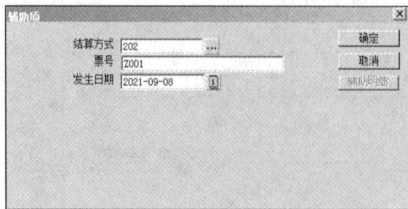

图 4-36 银行日记辅助项界面

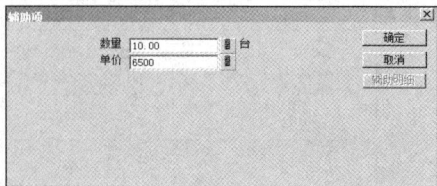

图 4-37 主营业务收入辅助项界面

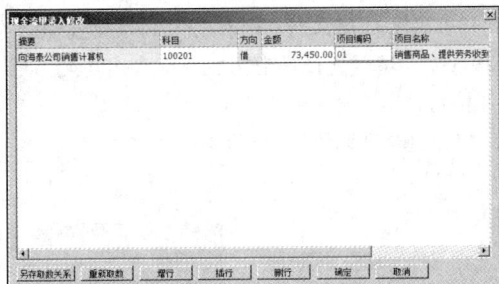

图 4-38　业务（3）现金流量界面

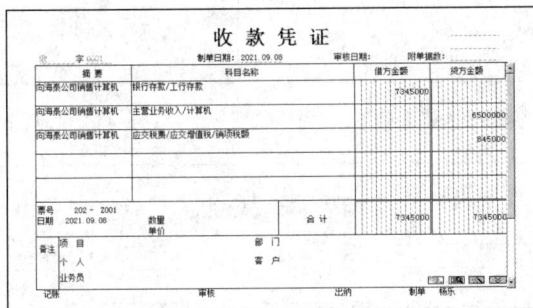

图 4-39　业务（3）凭证界面

（4）9 月 11 日销售部李同报销差旅费 800 元，原预借差旅费 800 元，填制凭证过程依次分别如图 4-40～图 4-42 所示。

借：管理费用/差旅费（660204）　　　　　　　　　　　　　　800.00
　　贷：其他应收款/应收个人款（122102）　　　　　　　　　　　　800.00

图 4-40　管理费用辅助核算界面

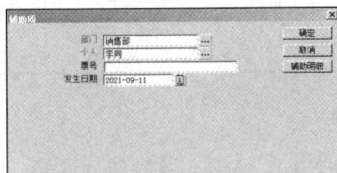

图 4-41　部门辅助核算贷方界面

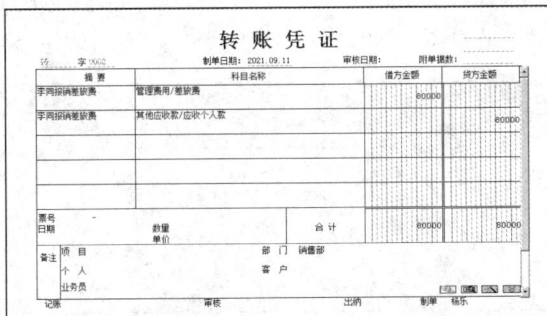

图 4-42　业务（4）凭证界面

（5）9 月 13 日，制作部冯洁从北京新智科技公司购入硬盘 100 个，单价 225 元，货款和税款暂欠，商品已验收入库，填制凭证过程依次分别如图 4-43～图 4-45 所示。

借：原材料/硬盘（140303）　　　　　　　　　　　　　　　　22 500.00
　　应交税费/应交增值税/进项税额（22210101）　　　　　　　2 925.00
　　贷：应付账款（2202）　　　　　　　　　　　　　　　　　　　25 425.00

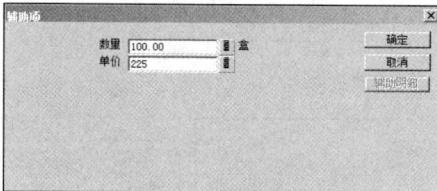

图 4-43　数量辅助核算界面

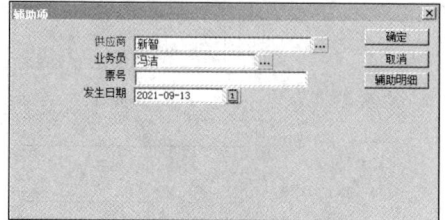

图 4-44　供应商辅助核算界面

图 4-45　业务（5）凭证界面

（6）9 月 16 日，接到银行通知，收到投资者投入的资本 300 000 美元，以转账支票方式收到款项，支票号为 Z002，填制凭证过程依次分别如图 4-46～图 4-48 所示。

借：银行存款 / 中行存款（100202）　　　　　　　1 950 000（USD300 000.00）
　　贷：实收资本（或股本）（4001）　　　　　　　　1 950 000.00

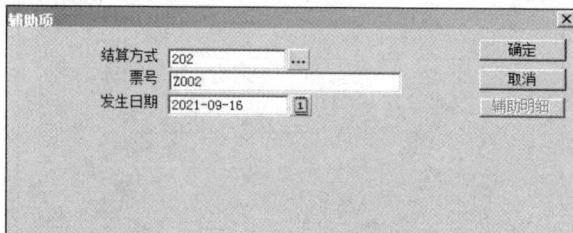

图 4-46　业务（6）银行日记辅助项界面

图 4-47　业务（6）现金流量界面

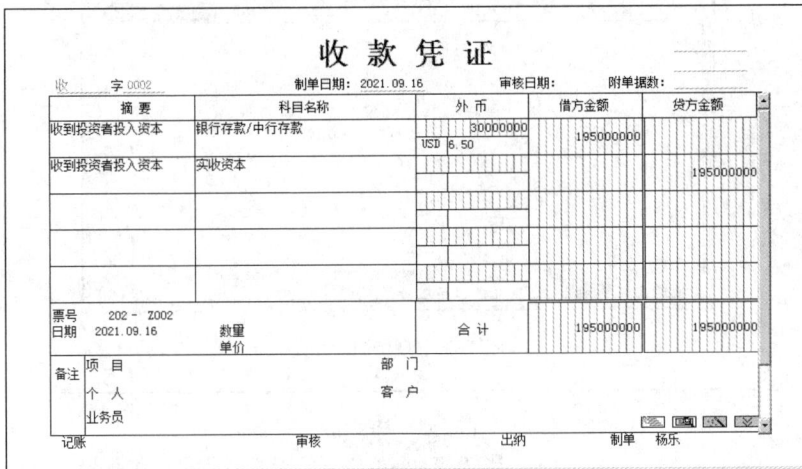

图 4-48　业务（6）凭证界面

（7）9 月 17 日，以转账支票形式付款，支付业务员付风上月亿光公司欠款 82 000 元，支票号为 002，填制凭证过程依次分别如图 4-49～图 4-52 所示。

借：应付账款（2202）　　　　　　　　　　　　　　　　　82 000.00

贷：银行存款/工行存款（100201）　　　　　　　　　　　82 000.00

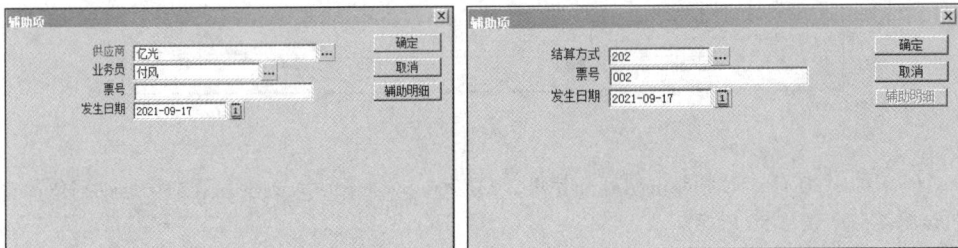

图 4-49　辅助核算界面

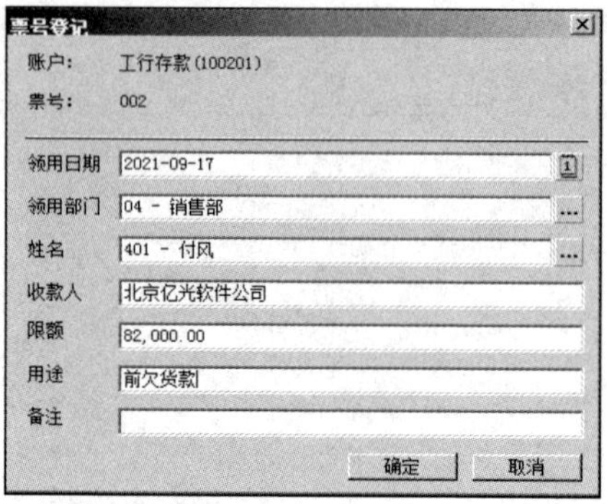

图 4-50 支票登记界面

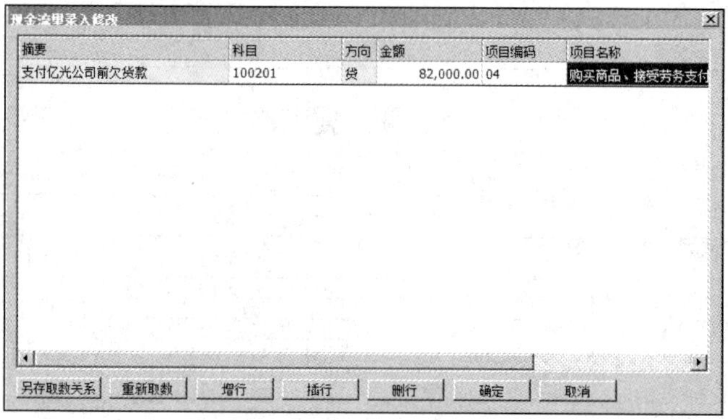

图 4-51 现金流量界面

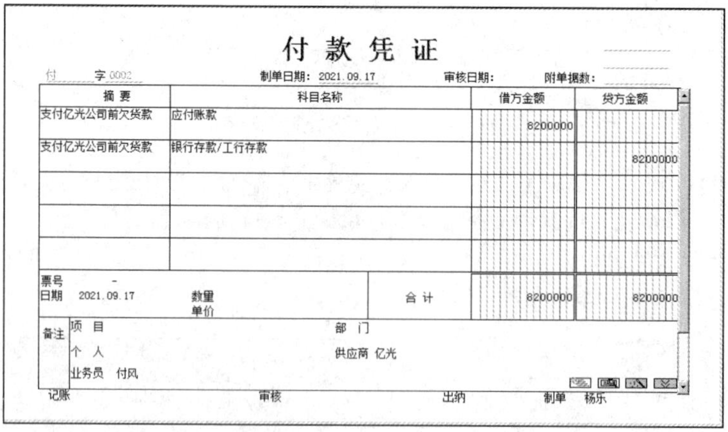

图 4-52 业务（7）凭证界面

（8）9 月 20 日，财务部报销办公费用 2 234 元，以现金方式支付，填制凭证过程依次分别如图 4-53～图 4-55 所示。

借：管理费用/办公费用（660203）　　　　　　　　　　　　　　　　2 234.00

　　贷：库存现金（1001）　　　　　　　　　　　　　　　　　　　　　2 234.00

图 4-53 部门辅助项界面

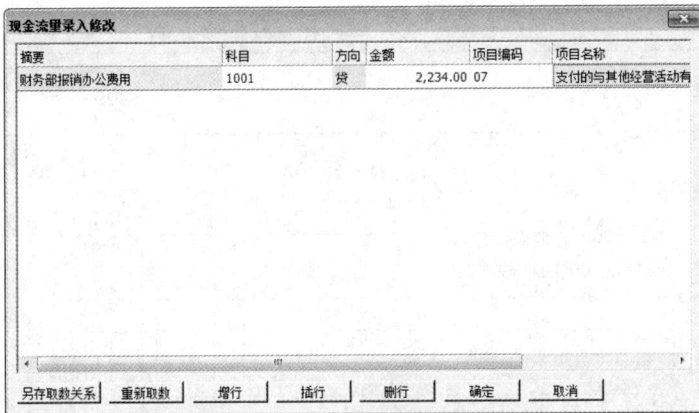

图 4-54 现金流量界面

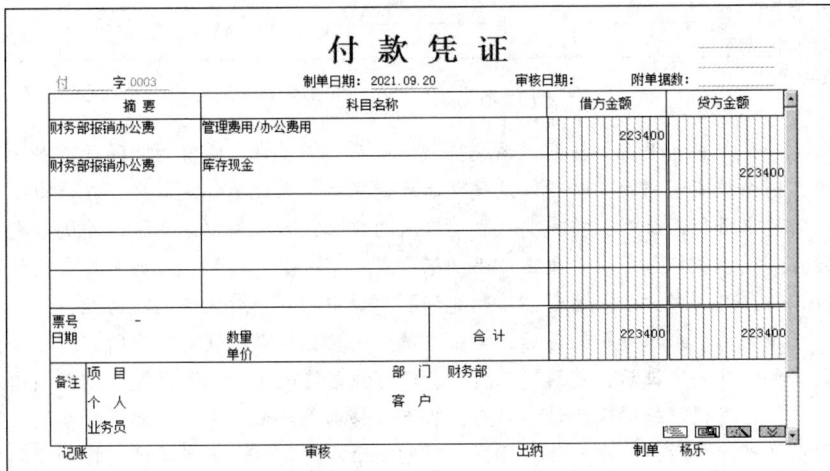

图 4-55 业务（8）凭证界面

（9）9 月 30 日收到银行账单，银行存款利息收入 8 835 元入账，填制凭证过程依次分别如图 4-56～图 4-58 所示（银行利息由银行自动转至企业对应账户，辅助核算部门为财务部，结算方式为其他）。

借：银行存款/工行存款（100201）        8 835.00
　贷：财务费用/利息支出（660301）       8 835.00

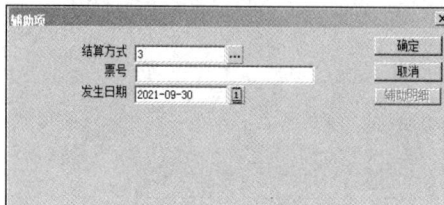

图 4-56　辅助项界面

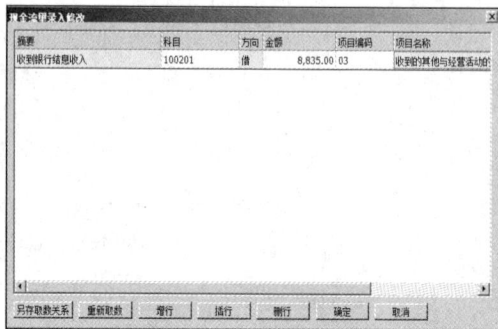

图 4-57　现金流量界面

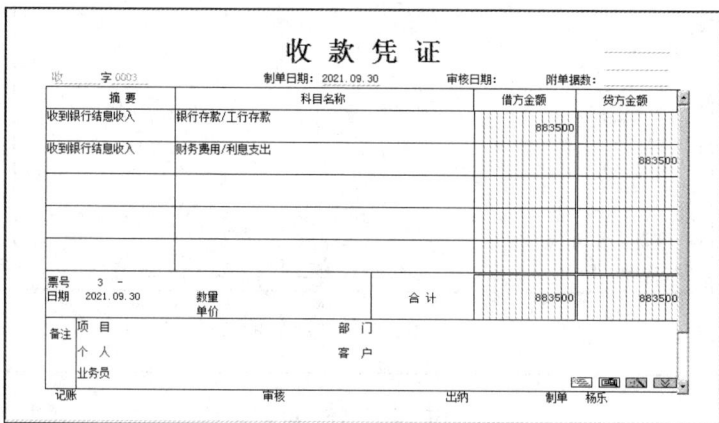

图 4-58　业务（9）凭证界面

　　输入完毕，单击"保存"按钮，系统会自动保存当前凭证。需要说明的是，若凭证借贷合计不平，则系统不予保存，必须修改平衡后才能保存。凭证填制完成后，在未审核前可直接修改。对凭证进行修改时，首先要找到待修改的凭证，可采用以下两种方法进行查找：一种方法是在"填制凭证"窗口，单击"上一张"或"下一张"按钮，寻找需要修改的凭证，执行修改工作；另一种方法是通过"填制凭证"窗口中的"查看→查询"功能，录入查询限制条件，查找凭证。录入查询条件后，单击"确认"按钮，系统便会列出所有符合条件的记录。找到需要修改的凭证后，将该凭证打开，即可执行修改工作。如果凭证辅助项内容有错误，可以在单击有错误辅助项会计科目后，将光标移动至凭证中下部辅助项所在的位置，当出现"笔头状光标"时，双击此处，弹出"辅助项录入"窗口，可直接修改辅助项的内容，或者按"Ctrl+S"组合键打开"辅助项录入"窗口后进行修改。

## 4.3.2　出纳签字

　　由于出纳凭证涉及企业现金的收入与支出，应加强管理。出纳人员可通过出纳签字功能对制单员填制的带有现金银行科目的凭证进行检查核对，主要核对出纳凭证的出纳科目的金额是否正确。出纳审查认为错误或有异议的凭证，应交与填制人员修改后再核对。如果设置了出纳凭证必须由出纳签字，未经出纳签字的凭证不能进行凭证审核。

执行“凭证→出纳签字”命令，系统弹出“出纳签字”条件对话框，输入凭证过滤条件，单击“确认”按钮，系统会列出符合条件的凭证记录，在所列出的记录中，双击打开需签字的凭证，出纳人员确认该凭证没有问题后，则单击“签字”按钮，在该凭证的出纳签字栏中便会出现该出纳人员的签名。若需要对签字的凭证取消签字，单击“取消”按钮即可。

**【注意】**已签字的凭证，不能被修改、删除，而只有通过“取消签字”功能才能进行修改和删除，取消签字只能由出纳亲自进行。企业可根据实际需要决定是否要对出纳凭证进行出纳签字管理，若不需要此功能，可在“选项”中取消“出纳凭证必须经由出纳签字”的设置。

**【任务 11】**以出纳（03 操作员王芳）身份于 2021 年 9 月 1 日登录企业门户，进行出纳签字。

**操作提示：**

执行“业务工作→财务会计→总账→凭证→出纳签字”命令，进行出纳签字，可以单张签字也可以批量处理，出纳签字过程分别如图 4-59～图 4-62 所示。

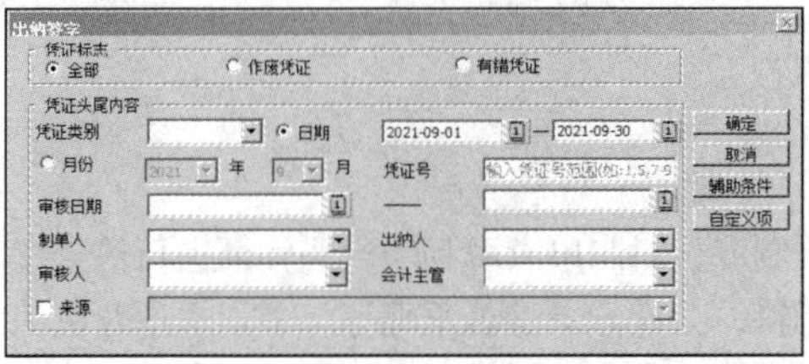


图 4-59　出纳签字范围选择界面

出纳签字

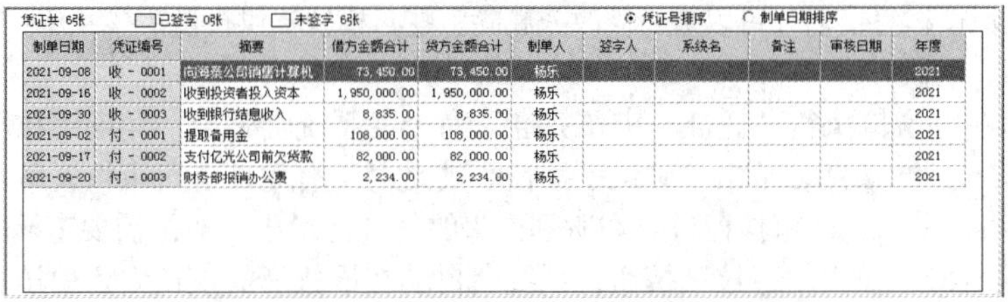

凭证共 6张　已签字 0张　未签字 6张　凭证号排序　制单日期排序

| 制单日期 | 凭证编号 | 摘要 | 借方金额合计 | 贷方金额合计 | 制单人 | 签字人 | 系统名 | 备注 | 审核日期 | 年度 |
|---|---|---|---|---|---|---|---|---|---|---|
| 2021-09-08 | 收 - 0001 | 向海燕公司销售计算机 | 73,450.00 | 73,450.00 | 杨乐 | | | | | 2021 |
| 2021-09-16 | 收 - 0002 | 收到投资者投入资本 | 1,950,000.00 | 1,950,000.00 | 杨乐 | | | | | 2021 |
| 2021-09-30 | 收 - 0003 | 收到银行结息收入 | 8,835.00 | 8,835.00 | 杨乐 | | | | | 2021 |
| 2021-09-02 | 付 - 0001 | 提取备用金 | 108,000.00 | 108,000.00 | 杨乐 | | | | | 2021 |
| 2021-09-17 | 付 - 0002 | 支付亿光公司前欠货款 | 82,000.00 | 82,000.00 | 杨乐 | | | | | 2021 |
| 2021-09-20 | 付 - 0003 | 财务部报销办公费 | 2,234.00 | 2,234.00 | 杨乐 | | | | | 2021 |

图 4-60　出纳签字范围选择界面

**【注意】**转账凭证不涉及库存现金及银行存款业务，所以不需要出纳签字。

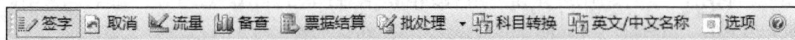

图 4-61　出纳签字及批处理选项

**【注意】**为什么在出纳签字时，提示“没有符合条件的凭证”？

（1）没有做指定会计科目。

（2）没有涉及库存现金或银行存款的会计科目。

（3）库存现金、银行存款辅助核算类型错误。

（4）出纳权限设置错误。

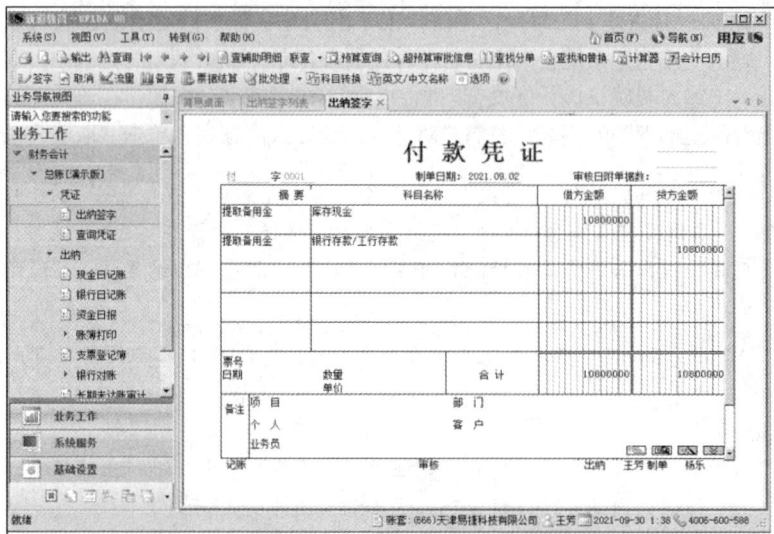

图 4-62　出纳签字完成界面

## 4.3.3　审核凭证

审核凭证是指审核人按照财会制度，对制单人填制的记账凭证进行检查核对的过程，主要审核记账凭证是否与原始凭证相符，会计分录是否正确等。审核人审查出认为错误或有异议的凭证，应交与制单人修改后再审核。有审核权限的人才能使用审核功能，且审核人和制单人不能是同一个人。取消审核只能由审核人亲自进行。凭证一经审核，就不能被修改、删除，只有取消审核签字后才可以进行修改或删除。账务模块提供批量审核和单张审核功能，并支持对照式审核。

在"总账"窗口执行"凭证→审核凭证"命令，系统会弹出"凭证审核"条件过滤对话框，录入过滤条件，单击"确认"按钮。若是对所有凭证进行审核，可以直接单击"确认"按钮，进入凭证审核窗口。在所列出来的凭证记录中，双击需要审核的凭证，出现凭证审核窗口，单击"审核"按钮，系统会自动在该凭证的审核人栏中填写当前操作员的名字。审核过程中，系统会自动翻页显示下一张未审核的凭证，操作员也可以执行"审核→成批审核"命令对凭证进行批量审核。如果在审核过程中发现凭证有错误，可单击"标错"按钮进行标错，返回制单界面进行修改；再次单击"标错"按钮，则表示取消该张凭证的标错。已标错的凭证不能被审核，需取消标错后才能审核，已审核的凭证不能标错。

【任务 12】以账套主管（01 操作员张平）身份于 2021 年 9 月 30 日登录企业门户，进行审核（注意：审核凭证时间需晚于填制凭证时间）。

操作提示：

执行"业务工作→财务会计→总账→凭证→审核凭证"命令，进行凭证审核可以单张签字也可以批量处理。单击"审核"按钮，窗口会自动显示下一张凭证。审核凭证的快捷键是"F2"键。审核凭证过程依次分别如图 4-63～图 4-65 所示。

审核凭证

图 4-63 审核凭证列表界面

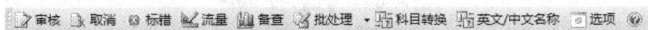

图 4-64 审核凭证选项

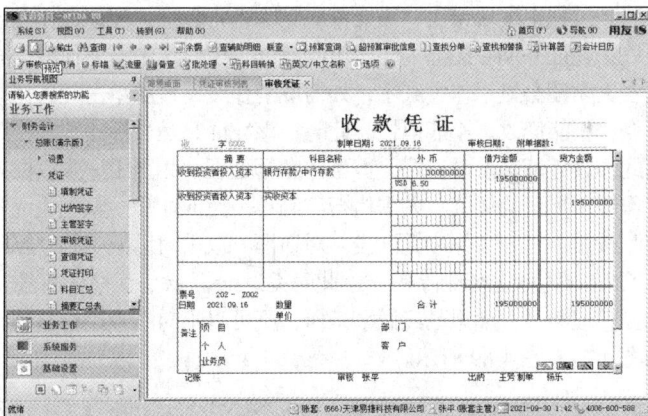

图 4-65 审核凭证界面

【注意】

（1）凭证审核人与制单人不能为同一人。

（2）出纳与制单人可以为同一人，也可以为不同人。

（3）审核凭证日期应大于制单日期，建议登录日期选择 2021 年 9 月 30 日。

## 4.3.4 查询凭证

总账模块提供明细账、总账、凭证、原始单据关联查询功能，用户可以对辅助明细账进行跨年度查询，也可以自定义账表的格式和自定义查询条件，还可以查询所有类型的凭证，标记有错误凭证，查找并预览相应凭证等。但是查询凭证与填制凭证、审核凭证等功能存在互斥关系，需要关闭查询凭证功能，才可以使用其他功能。查询凭证界面如图 4-66 所示。

图 4-66　查询凭证界面

## 4.3.5　作废整理凭证

如果在凭证填制过程中发现错误，需要彻底删除一张凭证，应该先作废该张凭证再整理凭证，然后选中该张凭证并彻底删除。在"填制凭证"窗口选中需要作废的凭证，单击"作废"按钮，凭证左上角便会显示作废红字，如需取消作废，再次单击此按钮即可。作废后凭证的数据内容不变，不能修改，不能审核。此时，该凭证只是被标注上"作废"标记，没有真正被删除，因此作废凭证会参与记账，但不作数据处理，相当于一张空白凭证。如果要彻底删除已添加"作废"标记的凭证，则需执行"制单→凭证删除→整理凭证"命令，选择凭证后单击"确定"按钮，打开"作废凭证表"对话框，双击对话框中的"删除"栏，系统会将添加"作废"标记的凭证进行删除操作，此时系统会提示是否整理断号。如果凭证未打印，则一般会选择整理断号；如果已经做了备份，则可以不对断号进行整理。作废整理凭证过程依次分别如图 4-67～图 4-69 所示。

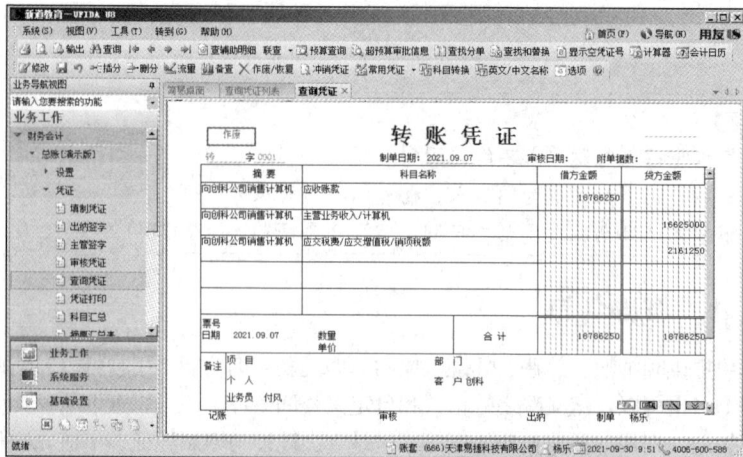

图 4-67　作废凭证界面

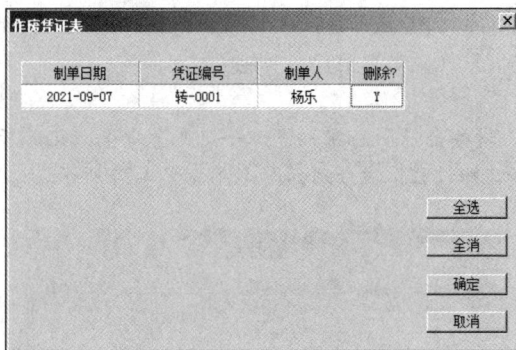

图 4-68　整理作废凭证表界面

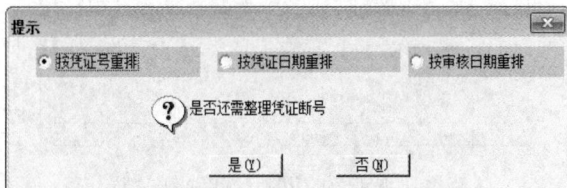

图 4-69　整理作废凭证按凭证号重排界面

## 4.3.6　记账

记账是指将凭证记录登记到账簿中的过程，也称为登账。记账凭证经审核签字后，即可用来登记总账和明细账、日记账、部门账、往来账、项目账以及备查账等。U8 系统对记账过程有严格的限制条件，例如，期初余额试算不平衡不能记账、上月有未记账凭证不能记账、未审核的凭证不能记账等。所以在执行记账操作之前，需要做好记账前的准备工作。执行"凭证→记账"命令，系统弹出"记账"对话框，要求"选择本次记账范围"。第一步，列示各期间的未记账凭证清单和其中的空号与已审核凭证编号；第二步，显示记账报告，是经过合法性检验后的提示信息，例如要记的凭证中，部分凭证未审核或未经出纳签字，属于不能记账的凭证，根据提示修改后再记账；第三步，确认无误后，单击"记账"按钮，系统开始登录有关的总账和明细账。

## 4.3.7　取消记账

系统提供了取消记账的选项，但默认为隐藏状态，首先需要激活按键才能够完成恢复记账前状态功能。激活该按键需要在期末对账界面按下"Ctrl+H"组合键，激活"凭证"菜单中的"恢复记账前状态"功能，执行该命令即可进行恢复。待系统提示"恢复记账完毕!"后，需要选择恢复方式完成取消记账功能，之后可再次进行记账操作。

【注意】不能记账处理原因如下。
（1）如果是第一次执行记账，则一般原因为期初余额试算不平。
（2）上月未结账。
（3）未审核、未经出纳签字的凭证不能记账。

【**任务 13**】以账套主管（01 操作员张平）身份于 2021 年 9 月 30 日登录企业门户，进行记账（选做取消记账功能）。

**操作提示：**

执行"业务工作→财务会计→总账→凭证→记账"命令，记账后可以输出科目汇总表。记账过程依次分别如图 4-70～图 4-74 所示。

记账

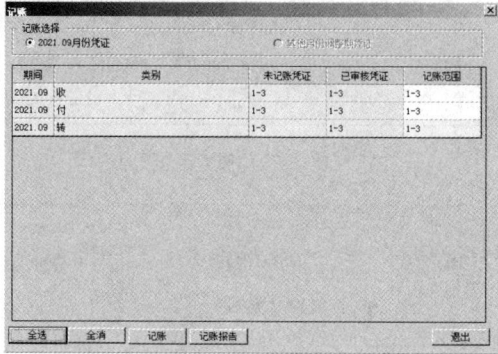

图 4-70　记账选择界面

图 4-71　试算平衡界面

## 科目汇总表

凭证张数: 9

| 科目编码 | 科目名称 | 外币名称 | 数量单位 | 金额合计 | | 外币合计 | |
| --- | --- | --- | --- | --- | --- | --- | --- |
| | | | | 借方 | 贷方 | 借方 | 贷方 |
| 1001 | 库存现金 | | | 108,000.00 | 2,234.00 | | |
| 1002 | 银行存款 | | | 2,032,285.00 | 190,000.00 | 300,000.00 | |
| 100201 | 工行存款 | | | 82,285.00 | 190,000.00 | | |
| 100202 | 中行存款 | 美元 | | 1,950,000.00 | | 300,000.00 | |
| 1122 | 应收账款 | | | 187,862.50 | | | |
| 1221 | 其他应收款 | | | | 800.00 | | |
| 122102 | 应收个人款 | | | | 800.00 | | |
| 1403 | 原材料 | | | 22,500.00 | | | |
| 140303 | 硬盘 | | 盒 | 22,500.00 | | | |
| 2202 | 应付账款 | | | 82,000.00 | 25,425.00 | | |
| 2221 | 应交税费 | | | 2,925.00 | 30,062.50 | | |
| 222101 | 应交增值税 | | | 2,925.00 | 30,062.50 | | |
| 22210101 | 进项税额 | | | 2,925.00 | | | |
| 22210102 | 销项税额 | | | | 30,062.50 | | |
| 4001 | 实收资本 | | | | 1,950,000.00 | | |
| 6001 | 主营业务收入 | | | | 231,250.00 | | |
| 600105 | 计算机 | | 台 | | 231,250.00 | | |
| 6602 | 管理费用 | | | 3,034.00 | | | |
| 660203 | 办公费用 | | | 2,234.00 | | | |
| 660204 | 差旅费 | | | 800.00 | | | |
| 6603 | 财务费用 | | | 8,835.00 | | | |
| 660301 | 利息支出 | | | 8,835.00 | | | |
| 合计 | | | | 2,438,606.50 | 2,438,606.50 | 300,000.00 | |

单位：天津易捷科技有限公司　　　　制表：张平　　　　打印日期：2021-09-30

图 4-72　记账打印预览界面

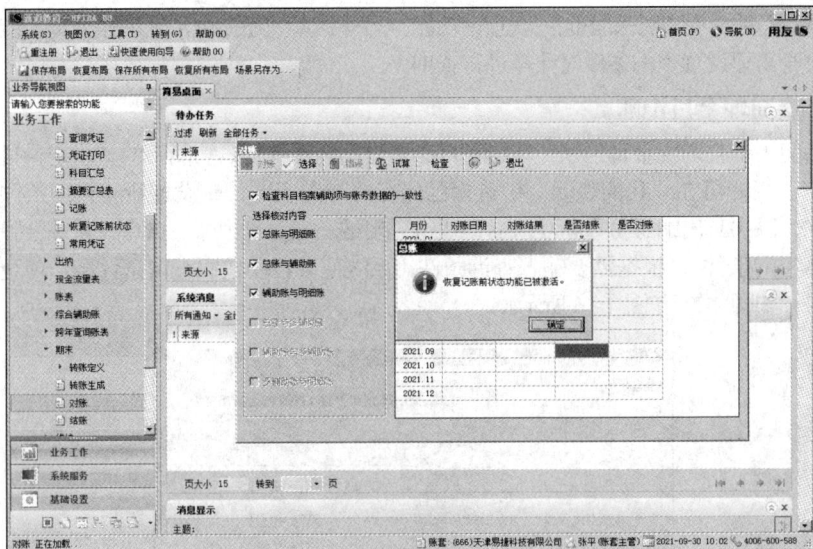

图 4-73 激活恢复记账前状态界面

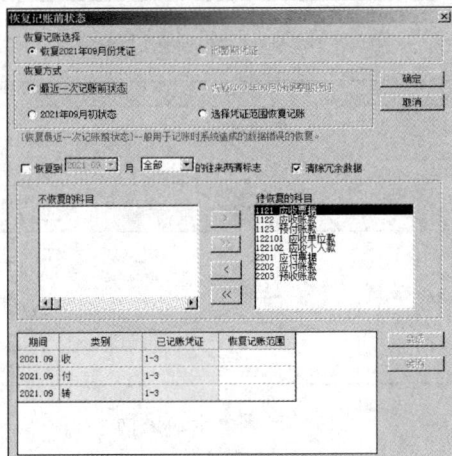

图 4-74 取消记账界面

【注意】
（1）未审核的凭证不能进行记账。
（2）已记账的凭证不能进行修改。
（3）第一次记账时会检查期初余额是否平衡，不平衡则不能进行记账。

## 4.3.8 出纳管理及账簿查询

出纳管理是总账模块为出纳人员提供的管理工具，这里主要介绍查询现金及银行存款日记账、资金日报、登记支票登记簿及银行对账等功能。账簿管理主要是对各类账簿按照不同条件进行查询、输出等。ERP-U8 系统提供了按多种条件查询总账、日记账及明细账等功能，且具有总账、明细账和凭证关联查询功能。另外，系统还提供了辅助账查询功能，用户可根据自身需要设置查询条件对账簿进行查询。

### 1．查询现金日记账

本功能用于查询现金日记账，现金科目必须在“会计科目”功能下的“指定科目”中预先被指定。用户可在“我的账簿”中选择已保存的查询条件，或设置新的查询条件进行查询。例如，以 03 出纳身份重新登录后，执行“出纳→现金日记账”命令，系统会弹出“现金日记账查询条件”，根据需要输入查询条件，系统便会自动按照查询条件显示现金日记账查询结果，如图 4-75 和图 4-76 所示。

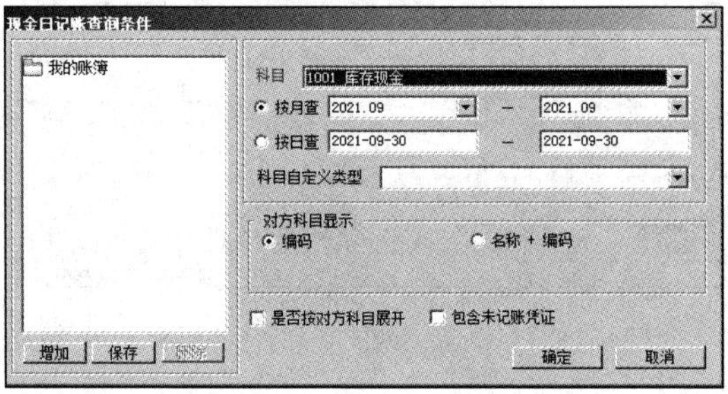


图 4-75　查询现金日记账条件界面

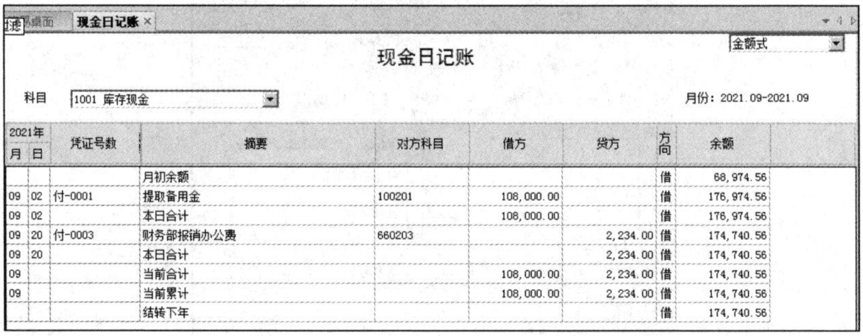


| 2021年 月 | 日 | 凭证号数 | 摘要 | 对方科目 | 借方 | 贷方 | 方向 | 余额 |
|---|---|---|---|---|---|---|---|---|
| | | | 月初余额 | | | | 借 | 68,974.56 |
| 09 | 02 | 付-0001 | 提取备用金 | 100201 | 108,000.00 | | 借 | 176,974.56 |
| 09 | 02 | | 本日合计 | | 108,000.00 | | 借 | 176,974.56 |
| 09 | 20 | 付-0003 | 财务部报销办公费 | 660203 | | 2,234.00 | 借 | 174,740.56 |
| 09 | 20 | | 本日合计 | | | 2,234.00 | 借 | 174,740.56 |
| 09 | | | 当前合计 | | 108,000.00 | 2,234.00 | 借 | 174,740.56 |
| 09 | | | 当前累计 | | 108,000.00 | 2,234.00 | 借 | 174,740.56 |
| | | | 结转下年 | | | | 借 | 174,740.56 |

图 4-76　现金日记账界面

### 2．查询银行存款日记账

本功能用于查询银行日记账，银行科目必须在“会计科目”功能下的“指定科目”中预先设置。出纳人员可以根据需要随时对银行存款日记账进行查询，执行“出纳→银行日记账”命令，系统弹出“银行日记账查询条件”，根据需要输入查询条件，系统会自动按照查询条件显示银行日记账查询结果。

### 3．资金日报

本功能用于查询输出现金、银行存款科目在特定日期内的发生额及余额情况。执行“出纳→资金日报”命令，系统弹出“资金日报表查询条件”对话框，查询资金日报表时可以查询包含未记账凭证的资金日报表。如果在“资金日报表查询条件”对话框中选择“有余额无发生额也显示”选项，则即使现金或银行科目在查询日没有发生业务，也显示余额。用户根据需要输入查询条件，系统会自动按照查询条件显示资金日报表查询结果。

### 4．支票登记簿

在手工记账时，银行出纳通常建立支票领用登记簿，用来登记支票领用情况。"支票登记簿"可为出纳人员提供详细登记支票领用人、领用日期、支票用途、是否报销等功能。当应收、应付系统或资金系统有支票领用时，会自动填写相关信息。只有在总账模块的初始设置选项中选择"支票控制"选项，且在"结算方式"设置中的"票据结算"选项中打"√"，并已经在"会计科目"中设置银行账的科目，才能使用"支票登记簿"功能。

执行"出纳→支票登记簿"命令，打开"银行科目选择"对话框，选择银行账户，单击"确定"按钮，进入"支票登记簿"窗口，单击"增加"按钮，录入领用日期、领用人、领用部门、票号等信息。将光标移动至需要修改的数据项上可直接修改支票登记簿内容。支票登记簿中报销日期为空时，表示该支票未报销，否则系统认为该支票已报销。

> **【注意】** 已报销的支票不能进行修改，若要取消报销标志，只需将光标移动至报销日期处，按空格键后删掉报销日期即可。

# 4.4　总账模块期末处理

总账模块期末业务处理是指将企业本月所发生的日常业务处理全部记账后，在每个会计期末都需要执行的一些特定的会计工作，如期末转账、对账、结账工作等。

## 4.4.1　银行对账

为了准确掌握银行存款的实际余额，防止企业和银行双方在记账过程中出现差错，企业会定期将银行存款日记账与银行出具的银行对账单进行核对，并编制银行存款余额调节表，对未达账项进行调整。银行对账是出纳人员的基本工作之一。

银行对账一般要经过录入银行对账期初数据、录入银行对账单、银行对账等几个步骤。

### 1．录入银行对账期初数据

为了保证银行对账的准确性，在使用"银行对账"功能进行对账之前，必须在开始对账的月初将日记账、银行对账单未达项录入系统中。在"总账模块"执行"出纳→银行对账→银行对账期初"命令，进入"银行科目选择"对话框，利用下拉列表框进行科目选择，单击"确定"按钮后打开"银行对账期初"对话框。在此对话框中录入单位日记账、银行对账单"调整前余额"栏，然后单击"日记账期初未达项"按钮，打开"企业方期初"窗口，单击"增加"按钮后，录入未达账资料，单击"保存"按钮，保存已录入数据。然后，再单击"退出"按钮，返回"银行对账期初"对话框。

### 2．录入银行对账单

本功能用于平时录入、查询和引入银行对账单，在此功能中显示的银行对账单为启用日期之后的对账单。

执行"出纳→银行对账→银行对账单"命令，打开"银行科目选择"对话框，利用下拉列表框进行选择，单击"确定"按钮，进入"银行对账单"窗口。在窗口内单击"增加"按钮，在对账单列表最后增加 1 个空行，可增加一笔银行对账单，手工录入或参照日历输入银行对账单日期，选择结算方式，注意此处输入的结算方式可与制单时所使用的结算方式相同也可不同。输入完毕后单击"保存"按钮，即可保存银行对账单内容，单击"退出"按钮，返回"总账模块"。

### 3. 银行对账

银行对账采用自动对账与手工对账相结合的方式。自动对账是指计算机根据对账依据自动进行核对、勾销，对于已核对上的银行业务，系统将自动在银行存款日记账和银行对账单双方添加两清标志，并视为已达账项，对于在两清栏未添加两清符号的记录，系统则视其为未达账项。手工对账是对自动对账的补充，在完成自动对账后，可能还有一些特殊的已达账项没有被核对出来，而被视为未达账项，为了保证对账完全正确，可用手工对账来进行调整。

（1）自动对账。执行"出纳→银行对账→银行对账单"命令，打开"银行科目选择"对话框，利用下拉列表框选择科目，默认系统选项"显示已达账"，单击"确定"按钮，打开"银行对账"窗口。单击"对账"按钮，系统会弹出"自动对账——对账条件"对话框，输入对账截止日期，如果不输入，则核对所有日期的账目。选择对账条件时，系统默认的对账条件为日期相差 12 天之内，结算方式、票号相同，这时可以根据业务需要确定自动对账条件。单击"确定"按钮，系统进行自动对账，并显示对账结果。单击"检查"按钮，检查对账是否有错误，如果有错误，则应进行调整。

（2）手工对账。在"银行对账"窗口单击窗口左侧"单位日记账"中需要进行勾对的记录所在行，然后单击"对照"按钮，系统将在银行对账单区显示票号或金额和方向与单位日记账中当前记录相似的银行对账单，这时可参照进行勾对，再次单击"对照"按钮，则为取消对照。单击"检查"按钮，系统打开"对账平衡检查"对话框，如果显示结果不平衡，则单击"确认"按钮，返回后继续通过手工对账进行调整，直至平衡为止。这里要注意的是：手工勾对的日期由进入日期决定。

【任务 14】以出纳（03 操作员王芳）身份于 2021 年 9 月 1 日登录企业门户，进行银行对账期初数据的录入、银行对账单的录入，并进行对账工作。

**操作提示：**

（1）在"总账模块"中执行"出纳→银行对账→银行对账期初"命令，进入"银行科目选择"对话框，选择"工行存款（100201）"科目，输入单位日记账的调整前余额 511 057.16，输入银行对账单的调整前余额 533 829.16，然后单击"对账单期初未达项"按钮，打开"银行方期初"窗口，单击"增加"按钮后，录入"日期为 2021-08-31，结算方式为 202，借方金额 22 772.00"，保存设置并退出。操作过程依次分别如图 4-77～图 4-79 所示。

图 4-77　银行对账期初数界面

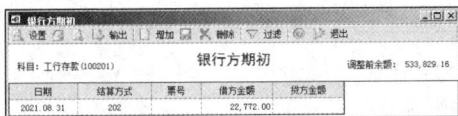

图 4-78 未达账项录入界面

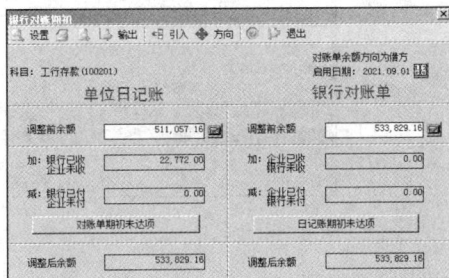

图 4-79 银行对账期初数完成界面

（2）执行"出纳→银行对账→银行对账单"命令，打开"银行科目选择"对话框，利用下拉列表框进行选择，单击"确定"按钮，进入"银行对账单"窗口进行银行对账单的录入。资料如表 4-10 所示，操作过程如图 4-80 所示。

表4-10 9月银行对账单

| 日期 | 结算方式 | 票号 | 借方金额 | 贷方金额 |
|---|---|---|---|---|
| 2021.09.02 | 201 | 001 | | 108 000.00 |
| 2021.09.08 | 202 | Z001 | 73 450.00 | |
| 2021.09.17 | 202 | 002 | | 82 000.00 |

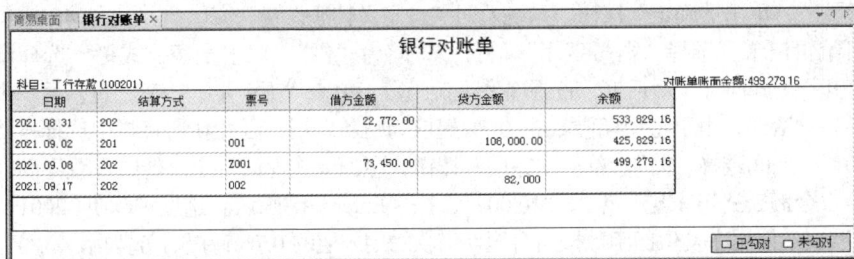

图 4-80 银行对账单界面

（3）执行"出纳→银行对账→银行对账单"命令，打开"银行科目选择"对话框进行银行对账工作，操作过程分别如图 4-81 和图 4-82 所示。

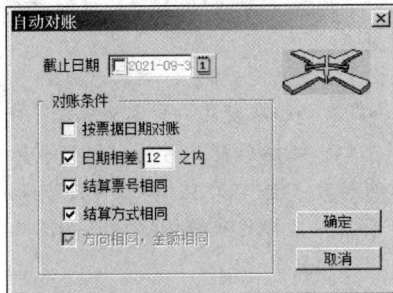

图 4-81 银行自动对账条件选择界面

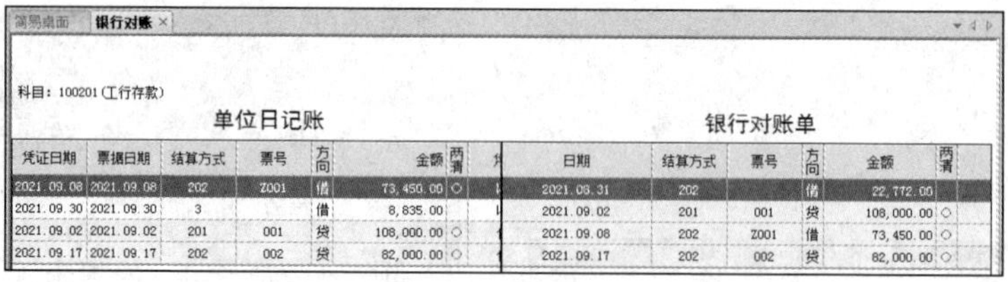

图 4-82　银行自动对账界面

## 4.4.2　自定义转账

### 1．定义结转设置

企业有一些业务是有规律发生的，并且账户与账户之间存在特定关系。为了减少期末业务处理的工作量，避免重复操作，可以将具有固定对应关系的业务凭证定义为转账凭证。下面按短期借款的 0.7% 计提财务费用为例说明如何进行自定义结转设置。

该笔分录为：

借：财务费用/利息支出（660301）　　　　　QM（2001，月）*0.007

贷：应付利息（2231）　　　　　　　　　　　　　　　　　JG（）

执行"期末→转账定义→自定义结转"命令，即可进入"自定义转账设置"窗口。在窗口内单击"增加"按钮，弹出"转账目录"对话框，按要求输入"转账序号"和"转账说明"，并选择"凭证类别"。根据业务性质输入序号和说明，利用下拉列表框选择凭证类别为"转账凭证"，单击"确定"按钮。系统返回"自定义转账设置"窗口，并且在窗口内出现了一条可编辑记录，选择"财务费用"科目，方向为"借"，双击金额公式栏，选择参照按钮，打开"公式向导"对话框，选择净发生额函数，单击"下一步"按钮，进入另一个"公式向导"对话框，由于将短期借款的 0.7% 提取为财务费用，因此在科目栏中选择科目编码"660301"，期间选择"月"，单击"完成"按钮，金额公式返回自定义转账设置界面，将光标移至"金额公式"末尾，输入"*0.007"，按"Enter"键确认。这里"QM（2001，月）*0.007"表示使用净发生额函数按当月短期借款的期末值的 0.7% 计提财务费用。

在完成第一条记录编辑后，单击"增行"按钮，可再增加一条记录，在科目栏中选择科目编码"2231"，然后调整"方向"，一般系统会显示"借方"的方向默认值，注意将其调整为该科目在分录中的实际方向，最后选择金额公式"JG（）"，单击"保存"按钮。

【任务 15】以财务会计（02 操作员杨乐）身份登录企业门户，进行自定义转账，参考上述流程，按短期借款的 0.7% 计提财务费用，生成日期为 9 月 30 日的转账凭证。

操作提示：

执行"财务会计→总账→期末→转账定义→自定义转账"命令，即可进入"自定义转账设置"窗口，增加转账序号为"1"，转账说明为"计提短期借款利息"，凭证类别为"转 转账凭证"，单击"确定"按钮，返回"自定义转账设置"界面，按照以下分录录入，操作流程依次分别如图 4-83～图 4-85 所示。

借：财务费用/利息支出（660301）　　　　　　QM（2001，月）*0.007

贷：应付利息（2231）　　　　　　　　　　　　　　　　　JG（）

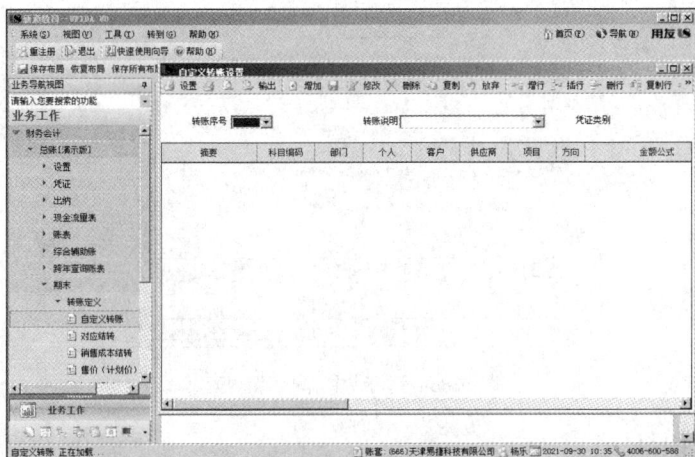

图 4-83  自定义转账界面

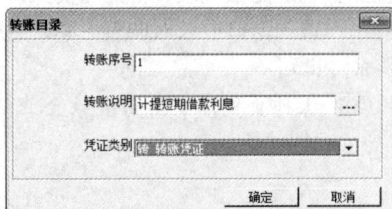

图 4-84  设置计提短期借款界面

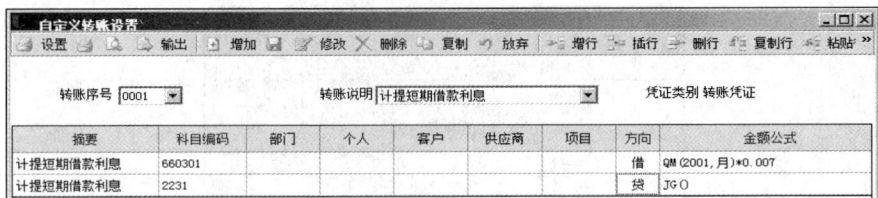

图 4-85  设置计提短期借款公式界面

## 2．销售成本结转

月末，企业需要将本月的销售成本进行结转。销售成本结转是指将月末销售的商品数量乘以库存商品的平均单价，从而计算出各类商品的销售成本并进行结转的过程。需要注意的是，销售成本结转的设置必须基于库存商品科目、销售收入科目和销售成本科目，具有相同的明细科目结构。库存商品科目和销售收入科目下的所有明细科目必须有数量核算且辅助核算类型一致，并且不存在往来辅助核算。

【任务 16】以财务会计（02 操作员杨乐）身份登录企业门户，进行销售成本结转设置，生成日期为 9 月 30 日的转账凭证。

操作提示：

执行"财务会计→总账→期末→转账定义→销售成本结转"命令，即可进入"自定义转账设置"窗口，分别设置转账类别及对应科目，操作流程如图 4-86 所示。

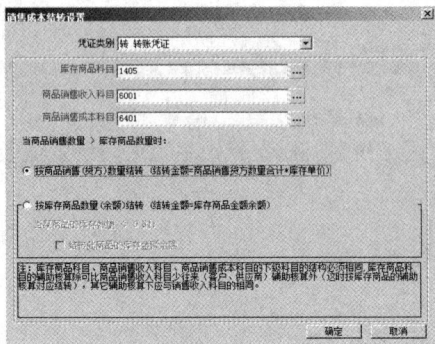

图 4-86　销售成本结转设置界面

### 3. 汇兑损益

企业需要按照会计准则的相关要求，计算企业的存量外币或债权由于汇率变动而发生的折算差额，完成外币汇率调整业务。汇兑损益结转首先需要执行"基础设置→基本档案→财务→外币设置"命令，在"外币设置"窗口中录入调整汇率，然后执行"财务会计→总账→期末→转账定义→汇兑损益"命令即可。

【任务 17】以财务会计（02 操作员杨乐）身份登录企业门户，进行汇兑损益结转设置，假设 9 月 30 日美元汇率为 6.6。

操作提示：

执行"财务会计→总账→期末→转账定义→汇兑损益"命令，进入"汇兑损益结转设置"窗口，分别设置转账类别及对应科目，操作流程依次分别如图 4-87 和图 4-88 所示。

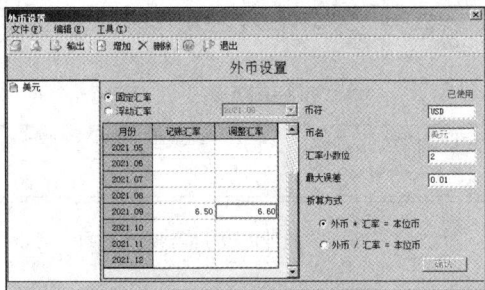

图 4-87　外币调整汇率设置界面

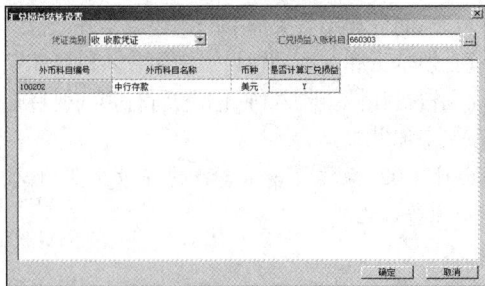

图 4-88　汇兑损益结转设置界面

#### 4．生成自定义转账凭证

设置自定义转账凭证的规则后，需要自定义转账凭证，才能完成自定义转账工作的全流程，实现自动生成凭证。

**操作提示：**

执行"财务会计→总账→期末→转账生成→自定义转账"命令，即可进入"自定义转账设置"窗口，选择自定义转账，选中 0001 号凭证定义，单击"确定"按钮生成凭证，凭证类别选择"转 转账凭证"，日期为"2021 年 9 月 30 日"，保存即可完成"计提短期借款利息"业务，操作过程依次分别如图 4-89 和图 4-90 所示。

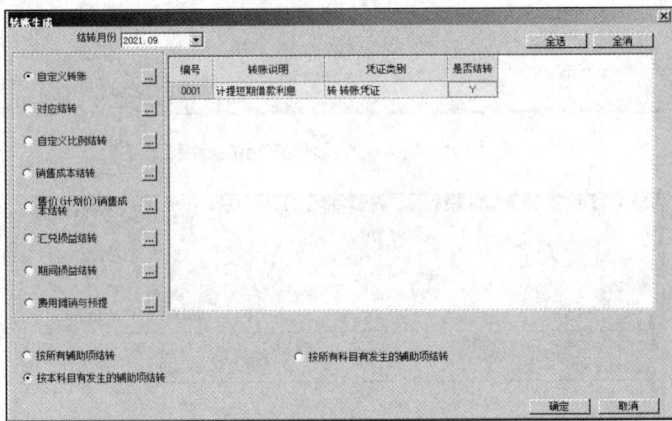

图 4-89　计提短期借款利息自定义转账生成界面

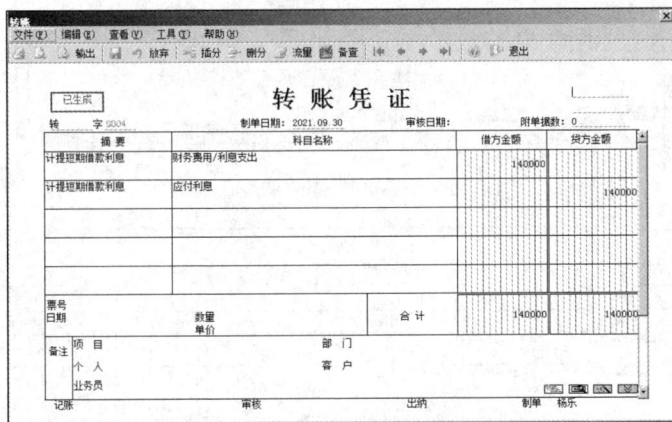

图 4-90　计提短期借款利息自定义转账凭证界面

运用同样的操作也可完成销售成本结转、汇兑损益结转，操作过程依次分别如图 4-91～图 4-98 所示。

【任务 18】以财务会计（02 操作员杨乐）身份登录企业门户，分别生成自定义转账、销售成本结转、汇兑损益结转的凭证，使用账套主管（01 操作员张平）身份登录系统审核并记账。

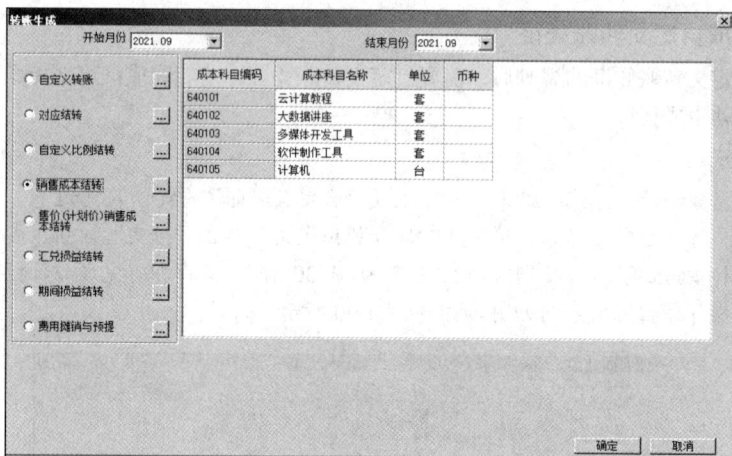

图 4-91　销售成本结转转账生成界面 1

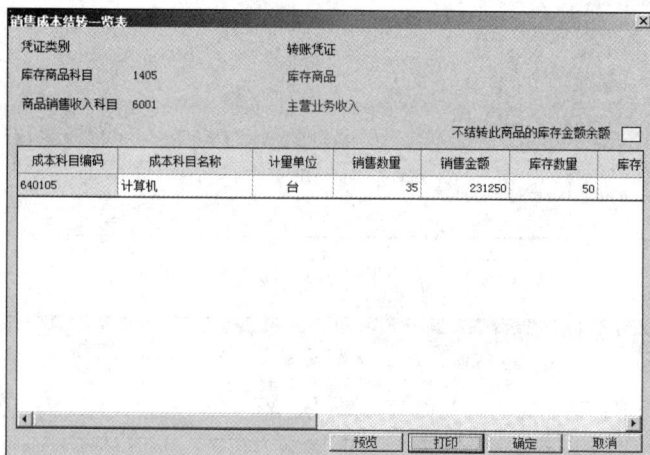

图 4-92　销售成本结转转账生成界面 2

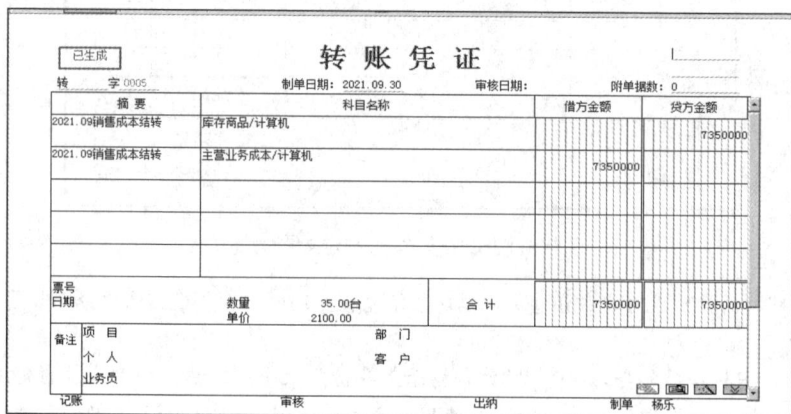

图 4-93　销售成本结转凭证界面

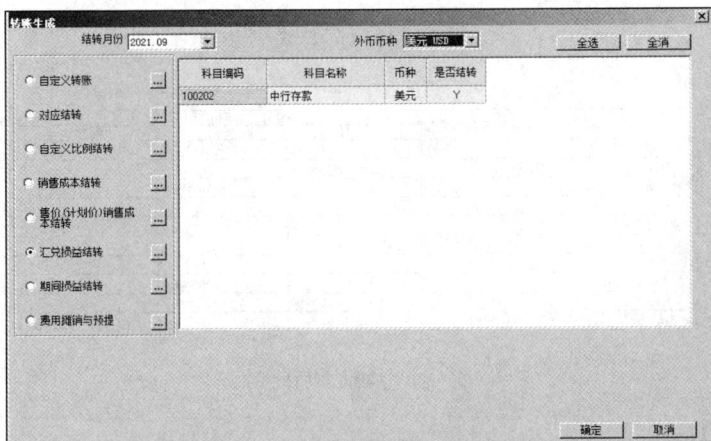

图 4-94　汇兑损益结转转账生成界面

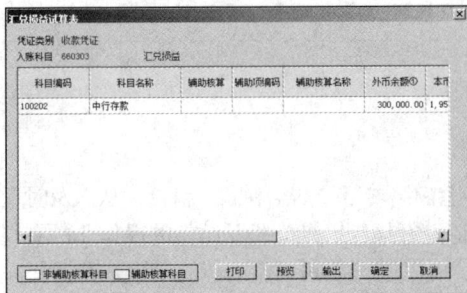

图 4-95　汇兑损益试算表

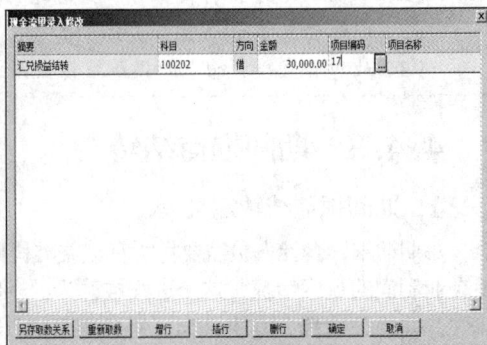

图 4-96　汇兑损益结转现金流量录入

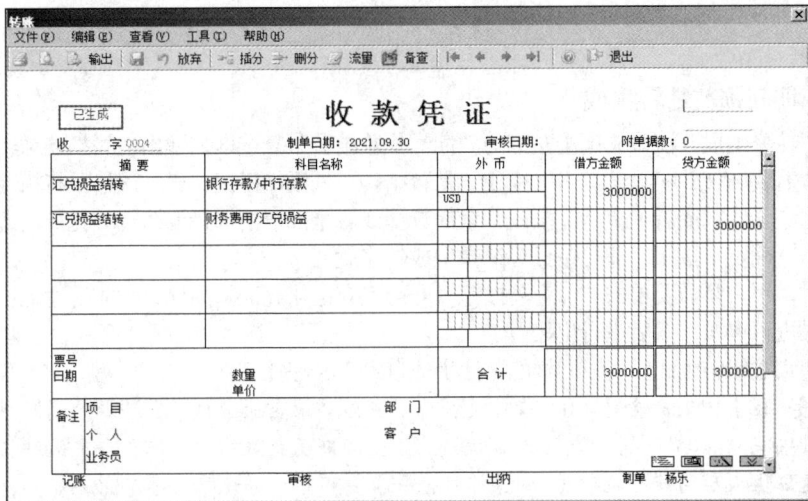

图 4-97　汇兑损益结转凭证界面

## 科目汇总表

凭证张数：2

| 科目编码 | 科目名称 | 外币名称 | 数量单位 | 金额合计 | | 外币合计 | |
|---|---|---|---|---|---|---|---|
| | | | | 借方 | 贷方 | 借方 | 贷方 |
| 1002 | 银行存款 | | | 30,000.00 | | | |
| 100202 | 中行存款 | 美元 | | 30,000.00 | | | |
| 1405 | 库存商品 | | | | 73,500.00 | | |
| 140505 | 计算机 | | 台 | | 73,500.00 | | |
| 6401 | 主营业务成本 | | | 73,500.00 | | | |
| 640105 | 计算机 | | 台 | 73,500.00 | | | |
| 6603 | 财务费用 | | | | 30,000.00 | | |
| 660303 | 汇兑损益 | | | | 30,000.00 | | |
| 合计 | | | | 103,500.00 | 103,500.00 | | |

单位：天津易捷科技有限公司　　　　制表：张平　　　　打印日期：2021-09-30

图 4-98　自动结转记账后科目汇总表

【注意】

（1）生成日期为 9 月 30 日的转账凭证。

（2）以出纳（03 操作员王芳）身份进行出纳签字（涉及汇兑损益的凭证）。

（3）以账套主管（01 操作员张平）身份审核并记账。

（4）此步骤直接影响期间损益结转数额，应根据公式核对金额是否正确。

## 4.4.3　期间损益结转

### 1．期间损益结转定义

每期期末，会计人员需要将所有损益类科目余额结转至"本年利润"科目，从而及时反映企业利润的盈亏情况，这一过程被称为"期间损益结转"。期间损益结转的操作非常有规律性，并且每期都会发生，为了避免重复操作，可以进行期间损益结转的设置，其操作方法非常简单。执行"期末→转账定义→期间损益"命令，即可进入"期间损益结转设置"窗口，首先选择"凭证类别"为"转账凭证"；然后在"本年利润科目"栏输入科目编码"4103"，确定各损益类科目与本年利润之间的对应关系；最后单击"确定"按钮，即可完成操作。

### 2．期间损益结转生成

在"转账生成"窗口，单击左侧的"期间损益结转"复选框，弹出期间损益结转生成窗口，选择需要结转的科目，双击鼠标在"是否结转"处添加标记，表示该科目将执行结转，也可单击"全选"或者"全消"按钮，全部选择或者全部取消选择要结转的凭证。选择完毕后，单击"确定"按钮，即可按计算结果生成转账凭证。

此时，用户只需要单击"保存"按钮，即可保存记账凭证。同样，生成的凭证依然需要审核人员进行审核，然后进行记账。

期间损益结转生成后，以同样的方法生成自定义转账凭证。

【任务 19】以财务会计（02 操作员杨乐）身份登录企业门户，在"本年利润科目"栏输入科目编码"4103"，进行期间损益结转，并生成期间损益结转凭证和自定义结转凭证各一张。凭证生成后由账套主管（01 操作员张平）身份审核并记账。参考上述流程，操作过程依次分别如图 4-99～图 4-102 所示。

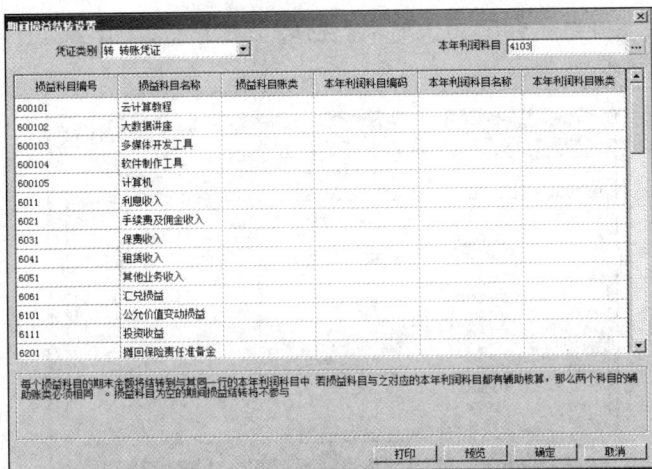

图 4-99　期间损益定义界面

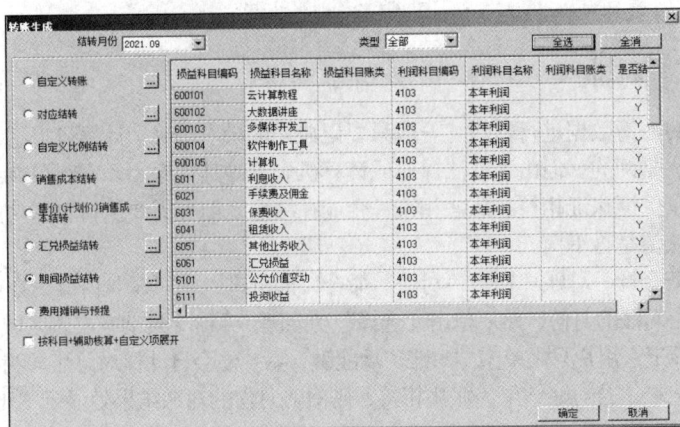

图 4-100　期间损益结转界面

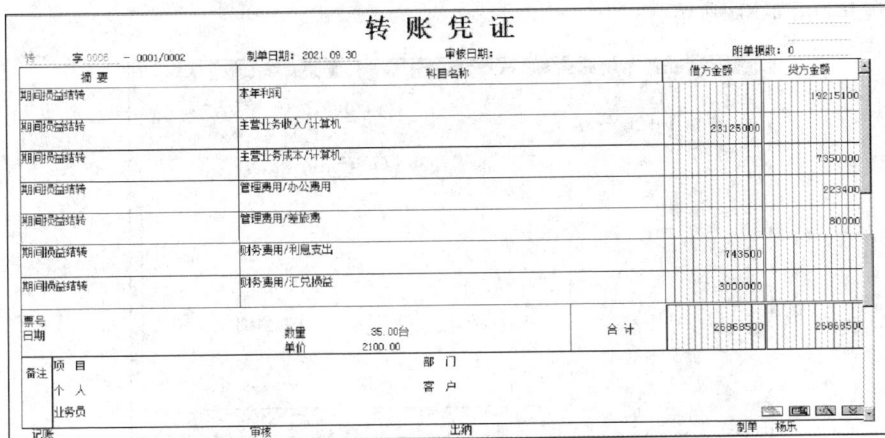

图 4-101　期间损益结转凭证生成界面

**【注意】**生成日期为 9 月 30 日的转账凭证，以账套主管（01 操作员张平）身份登录系统审核并记账。

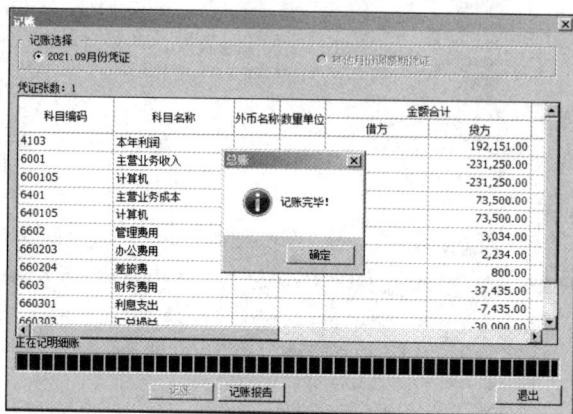

图 4-102　记账界面

## 4.4.4　对账

对账是指对账簿数据进行核对。一般只要记账凭证录入正确，计算机自动记账后各种账簿都应是正确、平衡的。但由于非法操作或计算机病毒等其他原因，有时可能会造成某些数据被破坏。为了保证账证相符、账账相符，企业在结账之前都需要执行对账功能，以检查记账的正确性和账簿是否平衡。

执行"财务会计→总账→期末→对账"命令，即可进入"对账"窗口，在窗口右侧区域内单击选择准备对账的月份，然后单击"选择"功能键，系统会自动在右侧区域内的"是否对账"栏内添加标记，用户只需单击"对账"功能键，系统便会自动核对总账与明细、总账与各辅助账的账簿记录。若对账结果为账账相符，则对账月份的对账结果处显示"正确"；若对账结果为账账不符，则对账月份的对账结果处显示"错误"，用户可查看引起账账不符的原因。

**【任务 20】**以账套主管（01 操作员张平）身份登录企业门户，进行对账，参考上述流程，操作过程如图 4-103 所示。

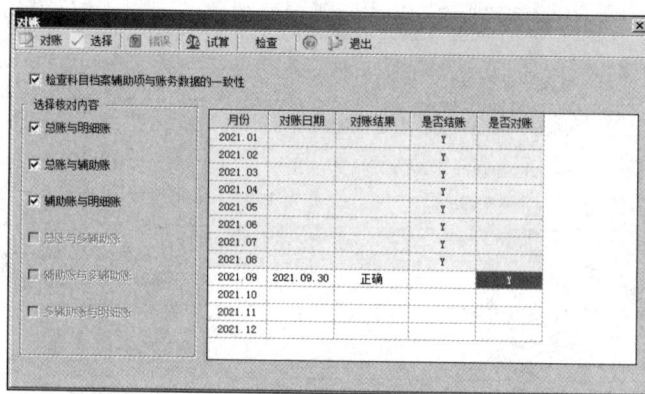

图 4-103　对账界面

## 4.4.5 结账

对于手工会计处理中的结账过程，在计算机会计处理中也应有这一过程，以符合会计制度的要求，因此系统提供了"结账"功能。每月应进行一次结账，且结账工作由系统自动完成。一般企业在结账之前要进行数据备份。结账后，只能进行相关账簿的查询和打印，不能再进行日常总账工作。

执行"期末→结账"命令，系统即进入"结账"窗口，单击选择需要结账的月份后，单击"下一步"按钮，打开"核对账簿"对话框，单击"对账"按钮，系统自动对要结账月份的账簿进行核对，然后再单击"下一步"按钮，打开"月度工作报告"对话框，系统显示当月工作报告，单击"下一步"按钮，打开"完成结账"对话框，单击"结账"按钮。若完全符合系统要求的结账条件，则系统将自动进行结账操作；否则，会提示错误，不予结账。结账后如果发现结账错误，需要执行"反结账"操作，"反结账"操作只能由账套主管执行。在"结账"窗口选择 9 月，同时按下"Ctrl+Shift+F6"组合键，即可完成"反结账"操作。

【任务 21】以账套主管（01 操作员张平）身份登录企业门户，进行结账之后再取消结账，参考上述流程，操作过程依次分别如图 4-104～图 4-107 所示。

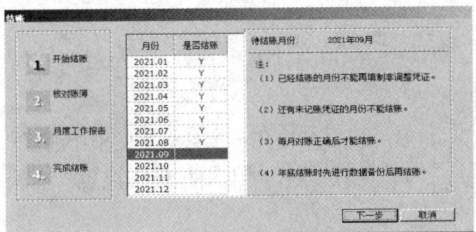

图 4-104　开始结账界面

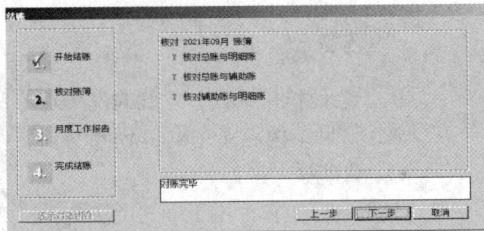

图 4-105　核对账簿界面

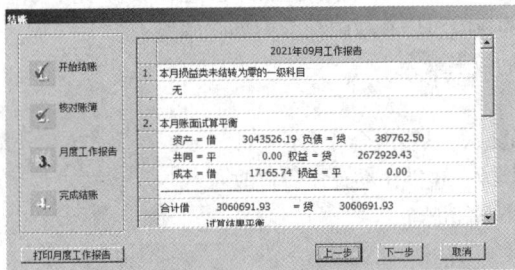

图 4-106　月度工作报告界面

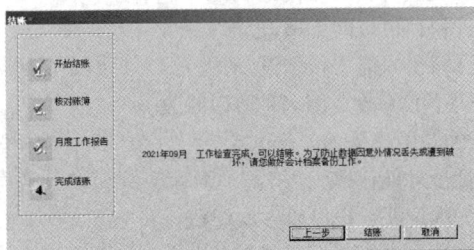

图 4-107　结账界面

【注意】9 月总账结账后，其他模块在 9 月便不可使用，因此此处应取消 9 月结账，待所有模块操作完成后进行总账的结账。方法是在"结账"窗口选择 9 月，同时按下"Ctrl+Shift+F6"组合键，即可完成 9 月的反结账操作。图 4-108 所示为取消结账后界面。

图 4-108　取消结账后界面

# 思考与练习

## 一、单选题

1. 关于会计科目结构，正确的说法是（　　）。
   A. 科目结构定义完成后不能修改　　B. 科目结构在一个会计年度中不能修改
   C. 只能按"32222"定义　　D. 科目级长可由用户任意设置

2. 关于会计主管，不正确的说法是（　　）。
   A. 会计主管的名字必须在初始化过程中设置
   B. 会计主管的口令必须在初始化过程中设置
   C. 会计主管的权限可以在权限功能中加以调整
   D. 会计主管的权限最大

3. 操作人员的口令（　　）。
   A. 不能自己修改，只能由会计主管修改
   B. 能够自己修改，也能由会计主管修改
   C. 不能修改，只能删除
   D. 口令的长度可由用户任意设置

4. 关于会计科目编码，不正确的说法是（　　）。
   A. 会计科目编码受会计科目结构的制约
   B. 未启用的会计科目可以向下增设
   C. 已使用的会计科目只能平行增设
   D. 会计科目编码不能修改，但名称可以修改

5. 关于记账，不正确的说法是（　　）。
   A. 已经审核的凭证才能记账
   B. 核算期可以一次记账，也可以多次记账
   C. 记账后，有多少个末级科目，就有多少个明细账数据文件
   D. 记账后，总分类账与明细分类账没有统辖与被统辖的关系

6. 关于总账模块的关联查询功能，不正确的说法是（　　　）。

    A. 总账可以联查明细账　　　　　　　B. 明细账可以联查总账

    C. 明细账可以联查凭证　　　　　　　D. 凭证可以联查总账

7. 某一科目的辅助核算，系统不能处理的是（　　　）。

    A. 同时设置部门核算与个人往来核算

    B. 同时设置单位往来与项目往来核算

    C. 同时设置个人核算与单位往来核算

    D. 同时设置单位往来核算与部门核算

8. 用户已定义常用摘要的情况下，在凭证填制的摘要栏内，不正确的处理方法是（　　　）。

    A. 直接输入摘要代码调用常用摘要

    B. 输入摘要的前几个字符，再按 "F2" 键调出

    C. 输入摘要的前几个字符，再按 "F3" 键调出

    D. 单击摘要栏内的参照图标，参照输入

9. 在凭证输入过程中，哪种情况下系统会拒绝执行？（　　　）

    A. 当附件张数为 0 时

    B. 当借贷双方金额均用红字（负数）表示时

    C. 当凭证日期小于上一张凭证时

    D. 当借贷双方金额均为 0 时

10. 用户在定义结算方式时，（　　　）。

    A. 只有先定义银行科目，才能定义结算方式

    B. 不必先定义银行科目，就能定义结算方式

    C. 结算方式只能定义支票结算

    D. 结算方式编号可以省略

## 二、多选题

1. 设置收付结算方式包括（　　　）。

    A. 供应商编码　　　　　　　　　　　B. 客户编码

    C. 设置结算方式编码　　　　　　　　D. 结算方式名称

2. 用友软件中，关于记账操作，下列说法错误的有（　　　）。

    A. 第一次记账时，若期初余额试算不平衡，不能记账

    B. 上月未记账，本月仍可记账

    C. 未审核凭证不能记账，记账范围应小于等于已审核范围

    D. 作废凭证可直接记账

3. 在总账模块中，如果是年中某月开始建账，则需要录入（　　　）。

    A. 年初余额

    B. 建账月份的期初余额

    C. 年初至启用月份的借贷方累计发生额

    D. 启用月份以前各月的借、贷方发生额

4. 在会计软件中，系统通常提供的限制条件有（　　　）。

    A. 借方必有　　　　B. 借方必无　　　　C. 凭证必有　　　　D. 无限制

5. 用友软件中，填制凭证的功能通常包括（　　　）。
    A. 增加凭证　　　　B. 修改凭证　　　　C. 删除凭证　　　　D. 查询凭证
6. 总账模块中，如果要执行记账工作，必须具备的条件有（　　　）。
    A. 期初余额试算平衡　　　　　　　　B. 采用辅助核算
    C. 凭证已审核　　　　　　　　　　　D. 凭证要出纳签字
7. 使用用友软件填制凭证时，凭证正文的内容包括（　　　）。
    A. 摘要　　　　　　B. 科目　　　　　　C. 金额　　　　　　D. 附件数
8. 填制凭证时，确定会计科目的办法包括（　　　）。
    A. 输入助记码　　　　　　　　　　　B. 输入科目名称
    C. 直接输入科目编码　　　　　　　　D. 根据提示选择输入
9. 凭证一旦保存，下列（　　　）不能修改。
    A. 凭证类别　　　　B. 凭证编号　　　　C. 摘要　　　　　　D. 辅助信息
10. 用友软件中，"银行存款"科目通常会选择（　　　）辅助核算。
    A. 日记账　　　　　B. 银行账　　　　　C. 外币核算　　　　D. 客户往来

三、判断题

1. 通用商品化财务软件必须经过初始化设置。（　　　）
2. 一般会计科目编码结构一经定义并使用，仍然可以修改。（　　　）
3. 已使用的会计科目，其会计科目编码只能平行增设，不能向下增设。（　　　）
4. 会计核算软件采用的总分类会计科目名称和编码方法必须符合国家统一会计制度规定。（　　　）
5. 科目设置内容有科目编码、科目名称、科目类型、余额方向、辅助核算设置。（　　　）
6. 总账模块中，会计科目存在总账和下属明细账科目时，删除总账科目，其下属明细账不被删除。（　　　）
7. 总账模块中，对计算机记账凭证的审核是由输入该凭证的人员兼管的。（　　　）
8. 用户在日常会计核算中，可以使用常用凭证和常用摘要，也可以不使用。（　　　）
9. 当初始化科目余额不平衡时，仍然可以录入凭证数据。（　　　）
10. 对于设置单位往来核算的科目，在凭证录入时，其往来单位可从已有单位中选择，也可在界面中按业务实际情况增设。（　　　）

四、思考题

1. 进行出纳签字，提示没有符合条件的凭证时应如何处理？
2. 做完期间损益结转后，某些损益类科目仍有余额应如何处理？
3. 怎样建立支票领用登记簿登记支票领用情况？
4. 本月进行记账时，系统提示无可记账凭证或上月未结账时应如何处理？
5. 如何进行反记账和反结账？

# 实训题

## 【实训 4】总账模块应用

### A. 总账模块初始设置

【实训目的】

掌握用友软件中总账模块初始设置的相关内容；理解总账模块初始设置的意义；掌握总账模块初始设置的操作方法。

【实训内容】

1. 总账模块控制参数设置
2. 设置并制定会计科目
3. 设置凭证类别
4. 设置项目目录
5. 期初余额录入

【实训资料】

1. 总账控制参数

设置"出纳凭证必须经由出纳签字"参数；可以使用应收、应付、存货受控科目。

2. 部分会计科目及 2021 年 1 月期初余额表（见表 4-11）

表 4-11 部分会计科目及 2021 年 1 月期初余额表

| 科目名称 | 辅助核算 | 方向 | 币别计量 | 期初余额（元） |
|---|---|---|---|---|
| 库存现金（1001） | 日记 | 借 | | 5 600.00 |
| 银行存款（1002） | 银行日记 | 借 | | 300 000.00 |
| 工行存款（100201） | 银行日记 | 借 | | 200 000.00 |
| 中行存款（100202） | 银行日记 | 借 | 美元 | 100 000.00 |
| 应收账款（1122） | 客户往来 | 借 | | 120 000.00 |
| 其他应收款（1221） | 个人往来 | 借 | | 6 000.00 |
| 预付账款（1123） | 供应商往来 | 借 | | |
| 原材料（1403） | | 借 | | 56 800.00 |
| 生产用原材料（140301） | 数量核算 | 借 | 张 | 30 000.00 |
| 其他原材料（140302） | | 借 | | 26 800.00 |
| 库存商品（1405） | 数量核算 | 借 | 张 | 180 000.00 |
| 固定资产（1601） | | 借 | | 750 000.00 |
| 累计折旧（1602） | | 贷 | | 125 000.00 |
| 无形资产（1701） | | 借 | | 250 000.00 |
| 累计摊销（1702） | | 贷 | | |
| 短期借款（2001） | | 贷 | | |

| 科目名称 | 辅助核算 | 方向 | 币别计量 | 期初余额（元） |
|---|---|---|---|---|
| 应付票据（2201） | 供应商往来 | 贷 | | |
| 应付账款（2202） | 供应商往来 | 贷 | | 168 000.00 |
| 预收账款（2203） | 客户往来 | 贷 | | |
| 应付职工薪酬（2211） | | 贷 | | 8 200.00 |
| 应交税费（2221） | | 贷 | | |
| 应交增值税（222101） | | 贷 | | |
| 进项税额（22210101） | | 贷 | | |
| 销项税额（22210102） | | 贷 | | |
| 其他应付款（2241） | | 贷 | | 2 400.00 |
| 实收资本（4001） | | 贷 | | 1 000 000.00 |
| 利润分配（4104） | | 贷 | | 409 800.00 |
| 未分配利润（410403） | | 贷 | | 409 800.00 |
| 生产成本（5001） | 项目核算 | 借 | | 45 000.00 |
| 直接材料（500101） | 项目核算 | 借 | | 5 000.00 |
| 直接人工（500102） | 项目核算 | 借 | | 25 000.00 |
| 制造费用（500103） | 项目核算 | 借 | | 15 000.00 |
| 折旧费（500104） | 项目核算 | 借 | | |
| 其他（500105） | 项目核算 | 借 | | |
| 制造费用（5101） | | 借 | | |
| 工资（510101） | | 借 | | |
| 折旧费（510102） | | 借 | | |
| 其他（510103） | | 借 | | |
| 主营业务收入（6001） | | 借 | | |
| 主营业务成本（6401） | | 借 | | |
| 销售费用（6601） | | | | |
| 管理费用（6602） | | | | |
| 工资（660201） | 部门核算 | 借 | | |
| 福利费（660202） | 部门核算 | 借 | | |
| 办公费（660203） | 部门核算 | 借 | | |
| 差旅费（660204） | 部门核算 | 借 | | |
| 招待费（660205） | 部门核算 | 借 | | |
| 折旧费（660206） | 部门核算 | 借 | | |
| 其他（660207） | 部门核算 | 借 | | |
| 财务费用（6603） | | 借 | | |
| 利息支出（660301） | | 借 | | |
| 汇兑损益（660302） | | 借 | | |

3. 指定现金科目为"1001"，银行科目为"1002"及现金流量科目为"1001，100201，100202"等。

4. 凭证类别（见表 4-12）

表 4-12  凭证类别表

| 凭证类别 | 限制类型 | 限制科目 |
|---|---|---|
| 收款凭证 | 借方必有 | 1001，100201，100202 |
| 付款凭证 | 贷方必有 | 1001，100201，100202 |
| 转账凭证 | 凭证必无 | 1001，100201，100202 |

5. 项目目录（见表 4-13）

表 4-13  项目目录表

| 项目设置步骤 | 设置内容 |
|---|---|
| 项目大类 | 生产成本 |
| 核算科目 | 生产成本（5001）<br>直接材料（500101）<br>直接人工（500102）<br>制造费用（500103）<br>折旧费 （500104）<br>其他 （500105） |
| 项目分类 | 1. 学习类软件<br>2. 游戏类软件 |
| 项目目录 | 1. 快乐英语　　分类：1<br>2. 轻松上网　　分类：2 |

6. 期初余额

（1）总账期初余额表（见表 4-11）。

（2）辅助账期初余额表（分别见表 4-14～表 4-17）。

表 4-14  应收账款期初余额表

会计科目：1122 应收账款　　　　余额：借 120 000.00 元　　　　单位：元

| 日期 | 客户 | 摘要 | 方向 | 金额 | 凭证号 | 业务员 |
|---|---|---|---|---|---|---|
| 2020-12-25 | 世纪学校 | 销售商品 | 借 | 73 200.00 | 转-3 | 宋佳 |
| 2020-12-10 | 海达公司 | 销售商品 | 借 | 46 800.00 | 转-4 | 宋佳 |

表 4-15  其他应收款期初余额表

会计科目：1221 其他应收款　　　　余额：借 6 000.00 元　　　　单位：元

| 日期 | 部门 | 个人 | 摘要 | 方向 | 凭证号 | 期初余额 |
|---|---|---|---|---|---|---|
| 2020-12-26 | 总经理办公室 | 肖剑 | 出差借款 | 借 | 转-1 | 4 000.00 |
| 2020-12-27 | 销售一部 | 赵斌 | 出差借款 | 借 | 转-2 | 2 000.00 |

表4-16　应付账款期初余额表

会计科目：2202 应付账款　　　　　　　　余额：贷 168 000.00 元　　　　　　　　单位：元

| 日期 | 供应商 | 摘要 | 方向 | 金额 | 凭证号 | 业务员 |
|---|---|---|---|---|---|---|
| 2020-11-20 | 万科 | 购买商品 | 贷 | 168 000.00 | 转-5 | 孙健 |

表4-17　生产成本期初余额表

会计科目：5001 生产成本　　　　　　　　余额：借 45 000.00 元　　　　　　　　单位：元

| 科目名称 | 快乐英语 | 轻松上网 | 合计 |
|---|---|---|---|
| 直接材料（500101） | 3 000.00 | 2 000.00 | 5 000.00 |
| 直接人工（500102） | 15 000.00 | 10 000.00 | 25 000.00 |
| 制造费用（500103） | 8 500.00 | 6 500.00 | 15 000.00 |
| 合计 | 26 500.00 | 18 500.00 | 45 000.00 |

【实训要求】

引入【实训1】账套，以"陈立"的身份进行总账模块初始设置。

B．总账模块日常业务处理

【实训目的】

掌握用友软件中总账模块日常业务处理的相关内容；熟悉总账模块日常业务处理的各种操作；掌握凭证管理和账簿管理的具体内容和操作方法。

【实训内容】

1．凭证管理：填制凭证、出纳签字、审核凭证、凭证记账

2．账簿管理：总账、科目余额表、明细账、辅助账

【实训资料】

1 月经济业务如下：

（1）2 日，销售一部赵斌购买了 500 元的办公用品，以现金支付。（附单据一张）

（付款凭证）摘要：购办公用品

借：销售费用（6601）　　　　　　　　　　　　　　　　　　　500.00

　　贷：库存现金（1001）　　　　　　　　　　　　　　　　　　　　500.00

（2）4 日，财务部王悦从工行提取现金 8 000 元，作为备用金。（现金支票号为 XP001）

（付款凭证）摘要：提现

借：库存现金（1001）　　　　　　　　　　　　　　　　　　 8 000.00

　　贷：银行存款/工行存款（100201）　　　　　　　　　　　　　　 8 000.00

（3）6 日，收到泛美集团投资资金 20 000 美元，记账汇率 1∶6.625。（转账支票号 ZPW001）

（收款凭证）摘要：收到投资

借：银行存款/中行存款（100202）　　　　　　　　　　　　 132 500.00

　　贷：实收资本（4001）　　　　　　　　　　　　　　　　　　 132 500.00

（4）7 日，供应部白雪采购空白光盘 1 000 张，每张 2 元，材料直接入库，货款以银行存款支付。（转账支票号为 ZPR001）

（付款凭证）摘要：购空白光盘

借：原材料/生产用原材料（140301）　　　　　　　　　　　　　2 000.00

　　贷：银行存款/工行存款（100201）　　　　　　　　　　　　　　2 000.00

（5）11 日，销售二部宋佳收到北京世纪学校一张转账支票，金额 73 200 元，用以偿还前期欠货款。（转账支票号为 ZPR002）

（收款凭证）摘要：收到货款

借：银行存款/工行存款（100201）　　　　　　　　　　　　　73 200.00

　　贷：应收账款（1122）　　　　　　　　　　　　　　　　　　73 200.00

（6）12 日，供应部白雪从南京多媒体研究所购入"学习革命"光盘 100 张，单价 60 元，货税款暂欠，材料已验收入库（适用增值税税率为 13%）。

（转账凭证）摘要：购"学习革命"光盘

借：原材料/生产用原材料（140301）　　　　　　　　　　　　　6 000.00

　　应交税费/应交增值税/进项税额（22210101）　　　　　　　　780.00

　　贷：应付账款（2202）　　　　　　　　　　　　　　　　　6 780.00

（7）14 日，总经理办公室支付业务招待费 3 000 元（转账支票号为 ZZR003）。

（付款凭证）摘要：支付招待费

借：管理费用/招待费（660205）　　　　　　　　　　　　　　3 000.00

　　贷：银行存款/工行存款（100201）　　　　　　　　　　　　　3 000.00

（8）16 日，总经理办公室肖剑出差归来，报销差旅费 4 000 元。

（转账凭证）摘要：报销差旅费

借：管理费用/差旅费（660204）　　　　　　　　　　　　　　4 000.00

　　贷：其他应收款（1221）　　　　　　　　　　　　　　　　4 000.00

（9）18 日，制造车间领用光盘 500 张，单价 2 元，用于制作"快乐英语"软件。

（转账凭证）摘要：领用空白光盘

借：生产成本/直接材料（500101）　　　　　　　　　　　　　1 000.00

　　贷：原材料/生产用原材料（140301）　　　　　　　　　　　　1 000.00

（10）23 日，销售二部宋佳销售给天津海达公司"快乐英语"软件 100 套，每套 200 元，货款未收（适用增值税税率为 13%）。

（转账凭证）摘要：售"快乐英语"软件，款未收

借：应收账款（1122）　　　　　　　　　　　　　　　　　22 600.00

　　贷：主营业务收入（6001）　　　　　　　　　　　　　　20 000.00

　　　　应交税费/应交增值税/销项税额（22210102）　　　　　2 600.00

（11）31 日，结转"快乐英语"软件产品销售成本，数量：100 套，单价：80 元。

（转账凭证）摘要：结转"快乐英语"软件销售成本

借：主营业务成本（6401）　　　　　　　　　　　　　　　　8 000.00

　　贷：库存商品（1405）　　　　　　　　　　　　　　　　8 000.00

【实训要求】

1. 以"马乐"的身份进行填制凭证、凭证查询操作。

2. 以"王悦"的身份进行出纳签字。

3. 以"陈立"的身份进行审核、记账、账簿查询操作。

C．总账模块出纳管理

【实训目的】

掌握用友软件中出纳管理的操作内容。

【实训内容】

1．日记账及资金日报表查询

2．登记支票登记簿

3．银行对账

【实训资料】

1．支票登记簿

25 日，销售二部宋佳借转账支票一张，票号为 155，预计金额为 5 000 元。

2．银行对账

（1）银行对账期初资料

宏远公司银行账的启用日期为 2021/01/01，工行人民币户企业日记账调整前余额为 200 000 元，银行对账单调整前余额为 230 000 元，未达账项一笔，系银行已收企业未收款 30 000 元。

（2）银行对账单（见表4-18）

表4-18  1 月银行对账单

单位：元

| 日期 | 结算方式 | 票号 | 借方金额 | 贷方金额 |
| --- | --- | --- | --- | --- |
| 2021-01-04 | 201 | XP001 | | 8 000.00 |
| 2021-01-06 | | | | 60 000.00 |
| 2021-01-07 | 202 | ZPR001 | | 2 000.00 |
| 2021-01-11 | 202 | ZPR002 | 73 200.00 | |

【实训要求】

以"王悦"的身份进行出纳管理操作。

D．总账模块期末处理

【实训目的】

掌握用友通软件中总账模块期末处理的相关内容；熟悉总账模块期末处理业务的各种操作；掌握自动转账设置与生成、对账和月末结账的操作方法。

【实训内容】

1．自动转账

2．对账

3．结账

【实训资料】

自动转账定义，分摊报刊费。

（1）自定义结转

借：管理费用/其他（660207）                                   1 200/12

  贷：预付账款（1123）                                       JG（ ）

（2）期间损益结转

【实训要求】

1．以"马乐"的身份进行自动转账操作。

2．以"陈立"的身份进行对账、结账操作。

# 第5章 财务报表模块及财务可视化应用

**学习目标**

- 熟悉财务报表模块的结构、基本功能和使用方法。
- 熟练利用财务报表模块进行自定义报表的建立。
- 熟练利用财务报表模块生成资产负债表、利润表、现金流量表。
- 了解当前财务报表可视化工具的功能及应用。

**课前思考**

    财务报表模块是会计信息系统中一个独立的子模块，它能为企业内部各管理部门及外部相关部门提供综合反映企业一定时期财务状况、经营成果和现金流量的会计信息。用友 ERP-U8 内含的财务报表模块简称为 UFO 报表，与其他电子表软件的最大区别在于它是真正的三维立体表，并在此基础上提供了丰富的实用功能，完全实现了三维立体表的四维处理能力。财务报表是如何实现三维立体化的？这些内容将在本章中逐一介绍。

    财务报表模块是用友 ERP-U8 开发的电子表格软件，可单独使用，也可以与其他模块结合使用，广泛应用于各行业企业的财务、会计、人事、计划、统计、税务等部门。本章就是以用友财务软件财务报表模块为平台介绍会计报表系统的一般应用。

## 5.1 财务报表模块概述

    按照报表结构的复杂程度，可将报表分为简单表和复合表两类。简单表是规则的二维表，由若干行和列组成；复合表是简单表的某种组合，还可以采用表中套表的形式。大多数的会计报表如资产负债表、利润表、现金流量表等都是简单表。简单表的格式一般由标题、表头、表体和表尾 4 个基本要素组成，不同报表的基本要素可能不同。

### 5.1.1 报表结构

#### 1．标题

标题用来描述报表的名称。报表的标题可能不止一行，有时会有副标题、修饰线等内容。

### 2．表头

表头用来描述报表的编制单位名称、日期等辅助信息和报表栏目。特别是报表的表头栏目名称，是表头最主要的内容，它决定报表的纵向结构、报表的列数以及每一列的宽度。有的报表表头栏目比较简单，只有一层；而有的报表表头栏目比较复杂，需分若干层次。

### 3．表体

表体是报表的核心，决定报表的横向组成。它是报表数据的表现区域，是报表的主体。表体在纵向上由若干行组成，这些行称为表行；在横向上，每个表行又由若干个栏目构成，这些栏目称为表列。

### 4．表尾

表尾指表体以下进行辅助说明的部分以及编制人、审核人等内容。

## 5.1.2　格式状态与数据状态

财务报表模块将含有效数据的报表分为两大部分来处理，即报表格式设计工作与报表数据处理工作。报表格式设计工作和报表数据处理工作是在不同的状态下进行的。

### 1．格式状态

在格式状态下设计报表的格式，如表尺寸、行高列宽、单元属性、报表公式等。在格式状态下所看到的是报表的格式，而报表的数据全部隐藏。在格式状态下所做的操作对本报表所有的表页都发生作用，但不能进行数据的录入、计算等操作。

### 2．数据状态

在数据状态下管理报表的数据，如输入数据、增加或删除表页、审核、舍位平衡、做图形、汇总、合并报表等。在数据状态下所看到的是报表的全部内容，包括格式和数据，但不能修改报表的格式。

## 5.1.3　报表文件及表页

### 1．二维表与三维表

确定某一数据位置的要素称为"维"。例如，在一张有方格的纸上填写一个数，这个数的位置可通过行和列（二维）来描述。如果将一张有方格的纸称为表，那么这个表就是二维表，通过行（横轴）和列（纵轴）可以找到这个二维表中的任何位置的数据。如果将多个相同的二维表叠加在一起，那么找到某一个数据需增加一个要素，即表页号（$z$轴），这些二维表可以称为一个三维表。如果将多个不同的三维表放在一起，那么要从这多个三维表中找到一个数据，又需增加一个要素，即表名。三维表中的表间操作即称为"四维运算"。

### 2．报表文件

一个或多个报表以文件的形式保存在存储介质中称为报表文件，每个报表文件都有一个名字，如"利润表.REP"等。表页是由若干行和若干列组成的一个二维表，一张报表中的所有表页具有相同格式，但其中的数据不同，每一张表页是由许多单元组成的。一张财务报表最多可容纳 99 999 张表页。

为了便于管理和操作，通常把经济意义相近的报表放在同一个报表文件中，例如，各月编制的利润表可以归集在"利润表.REP"报表文件中。在报表文件中，确定一个数据所在的位置，其要素是"表页号""行号"和"列号"。由此可见，报表文件就是一张三维表。

## 5.1.4　区域单元及属性

### 1．单元及单元属性

表中由表行和表列确定的方格称为单元，用于填制各种数据。单元是组成表的最小单位，每个单元都可用一个名字来标注，称为单元名。单元名用所在行和列的坐标表示，行号用数字 1~9 999 表示，列标用字母 A~IU 表示。例如，"C2"表示报表中第 2 行第 C 列对应的单元。

单元属性：包括单元类型、对齐方式、字体颜色、表格边框等。其中单元类型有数值型、字符型和表样型 3 种。

数值单元：是报表的数据，需在数据状态下输入。数值单元必须是数字，可直接输入，也可由单元中存放的公式运算生成。在建立一张新表时，所有单元的单元类型均默认为数值型。

字符单元：是报表的数据，需在数据状态下输入。字符单元的内容可以是汉字、字母、数字及各种键盘可输入的符号组成的一串字符。字符单元的内容可以直接输入，也可以由单元公式生成。

表样单元：是报表的格式，是在格式状态下输入的所有文字、符号和数字。表样单元对所有表页都有效。表样单元需在格式状态下输入和修改，而在数据状态下只能显示，无法修改。

### 2．区域与组合单元

区域由一张表页上的一组单元组成，自起点单元至终点单元是一个完整的矩形区域。在财务报表模块中，区域是二维的，最大的区域是一张二维表的所有单元（整个表页），最小的区域是一个单元。在描述一个区域时，开始单元（左上角单元）与结束单元（右下角单元）之间用冒号":"连接，如"C3:F6"。

组合单元由相邻的两个或更多的单元组成，这些单元必须是同一种单元类型（表样、数值、字符），UFO 报表在处理报表时将组合单元视为一个单元。组合单元的名称可以用区域的名称或区域中的单元名称来表示。例如，把 B2 到 B3 定义为一个组合单元，这个组合单元可以用"B2""B3"或"B2:B3"表示。

### 3．固定区与可变区

固定区表示组成一个区域的行数和列数的数量是固定数目。一旦设定好以后，固定区域内的单元总数是不变的。可变区表示组成一个区域的行数或列数是不固定的数目，可变区的最大行数或最大列数是在格式设计中设定的。在一张报表中只能设置一个可变区，即行可变区或是列可变区。行可变区是指可变区中的行数是可变的；列可变区是指可变区中的列数是可变的。

设置可变区后，屏幕只显示可变区的第一行或第一列，而其他可变行列隐藏在表体内。在以后的数据操作中，可变行列数随着用户的需要而增减。有可变区的报表称为可变表，没有可变区的表称为固定表。

### 5.1.5 关键字

关键字是游离于单元之外的特殊数据单元，可以用于唯一标注一张表页，以便在大量表页中快速选择表页。财务报表模块共提供了以下 6 种关键字，关键字的显示位置在格式状态下设置，关键字的值则在数据状态下录入，每张报表可以定义多个关键字。

（1）单位名称：字符（最大 28 个字符），为该报表表页编制单位的名称。

（2）单位编号：字符型（最大 10 个字符），为该报表表页编制单位的编号。

（3）年：数字型（1980～2099），为该报表表页反映的年度。

（4）季：数字型（1～4），为该报表表页反映的季度。

（5）月：数字型（1～12），为该报表表页反映的月份。

（6）日：数字型（1～31），为该报表表页反映的日期。

除此之外，报表有自定义关键字功能，可以用于业务函数中。

# 5.2 财务报表主要功能

用友 ERP-U8 财务报表模块是报表事务处理的工具，利用财务报表模块既可编制对外报表，又可编制各种内部报表。它的主要任务是设计报表的格式和编制公式，从账务处理模块或其他业务系统中取得有关会计信息自动编制各种会计报表，对报表进行审核、汇总、生成各种分析图，并按预定格式输出各种财务报表。财务报表模块是真正的三维立体表，提供了丰富的实用功能，完全实现了三维立体表的四维处理能力。

财务报表模块的主要功能有文件管理、格式管理、数据处理、图表功能、打印功能和二次开发功能，提供各行业报表模板（包括现金流量表）。

## 5.2.1 文件及格式管理

文件管理是对报表文件的创建、读取、保存和备份进行管理。文件管理能够进行不同文件格式的转换，包括文本文件、\*. MDB 文件、\*. DBF 文件、Excel 文件、LOTUS 1-2-3 文件等文件格式。文件管理支持多个窗口同时显示和处理，可同时打开的文件和图形窗口多达 40 个。文件管理提供了标准财务数据的"导入"和"导出"功能，可以和其他财务软件交换数据。

## 5.2.2 数据处理

财务报表模块以固定的格式管理大量不同的表页，能将多达 99 999 张具有相同格式的报表资料统一在一个报表文件中进行管理，并且在每张表页之间建立有机的联系。数据处理提供了排序、审核、舍位平衡、汇总功能；提供了绝对单元公式和相对单元公式，可以方便、迅速地定义计算公式；提供了种类丰富的函数，可以从账务处理模块等用友产品中提取数据，生成财务报表。

## 5.2.3 图表功能

图表功能可以将数据表以图形的形式进行表示。采用"图文混排"的形式可以很方便地进行图形数据组织，制作包括直方图、立体图、圆饼图、折线圈等 10 种样式的分析图表。该功能可以用于编辑图表的位置、大小、标题、字体、颜色等，以及打印输出图表。

### 5.2.4  二次开发

强大的二次开发功能使财务报表模块成为一个精练的 MIS 开发应用平台。二次开发功能提供了批命令和自定义菜单，自动记录命令窗口中输入的多个命令，可将有规律性的操作过程编制成批命令文件。该功能还提供了 Windows 风格的自定义菜单，综合利用批命令，可以在短时间内开发出本企业的专用系统。

### 5.2.5  财务报表与其他子模块之间的关系

编制财务报表是每个会计期末最重要的工作之一，从一定意义上说，编制完财务报表是一个会计期间工作完成的标志。在报表管理模块中，财务报表的数据来源一般有账务处理模块的账簿和会计凭证、其他报表、人工直接输入等。此外，还可以从应收、应付、工资、固定资产、销售、采购、库存等系统中提取数据，生成财务报表。

# 5.3  财务报表基本操作流程

财务报表的基本操作流程包括启动财务报表模块建立报表，设计报表的格式，定义各类公式，处理报表数据、处理报表图形、打印报表、退出报表等。

### 5.3.1  自定义报表

#### 1. 启动财务报表模块建立报表

单击安装财务报表模块时自动生成的报表程序组可启动财务报表模块。启动财务报表模块后，首先要创建一张报表。单击"文件"菜单中的"新建"命令或单击新建图标后，建立一张空的报表，并进入格式状态。这时，用户可以开始在这张报表上设计报表格式，在保存文件时为这张报表命名。

#### 2. 设计报表的格式

报表的格式在格式状态下进行设计，且格式对整个报表有效。设计报表格式包括以下操作。

（1）设置表尺寸，即设定报表的行数和列数。

（2）定义行高和列宽。

（3）画表格线。

（4）设置单元属性，把固定内容的单元如"项目""行次""期初数""期末数"等设定为表样单元；把需要输入数字的单元设定为数值单元；把需要输入字符的单元设定为字符单元。

（5）设置单元风格，即设置单元的字型、字体、字号、颜色、图案、换行显示等。

（6）定义组合单元，即把几个单元作为一个组合单元使用。

（7）设置可变区，即确定可变区在表页上的位置和大小。

（8）确定关键字在表页上的位置，如单位名称、年、月等。

设计好报表的格式之后，可以输入表样单元的内容，如"项目""行次""期初数""期末数"等。如果用户需要制作一张标准的财务报表如资产负债表，则可以利用财务报表模块提供的财务报表模板自动生成一张标准的资产负债表。此外，财务报表模块还提供了 11 种套用格式，可以选择与报表要求相近的套用格式，再进行一些必要的修改即可。

### 3．定义各类公式

财务报表模块有 3 类公式：计算公式（单元公式）、审核公式和舍位平衡公式，且公式的定义在格式状态下进行。计算公式定义了报表数据之间的运算关系，在报表数值单元中键入"="即可直接定义计算公式，所以称为单元公式。审核公式用于审核报表内或报表之间的钩稽关系是否正确，此功能需要通过"审核公式"菜单项定义。舍位平衡公式用于报表数据进行进位或小数取整时调整数据，避免破坏原数据平衡，此功能需要通过"舍位平衡公式"菜单项定义。

舍位平衡是指对生成的数据重新进行舍位，是会计报表中经常用到的功能，包括舍位操作和平衡态调整。确定平衡调整公式前需要确定如下参数。（1）舍位表名。各当前文件名必须不同，可以默认为当前目录下。（2）舍位范围。要把所有要舍位数据包括在内。（3）舍位位数。指 1~8 位数，当舍位位数为 1 时，数据除以 10；当舍位位数为 2 时，数据除以 100；依次类推。（4）平衡公式。必须倒着顺序定，从最终运算结果一步一步向前推。每个公式一行，各公式之间用逗号隔开，最后一条公式不使用逗号。公式中只能使用"+、-"符号，公式等号的左边只能为一个单元。其具体操作如下：在格式状态下，在数据菜单中单击"舍位公式"按钮，参数对话框中出现舍位表名、舍位范围、舍位位数、平衡公式 4 个参数，注意当插入下一行时范围自动调整，平衡公式中的公式之间必须用"，"隔开。输入参数后单击"完成"按钮，转到数据状态下，选择数据菜单下的"舍位平衡"按钮，出现对话框"是否要全表重新计算？是或否"。这里一定要选择"否"，则可生成一张舍位计算结果表。那么，怎样可以判断生成的是舍位表还是本表呢？首先我们可以在标题栏上看到"费用舍位"字样，则表示是一张舍位表。另外，在"窗口"下拉菜单中看到在"费用舍位"前打勾，表示这张表是一张舍位平衡表。

### 4．报表数据处理

报表格式和报表中的各类公式被定义好之后，即可录入数据并进行处理。报表数据处理在数据状态下进行，包括以下操作。

（1）因为新建的报表只有一张表页，需要追加多个表页。

（2）如果报表中定义了关键字，则需录入每张表页上关键字的值。例如，录入关键字"单位名称"的值，为第一页录入"甲单位"，为第二页录入"乙单位"，为第三页录入"丙单位"等。

（3）在数值单元或字符单元中录入数据。

（4）如果报表中有可变区，则可变区初始只有一行或一列，需要追加可变行或可变列，并在可变行或可变列中录入数据。随着数据的录入，当前表页的单元公式将自动运算并显示结果。如果报表有审核公式和舍位平衡公式，则执行审核和舍位。根据用户需要还可做报表汇总和合并报表。

### 5．报表图形处理

选取报表数据后可以制作各种图形，如直方图、圆饼图、折线图、面积图、立体图等。

图形可随意移动，图形的标题、数据组可以按照用户的要求进行设置。图形设置好之后可以打印输出。

### 6. 打印报表

可控制打印方向，即横向或纵向打印；可控制行列打印顺序；可以设置页眉和页脚；可设置财务报表的页首和页尾；可缩放打印；利用打印预览功能可查看打印效果。

### 7. 退出财务报表模块

在完成所有操作之后，需保存报表文件。保存报表文件后可以退出财务报表模块。如果忘记保存文件，则财务报表模块在退出前将提醒用户保存文件。

在以上步骤中，第 1 步、第 2 步、第 4 步、第 7 步是必须操作的，因为要完成一般的报表处理，一定要有启动系统建立报表、设计格式、数据处理、退出系统这些基本过程。在实际应用时，具体的操作步骤应视情况而定。

【任务 1】以账套主管（01 操作员张平）身份进入企业应用平台，自定义一张资产汇总表，参考资料如下。

操作提示：

自定义资产汇总表

（1）双击进入财务报表模块，新建一张空白报表，资料如表 5-1 所示，操作界面分别如图 5-1 和图 5-2 所示。

表5-1　资产汇总表

| 单位名称 | | 年　月　日 | 单位：元 |
|---|---|---|---|
| 项目 | 行次 | 期初数 | 期末数 |
| 固定资产 | 1 | | |
| 无形资产 | 2 | | |
| 合计 | 3 | | |

制表人：

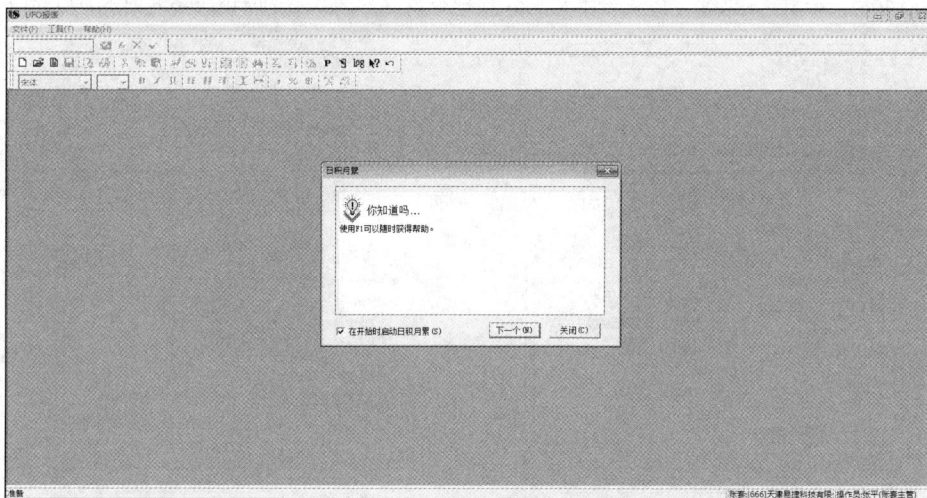

图 5-1　打开财务报表模块界面

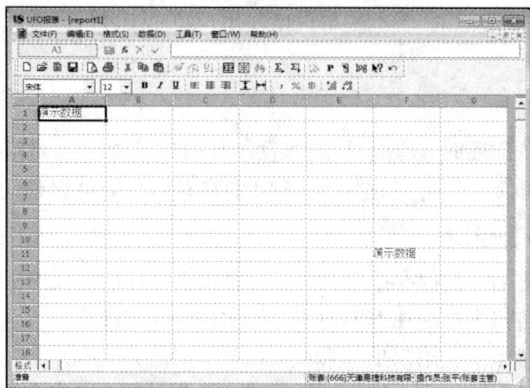

图 5-2　新建财务报表界面

（2）设置表格格式。

① 7 行 4 列，执行"格式→表尺寸"命令，输入相关数据，如图 5-3 所示。

② 合并单元格：将第 1 行、第 2 行、第 7 行分别合并，选中 A1:D1 格，执行"格式→组合单元"命令，整体组合第 1 行，如图 5-4 所示，第 2 行、第 7 行以此类推。

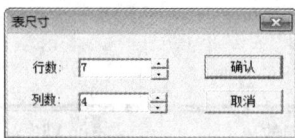

图 5-3　表尺寸界面

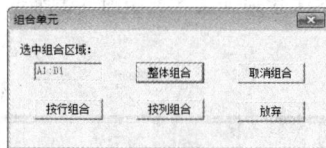

图 5-4　组合单元界面

③ 输入表格中的文字部分，并设置格式，在格式状态下双击录入文字部分，如图 5-5 所示。

a. 表头：标题"资产汇总表"行高为 7，执行"格式→行高"命令设置，文字为"黑体、14 号、居中"，执行"格式→单元属性"命令设置，依次分别如图 5-6～图 5-8 所示。

图 5-5　文字录入界面

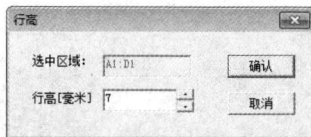

图 5-6　行高设置界面

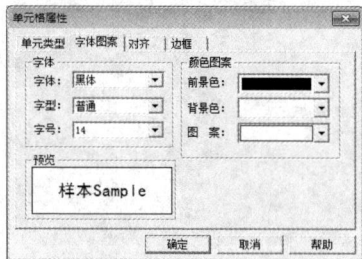

图 5-7　字体单元属性设置界面

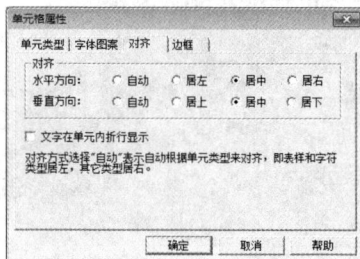

图 5-8　对齐方式单元属性设置界面

b. 金额单位设置："黑体、12 号"，"单位：元"居右，设置方法同上。

c. 关键字：单位名称以及年、月、日应设为关键字。调整年、月、日偏移量分别为 -120、-90、-60。选中 A2 行，在格式状态下执行"数据→关键字→设置"命令，分别增加单位名称，以及年、月、日，然后执行"数据→关键字→偏移"命令，进行偏移量设置，操作界面分别如图 5-9 和图 5-10 所示。

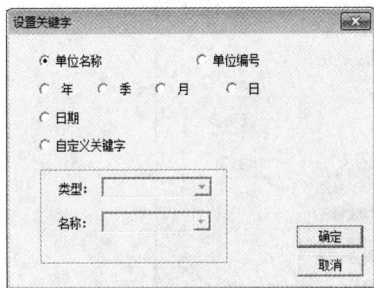

图 5-9 关键字设置界面　　　　　　　　图 5-10 关键字偏移设置界面

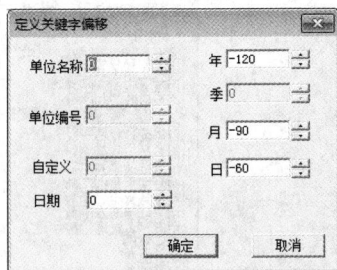

d. 表体：表体中文字设置为"宋体、12 号、居中"，画网线。单元属性设置方法同第①步，然后选中 A3:D6 区域执行"格式→区域画线"命令，设置网线，如图 5-11 所示。

e. 表尾："制表人：姓名"文字设置为"宋体、12 号、居右"，设置方法同第①步，如图 5-12 所示。

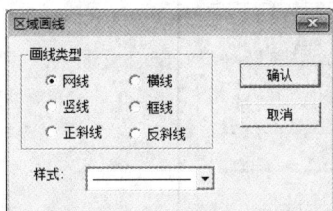

图 5-11 网线设置界面　　　　　　　　图 5-12 文字及格式设置完成界面

【注意】在左下角格式状态下进行格式、公式以及关键字的设置。

（3）设置报表公式。

固定资产期初数：C4= QC("1601"，月)

固定资产期末数：D4= QM("1601"，月)

无形资产期初数：C5= QC("1701"，月)

无形资产期末数：D5= QM("1701"，月)

期初数合计：C6=C4+C5

期末数合计：D6=D4+D5

设置单元公式有两种方法：第一种是执行"数据→编辑公式→单元公式"命令，直接录入相关公式；第二种是单击工具栏中的"fx"按钮，直接录入。例如，选中 C4 单元格，执行"数据→单元公式"命令，直接输入 QC("1601"，月)，确认即可。如果使用函数向导录入函数，选中 D5 单元格，单击"fx"按钮，单击下方"函数向导"选项，选择"用友账务函数"→"期末"，单击"下一步"按钮，单击"参照"按钮，科目选择"1701"无形资产，单击"确定"按钮即可。单元格内将显示"公式单元"，以此类推输入所有函数，然后单击右下角红色"格式"按钮切换到"数据"状态，重算整个表页，在数据状态下将生成数据，操作界面依次分别如图 5-13～图 5-17 所示。

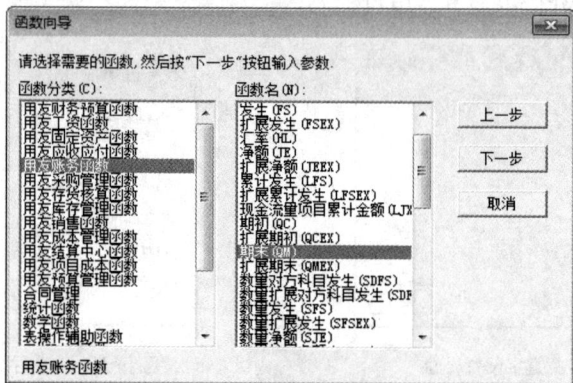

图 5-13　利用函数向导界面

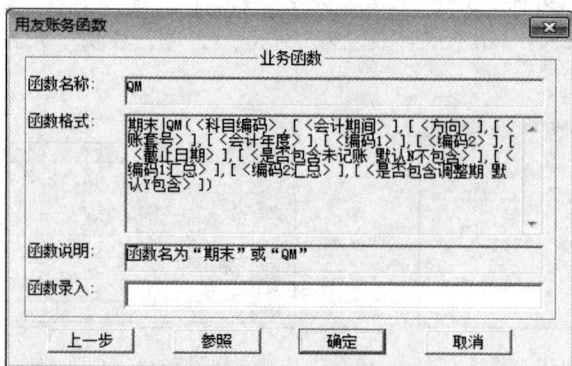

图 5-14　用友账务函数设置界面

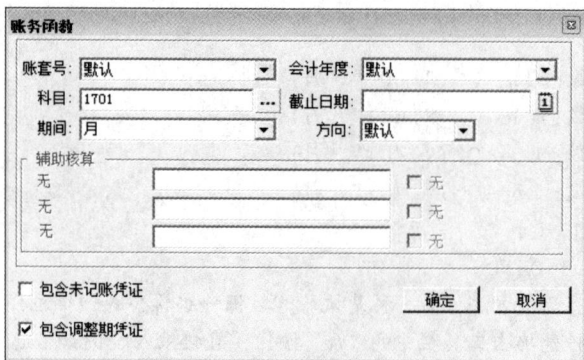

图 5-15　用友账务函数科目设置界面

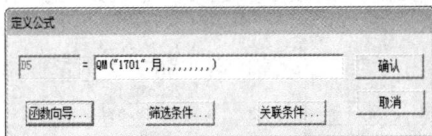

图 5-16 函数设置完成设置界面

图 5-17 数据状态下表格界面

```
【注意】可以利用用友账务函数向导录入公式，也可以手动录入，但是需要注意所
有符号均为英文半角符号。
```

（4）新增表页：在数据状态下，执行"编辑→追加→表页"命令，追加两张表页。执行
"数据→排序→表页"命令，对表页进行排序，第一关键字为"年"，第二关键字为"月"，第
三关键字为"日"，所有选项均选择"递增"，操作界面依次分别如图 5-18～图 5-20 所示。

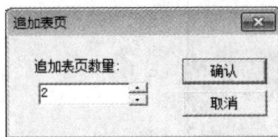

图 5-18 追加表页界面

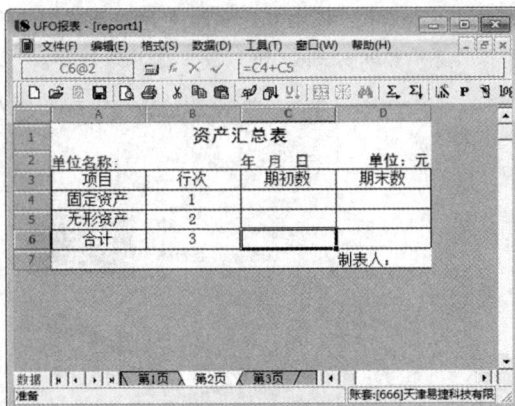

图 5-19 追加表页完成界面

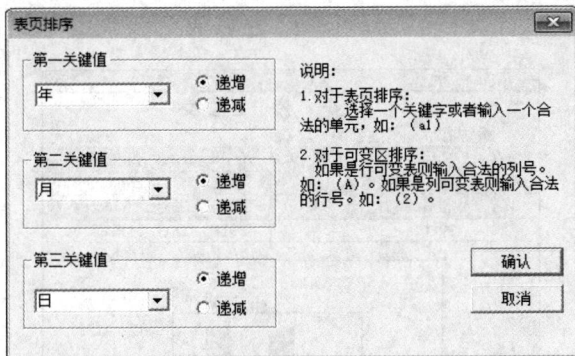

图 5-20 表页排序界面

（5）录入关键字：在数据状态下，执行"数据→关键字→录入"命令，录入单位名称为
"易捷公司"，录入日期为"2021 年 9 月 30 日"。录入后重算表页 1，会发现表格数据发生变
化，操作界面分别如图 5-21 和图 5-22 所示。

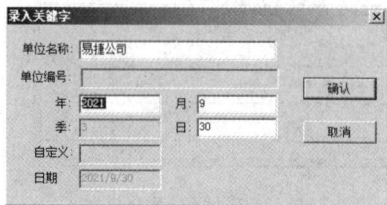

图 5-21 关键字录入界面

图 5-22 录入关键字后的表格界面

（6）增加图形：增加成组直方图。在格式状态下执行"编辑→追加→行→10 行"命令，在数据状态下选择"A3:D5"区域，执行"工具→插入图表对象"命令，选择"成组直方图"，图表名称为"资产汇总表"，图表标题为"资产汇总对比"，X 轴标题为"类型"，Y 轴标题为"金额"。将生成的成组直方图调整到适当位置，操作界面依次分别如图 5-23～图 5-25 所示。

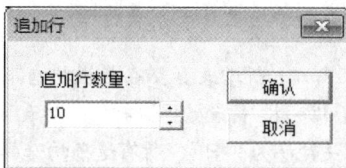

图 5-23 追加行界面

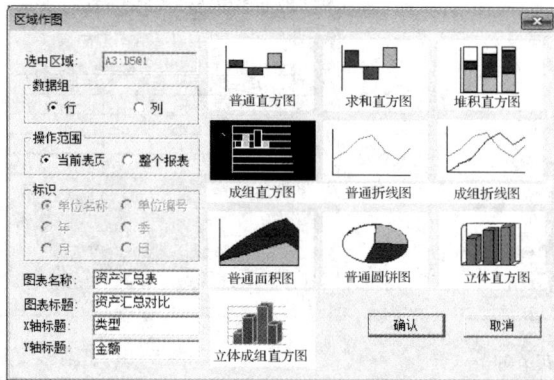

图 5-24 图形设置界面

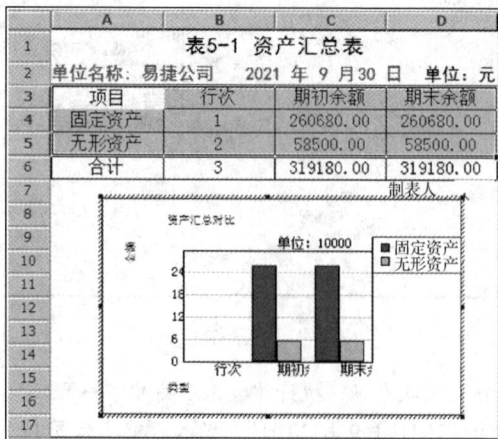

图 5-25 图形设置完成界面

（7）保存输出图表：执行"文件→保存"命令，将文件重命名为"资产汇总表"并保存到 D 盘根目录下，形成后缀名为".rep"的图表文件，该文件可以通过财务报表模块打开，操作界面如图 5-26 所示。

图 5-26　图表保存界面

## 5.3.2　资产负债表

用友财务报表模块提供了多个行业的财务报表模板，且提供了自定义模板功能，可轻松生成复杂报表。其中，组合单元为制作不规则报表提供了极大方便。通过该模块可以编制对外报表，也可以编制内部报表，还可以对报表进行审核和汇总，同时可以根据预定格式生成报表，是处理报表数字的工具。该模块的任务是从总账和其他业务系统中取得有关的会计信息并自动编制会计报表的数据。数据采集、汇总及独有的数据透视功能，可将几百张报表数据按条件获取到同一页面进行显示，以方便数据对比分析。通过学习用友财务报表模块，用户可以快速掌握财务报表制作技能。

例如，用户需要在报表模块中选取资产负债表，首先在窗口"格式"下拉菜单下选择"报表模板"选项；将出现选择框，所在行业选择"2007 年新会计制度科目"，财务报表选择"资产负债表"；最后，计算机将提示模板覆盖，单击"确认"按钮后计算机会自动生成一张"资产负债表"。

如果生成的会计报表不适合本单位，可对这张报表进行修改，在"编辑"下拉菜单中选择"行""列""加宽""缩小"等命令进行调整。用户可以对每一单元属性（含类型、对齐方式、字体颜色、表格边框）进行修改，还可以将相邻的单元合并成一个组合单元，具体操作是在"格式"下拉菜单中选择"单元属性"选项，或在常用工具栏中单击"合并单元格"等。

【任务 2】以账套主管（01 操作员张平）身份进入企业应用平台，利用报表模板生成资产负债表，行业为"2007 年新会计制度科目"，关键字日期为"2021 年 9 月 30 日"。

操作提示：

（1）执行"UFO 报表→格式→报表模板"命令，在格式状态下选择"2007 年新会计制度科目"和"资产负债表"，操作界面分别如图 5-27 和图 5-28 所示。

生成资产负债表

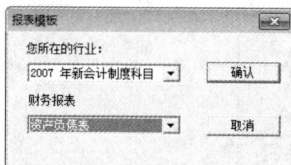

图 5-27 报表模板选择界面

图 5-28 报表模板生成界面

> 【注意】此处一定要关闭之前完成的"资产汇总表"，然后新建一张空白报表进行操作，否则将覆盖之前的表格。

（2）录入关键字，在数据状态下执行"数据→关键字→录入"命令，录入"2021 年 9 月 30 日"，进行表页重算，将其命名为"资产负债表.rep"并保存到 D 盘目录下，操作界面分别如图 5-29 和图 5-30 所示。

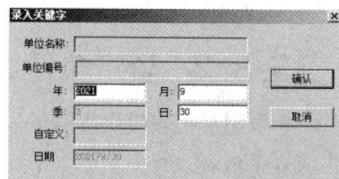

图 5-29 关键字录入界面

图 5-30 资产负债表完成界面

## 5.3.3  利润表

利润表，又称为损益表，属于时期表，反映了企业的经营成果，是企业必须定期编制的报表之一。利用财务报表模块可以进行利润表的编制，且其编制方法与资产负债表的编制方法基本相同。

【任务3】以账套主管（01 操作员张平）身份进入企业应用平台，利用报表模板生成利润表，行业为"2007 年新会计制度科目"，关键字日期为"2021 年 9 月 30 日"。

操作提示：

（1）执行"UFO 报表→新建→格式→报表模板"命令，在格式状态下选择"2007 年新会计制度科目"和"利润表"，操作界面分别如图 5-31 和图 5-32 所示。

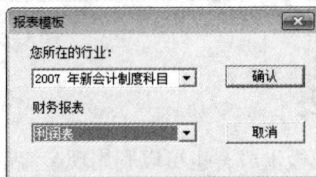

图 5-31  报表模板选择界面

图 5-32  报表模板生成界面

（2）录入关键字，在数据状态下执行"数据→关键字→录入"命令，录入"2021 年 9 月 30 日"，进行表页重算，将其命名为"利润表.rep"并保存到 D 盘目录下，操作界面分别如图 5-33 和图 5-34 所示。

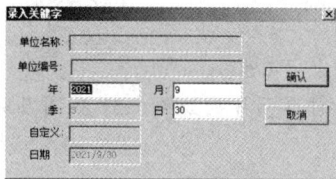

图 5-33 关键字录入界面

图 5-34 利润表完成界面

## 5.3.4 现金流量表

现金流量表可以利用报表模板生成，也可以利用现金流量表模块生成，此处推荐使用报表模板生成。

### 1．注册财务报表模块，调用报表模板——现金流量表

（1）执行"开始→程序→用友 ERP-U8→财务会计→UFO 报表"命令，注册"UFO 报表"，进入财务报表窗口。

（2）执行"文件→新建"命令，系统自动生成一张空白表。

（3）在格式状态下，执行"格式→报表模板"命令，打开"报表模板"对话框，行业选择"2007 年新会计制度科目"，财务报表选择"现金流量表"，单击"确认"按钮，系统弹出"模板格式将覆盖本表格式！是否继续？"的对话框，单击"确定"按钮，即可调用"现金流量表"模板。

### 2．设置关键字

（1）将光标移动至需要设置为关键字的单元，执行"数据→关键字→设置"命令，打开"设置关键字"对话框。

（2）例如，需要设置单位名称为关键字，则单击"单位名称"单选按钮，再单击"确认"按钮。重复上述步骤设置关键字"年度"。

### 3．定义项目取数公式

除每一分类的流入小计、流出小计及产生的净流量已经预置公式外，其他项目没有预置公式。用户可以根据所设现金流量项目目录的具体情况，对需要设置的公式进行增减调整。

（1）定义"销售商品、提供劳务收到的现金"项目取数公式

① 将光标移动至相应单元单击。

② 执行"数据→编辑公式→单元公式"命令（或单击编辑栏的 *fx* 图标或输入"="），打开"定义公式"对话框。

③ 单击"函数向导"按钮，打开"函数向导"对话框。选择用友账务函数，现金流量

128

项目函数为"XJLL"，该函数可提取总账凭证中与现金流量相关科目的数据。

④ 单击"下一步"按钮，打开"用友账务函数"对话框。

⑤ 单击"参照"按钮，打开"账务函数"对话框。

⑥ 会计期间选"全年"，起止日期空白。项目编号选择"01（销售商品、提供劳务收到的现金）"，方向选择"借"。

⑦ 单击"确定"按钮，回到"定义公式"窗口，即显示公式：XJLL(,,"借","01",,,,全年)。

⑧ 复制输入的函数公式，将光标放至函数公式最后，输入"–"后粘贴，再将后半部分公式中的"借"改为"贷"，单击"确认"按钮，定义公式完成。单元格内会出现"公式单元"4 个字。

（2）定义其他项目取数公式

定义其他项目取数公式时，因为只有项目编号和借贷方不同，所以可用复制的办法得到。例如，定义"收到的税费返还"项目公式，操作步骤如下：

① 双击相应单元的"公式单元"，打开"定义公式"对话框，将函数公式复制后退出该对话框。

② 将光标移动至下一单元，输入"="，打开"定义公式"对话框，将复制的公式粘贴进来，将公式中的项目编号"01"改成"02"，单击"确认"按钮，完成公式设置。

使用同样的办法定义全部公式后将报表保存，根据不同账套为不同企业（企业类型应相似）编制现金流量表。

**4．报表数据处理，完成报表**

（1）单击报表左下角的"格式"按钮，系统会弹出"是否确定全表重算？"对话框，单击"否"按钮，进入报表的数据状态。

（2）执行"数据→关键字→录入"命令，打开"录入关键字"对话框，录入单位名称、年度后，单击"确认"按钮。

（3）系统弹出"是否重算第 1 页？"对话框，单击"是"按钮，即可得到计算完毕的现金流量表。

【任务 4】以账套主管（01 操作员张平）身份进入企业应用平台，利用报表模板生成现金流量表，行业为"2007 年新会计制度科目"，关键字日期为"2021 年 9 月 30 日"。

生成现金流量表

操作提示：

（1）执行"UFO 报表→新建→格式→报表模板"命令，在格式状态下选择"2007 年新会计制度科目"和"现金流量表"，操作界面分别如图 5-35 和图 5-36 所示。

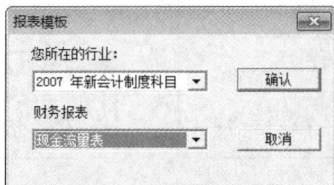

图 5-35 报表模板选择界面

129

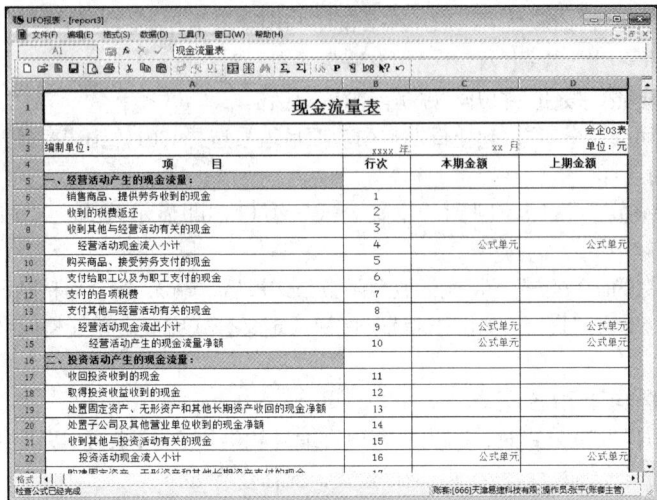

图 5-36　报表模板生成界面

（2）按照上述步骤定义单元公式，例如，为"C6"单元设置公式，只需录入本期余额。其他单元以此类推，小计等单元已经设置为公式单元，无须修改，操作界面依次分别如图 5-37～图 5-40 所示。

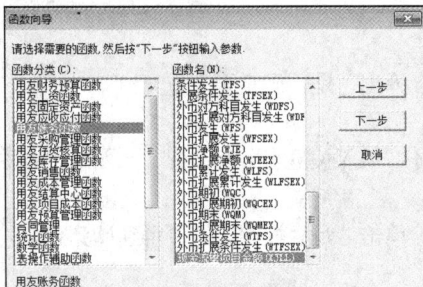

图 5-37　函数向导界面

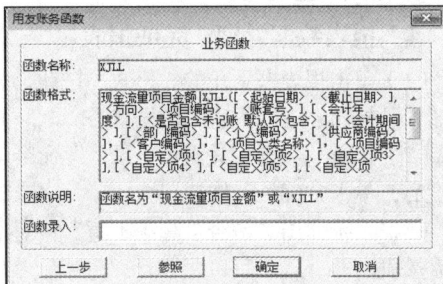

图 5-38　用友账务函数向导界面

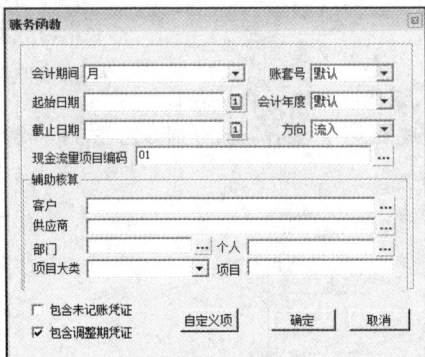

图 5-39　现金流量编码选择界面

图 5-40　定义公式完成界面

（3）录入关键字“2021 年 9 月 30 日”，进行表页重算，操作界面分别如图 5-41 和图 5-42 所示。

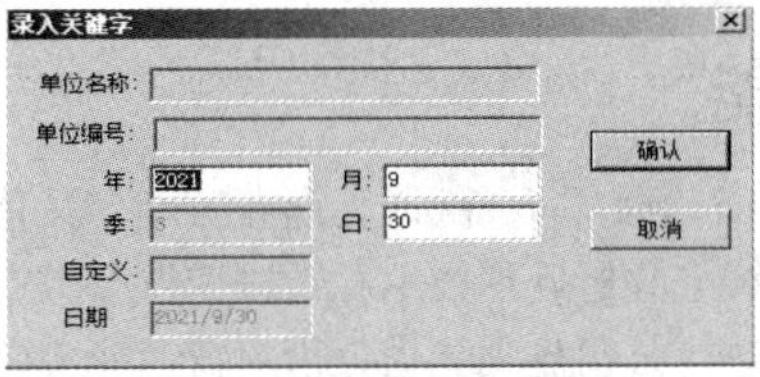


图 5-41　关键字录入界面

| | A | B | C | D |
|---|---|---|---|---|
| 1 | 现金流量表 | | | |
| 2 | | | | 会企03表 |
| 3 | 编制单位： | 2021 年 | 9 月 | 单位：元 |
| 4 | 项　　目 | 行次 | 本期金额 | 上期金额 |
| 5 | 一、经营活动产生的现金流量： | | | |
| 6 | 销售商品、提供劳务收到的现金 | 1 | 73,450.00 | |
| 7 | 收到的税费返还 | 2 | | |
| 8 | 收到其他与经营活动有关的现金 | 3 | 8,835.00 | |
| 9 | 经营活动现金流入小计 | 4 | 82,285.00 | |
| 10 | 购买商品、接受劳务支付的现金 | 5 | 演示数据 | |
| 11 | 支付给职工以及为职工支付的现金 | 6 | | |
| 12 | 支付的各项税费 | 7 | | |
| 13 | 支付其他与经营活动有关的现金 | 8 | 2,234.00 | |
| 14 | 经营活动现金流出小计 | 9 | 2,234.00 | |
| 15 | 经营活动产生的现金流量净额 | 10 | 80,051.00 | |
| 16 | 二、投资活动产生的现金流量： | | | |
| 17 | 收回投资收到的现金 | 11 | | |
| 18 | 取得投资收益收到的现金 | 12 | | |
| 19 | 处置固定资产、无形资产和其他长期资产收回的现金净额 | 13 | | |
| 20 | 处置子公司及其他营业单位收到的现金净额 | 14 | | |
| 21 | 收到其他与投资活动有关的现金 | 15 | | |
| 22 | 投资活动现金流入小计 | 16 | | |
| 23 | 购建固定资产、无形资产和其他长期资产支付的现金 | 17 | | |
| 24 | 投资支付的现金 | 18 | | |
| 25 | 取得子公司及其他营业单位支付的现金净额 | 19 | | |
| 26 | 支付其他与投资活动有关的现金 | 20 | | |
| 27 | 投资活动现金流出小计 | 21 | | |
| 28 | 投资活动产生的现金流量净额 | 22 | | |
| 29 | 三、筹资活动产生的现金流量： | | | |
| 30 | 吸收投资收到的现金 | 23 | 1,980,000.00 | |
| 31 | 取得借款收到的现金 | 24 | | |
| 32 | 收到其他与筹资活动有关的现金 | 25 | | |
| 33 | 筹资活动现金流入小计 | 26 | 1,980,000.00 | |
| 34 | 偿还债务支付的现金 | 27 | | |
| 35 | 分配股利、利润或偿付利息支付的现金 | 28 | | |
| 36 | 支付其他与筹资活动有关的现金 | 29 | | |
| 37 | 筹资活动现金流出小计 | 30 | | |
| 38 | 筹资活动产生的现金流量净额 | 31 | 1,980,000.00 | |
| 39 | 四、汇率变动对现金及现金等价物的影响 | 32 | | |
| 40 | 五、现金及现金等价物净增加额 | 33 | 2,060,051.00 | |
| 41 | 加：期初现金及现金等价物余额 | 34 | | |
| 42 | 六、期末现金及现金等价物余额 | 35 | 2,060,051.00 | |

图 5-42　现金流量表完成界面

# 5.4  财务可视化应用

## 5.4.1  商业智能

BI 是 Business Intelligence 的缩写，翻译为商业智能，又称为商业智慧或商务智能，是指利用现代数据仓库技术、线上分析处理技术、数据挖掘和数据展现技术进行数据分析以实现商业价值。使用 BI 工具进行公司盈利能力分析、营运能力分析、偿债能力分析和成长能力分析时，企业财务人员几乎不需要编写任何程序代码，只需聚焦于数据本身的特点、数据之间的关系、数据分析的目标，就能非常方便地进行财务数据分析和可视化制作，因此 BI 工具是目前财务人员实现财务可视化使用的主流工具。企业实现财务数据可视化，需要 BI 战略应用层面、BI 应用系统层面、BI 系统基础层面的全流程应用，如图 5-43 所示。

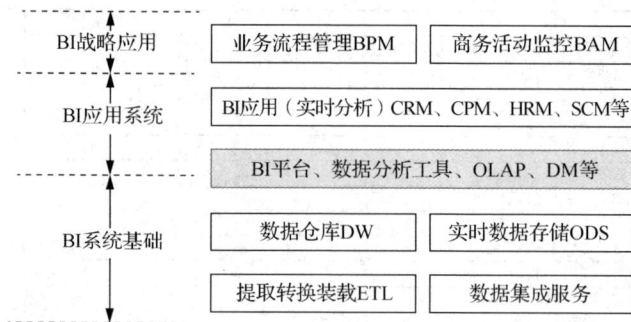

图 5-43  BI 应用流程图

## 5.4.2  商业智能工具

目前常见的 BI 工具有很多，如 Microsoft Power BI、IBM Cognos、Oracle OBIEE、Tableau、Fine BI、Smartbi、网易有数 BI 等，这些 BI 工具有一定的共性，也各有其特性。大部分 BI 工具均提供数据汇集、数据清洗、数据转换、数据分析及数据可视化等功能。其中，Microsoft Power BI 是微软公司推出的一整套软件和服务的集合，其基本架构包括 Power BI Desktop、Power BI Service 和 Power BI Mobile 3 个部分。Power BI Desktop 是安装在本地计算机上的软件，用户可免费使用它完成数据准备、数据建模和可视化制作。Power BI Service 功能需要用户注册，使用注册账户登录后，可将 Power BI Desktop 创建的可视化报表发布到 Power BI Service 上，实现在线创建自助式仪表板，以及与他人共享报表。Power BI Mobile 是运行在移动终端设备上的应用程序，利用它可随时随地在移动设备上查看 Power BI 报表。

## 5.4.3  财务数据可视化方式

财务数据可视化主要指通过相关数据系统软件，利用图形、表格等方式将较为繁杂的企业财务数据信息呈现出来，也就是将隐藏的财务数据信息通过软件系统转化成便于理解的图形或线条等展现在人们面前，使数据变得更加直观、简明、易懂、易掌握。目前，我国财务数据可视化应用最为常见的形式除了传统的饼形图、柱状图以及折线图等，还有气泡图、雷达图以及地理信息系统（Geographic Information System, GIS）地图等，这些应用可以科学地将复杂的財務數据内容表現出來，以便于企業経営管理者進行决策時了解相关財務信息和経営状況。

## 5.4.4　财务数据可视化流程

実現財務数据可视化的流程如下。

（1）采集財務数据。借助財務人員編制的財務報告和報表等获取所需的財務数据信息。

（2）財務数据可视化。首先将不同数据信息通过办公软件或数据分析软件等进行划分，使用不同颜色或图形进行记录和标记，然后依据財務信息基本类别选择不同的方式，再将企业財務信息结果转为可视化进行反映。

（3）財務数据处理。依据不同数据信息使用者对数据进行分类，从而满足不同使用者对不同数据信息的需求，并对发现的不足和问题及时进行修正与完善。最后，进行財務数据验证。通过工具软件对可视化数据信息进行反复验证，并在財務数据验证成功后向外部使用者和公司内部管理人员等展示数据信息。

## 5.4.5　财务报表生成流程

財務報表生成需要经历報表初始化和報表日常处理两个环节，如图 5-44 所示。利用用友 ERP-U8、Excel、POWER BI 等可视化软件均可生成图表，也可利用自定义模板或報表模板进行報表的制作和生成，经过報表数据审核、输出，最终形成图表。

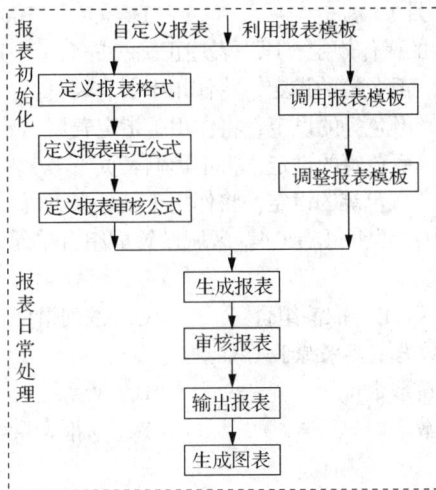

图 5-44　财务报表生成流程

# 思考与练习

一、单选题

1. 用户在財務報表模块对资产负债報表的公式单元进行公式定义时，会使用（　　）。
   A. 账务函数　　　B. 工资函数　　　C. 固定资产函数　　D. 应收应付函数

2. 在用友财务报表模块中，保存报表的默认文件扩展名是（    ）。

    A. REP               B. Xls               C. DOC              D. TXT

3. 财务报表模块的主要功能是（    ）。

    A. 报表初始化、数据处理             B. 数据处理、打印输出

    C. 报表初始化、数据处理、打印输出     D. 表样定义、数据处理、打印输出

4. 以下哪些不是财务报表模块的功能？（    ）

    A. 关联查询有关凭证

    B. 可管理多达 99 999 张相同格式的报表表页

    C. 制作 10 种图式的分析图表

    D. 导入标准财务数据

5. 在自定义关键字中，下列哪项描述是正确的？（    ）

    A. 只能定义字符型关键字            B. 只能定义表样型关键字

    C. 只能定义数值型关键字            D. 只能定义日期型关键字

6. 在财务报表模块中查找某一时间的损益表数据，需要在（    ）下进行查询。

    A. 导出文件        B. 格式状态        C. 数据状态        D. 打印输出

7. 选取银行存款本月末数值的公式是（    ）。

    A. QM（"1001"，月）            B. QM（"1002"，月）

    C. QC（"1001"，月）            D. QC（"1002"，月）

8. 关于财务报表模块的操作规定，以下表述正确的是（    ）。

    A. 对于报表尺寸、颜色等的设定，将作用于所有表页

    B. 对于报表尺寸、颜色等的设定，将作用于指定表页

    C. 对于报表尺寸、颜色等的设定，将不影响表页

    D. 对于报表尺寸、颜色等的设定，将作用于第一张表页

9. 在财务报表模块中，要将"A1:C4"区域设置成组合单元，应选择以下哪种组合方式？（    ）。

    A. 按行组合        B. 取消组合        C. 按列组合        D. 整体组合

10. 财务报表模块的数据主要来源于（    ）。

    A. 从其他核算系统取数           B. 从系统内部取数

    C. 从系统外部取数           D. 从报表系统自身取数

## 二、多选题

1. 下列关于自定义报表的说法，正确的是（    ）。

    A. 在自定义报表中，打开某张报表后，系统即调入上次保存的计算结果、上次的重算时间

    B. 在自定义报表中，打开某张报表后，系统将自动重新计算报表

    C. 编辑表体时，可实现表内任意单元的组合

    D. 在本系统中，不能在单元内画斜线

2. 报表中的数据来源有（    ）。

    A. 其他报表中的数据           B. 账簿中的数据

    C. 表间数据              D. 手工输入

3. 下列哪些是财务报表的单元类型（　　　）。

    A. 字符型　　　　　　　B. 表样型　　　　　C. 数值型　　　　　D. 逻辑型

4. 下列有关报表输出功能叙述不正确的有（　　　）。

    A. 不可以打印输出　　　　　　　　　B. 一般都提供打印设置功能

    C. 不能打印空表　　　　　　　　　　D. 可以屏幕显示输出

## 三、判断题

1. 在财务报表模块中生成新表时，所有的单元都被默认是字符单元。（　　　）

2. 报表处理软件只能编制会计报表。（　　　）

3. 在财务报表模块中，可以自定义报表模板。（　　　）

4. 报表结构复制报表的结构（即报表格式和报表公式），不能复制编制后生成的数据报表。（　　　）

5. 财务报表模块可直接在格式状态下获取总账数据。（　　　）

6. 财务报表模块可以与用友 ERP 管理软件的任何系统进行数据传递。（　　　）

7. 一个报表系统编制报表的能力主要是通过系统提供的取数函数是否丰富来体现的。（　　　）

8. 在财务报表模块的格式状态下可以进行删除表页的操作。（　　　）

9. 财务报表模块的关键字必须由手工键入。（　　　）

10. 在财务报表模块中，单元的数据类型只有表样型、数值型和字符型 3 种。

（　　　）

## 四、思考题

1. UFO 报表能生成哪些财务常用报表？

2. 报表数据不平衡，应如何处理？

3. 报表格式调整包含哪些内容？

4. BI 可以在哪些领域应用？未来财务工作将向什么方向发展？

# 实训题

## 【实训 5】财务报表模块应用

A. 自定义财务报表

【实训目的】

理解报表编制的原理及流程；掌握报表格式定义、公式定义的操作方法；掌握报表单元公式的设置方法。

【实训内容】

自定义一张货币资金表。

【实训资料】

（1）报表格式

货币资金表格式如表5-2所示。

表5-2　货币资金表

编制单位：　　　　　　　　　　　　　　　年　月　日　　　　　　　　　　　单位：元

| 项目 | 行次 | 期初数 | 期末数 |
|---|---|---|---|
| 现　金 | 1 | | |
| 银行存款 | 2 | | |
| 合　计 | 3 | | |

制表人：

说明：

表头：标题"货币资金表"设置为"黑体、14号、居中"；编制单位及金额单位设置为"黑体、12号"；年、月、日应设为关键字。

表体：表体中文字设置为"黑体、12号、居中"。

表尾："制表人："设置为"黑体、12号、右对齐"。

（2）报表公式

现金期初数：C4= QC("1001"，月)

现金期末数：D4= QM("1001"，月)

银行存款期初数：C5= QC("1002"，月)

银行存款期末数：D5= QM("1002"，月)

期初数合计：C6=C4+C5

期末数合计：D6=D4+D5

【实训要求】

以"陈立"的身份自定义一张货币资金表。

B．利用报表模板生成财务报表

【实训目的】

深刻领会报表编制的原理及流程；掌握如何利用报表模板生成一张报表。

【实训内容】

1．利用报表模板生成资产负债表

2．利用报表模板生成利润表

【实训资料】

报表模板中的资产负债表模板

报表模板中的利润表模板

【实训要求】

以"陈立"的身份进行生成财务报表的操作。

# 第6章　固定资产管理模块应用

## 学习目标

- 熟悉固定资产管理模块的基本功能和使用方法。
- 熟悉固定资产管理模块的初始设置。
- 熟练掌握固定资产管理模块的日常业务处理。
- 熟练掌握固定资产管理模块的期末处理。

### 课前思考

固定资产管理是企业日常生产经营管理过程中非常重要的管理模块，对于企业会计处理有着举足轻重的作用。利用会计电算化软件进行固定资产的初始设置、日常业务处理和期末处理，尤其是折旧过程的处理，是学习电算化软件的重点内容。另外，对比传统手工会计和电算化会计在固定资产处理方式上有哪些异同，电算化的优势何在，这些内容将在本章中进行详细介绍。

固定资产是企业正常生产经营的必要条件，正确核算和管理企业的固定资产，对于保护企业资产完整、保证企业再生产资金来源意义重大。固定资产的管理具有跨年度的特点，是对多年数据的累计核算和管理过程。折旧核算是固定资产管理中最具有特色的一项内容。固定资产管理系统的功能主要体现在管理固定资产卡片、管理固定资产的增减变动情况、计提折旧、分配折旧费用等方面。

## 6.1　固定资产管理模块概述

### 6.1.1　功能概述

用友 ERP-U8 管理软件中的固定资产管理模块主要用于完成企业固定资产的日常业务核算和管理，生成固定资产卡片，按月反映固定资产的增加、减少、原值变化及其他变动，并输出相应的增减变动明细账，按月自动计提折旧，生成折旧分配凭证，同时输出与设备管理相关的报表和账簿。

固定资产管理模块中资产的增加、减少，以及原值和累计折旧的调整、折旧计提等都要将有关数据通过记账凭证的形式传输到账务处理模块；同时通过对账保持固定资产账目与总账的平衡，并可以修改、删除以及查询凭证。固定资产管理模块可以为成本核算系统提供计提折旧费用的数据。财务报表模块也可以通过相应的取数函数从固定资产管理模块中提取分析数据。

## 6.1.2 固定资产管理模块的业务处理流程

固定资产管理模块的业务处理流程如图 6-1 所示。

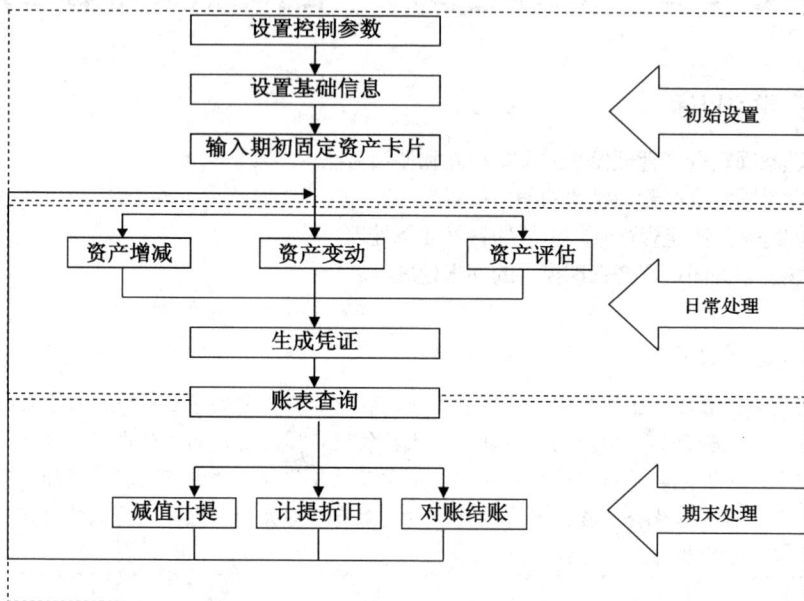

图 6-1 固定资产管理模块的业务处理流程

先建立账套并进行初始化设置，然后进入日常应用处理，每月同样需要进行期末处理。固定资产管理模块的每月业务量并不大，主要包括以下几个方面。

（1）根据原始单据输入新增资产或减少资产信息，并据此更新固定资产卡片记录。

（2）根据原始单据输入变动单，同时据此更新固定资产卡片记录。

（3）按预先设置的折旧方法逐项对期初固定资产计提折旧，同时按所属部门或资产类别生成折旧分配表，并提供给成本管理模块。

（4）根据固定资产业务编制记账凭证，并存入账务处理模块。

（5）期末全面检查固定资产，逐项进行固定资产减值准备的计提或冲回处理。

# 6.2 固定资产管理模块初始设置

固定资产管理模块初始设置是根据用户单位的具体情况，建立一个适合的固定资产子账套的过程，包括设置控制参数、设置基础数据、录入固定资产卡片。

## 6.2.1 设置控制参数

控制参数包括约定与说明、启用月份、折旧信息、财务接口和编码方案等。这些参数需在初次启动固定资产管理模块时进行设置，其他参数可以在"选项"功能中补充。

【**任务 1**】以账套主管（01 操作员张平）身份进入企业应用平台，启用固定资产管理模块，按照资料要求完成以下初始化设置。

**操作提示：**

（1）启用 FA 固定资产模块，日期为"2021 年 9 月 1 日"，执行"基础设置→基本信息→系统启用"命令，操作界面如图 6-2 所示。

图 6-2　固定资产管理模块启用界面

启用固定资产管理模块

（2）折旧计算方法：本账套计提折旧采用"平均年限法（一）"，分配周期为"1 个月"，执行"业务工作→财务会计→固定资产"命令，第一次进入固定资产管理模块需要初始化账套，按以上要求根据提示操作即可，操作界面依次分别如图 6-3～图 6-6 所示。

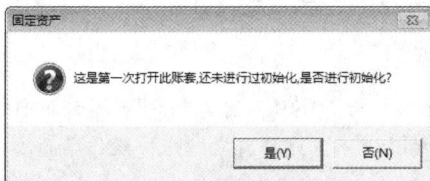

图 6-3　初始化账套选择界面

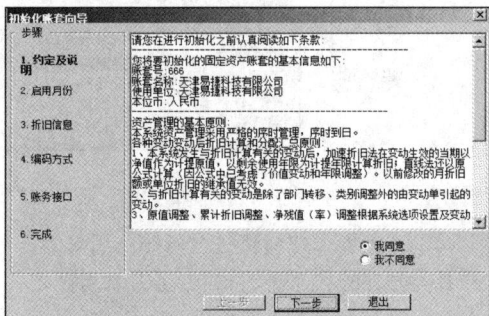

图 6-4　初始化账套向导界面

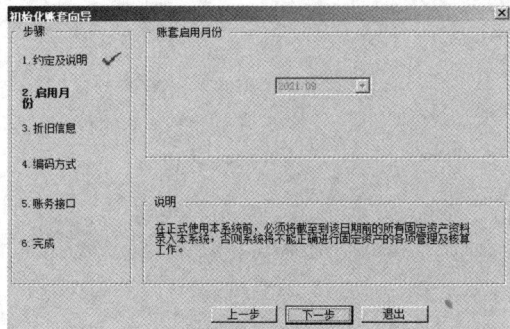

图 6-5　启用月份界面

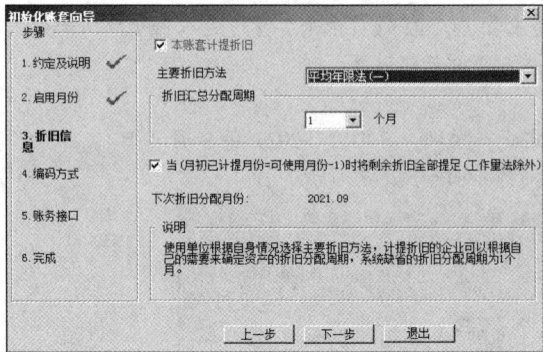

图 6-6　折旧信息界面

（3）固定资产类别编码方式为"2-1-1-2"，编码方式为按"类别编号+序号"自动编码，序号长度为"3"，操作界面如图 6-7 所示。

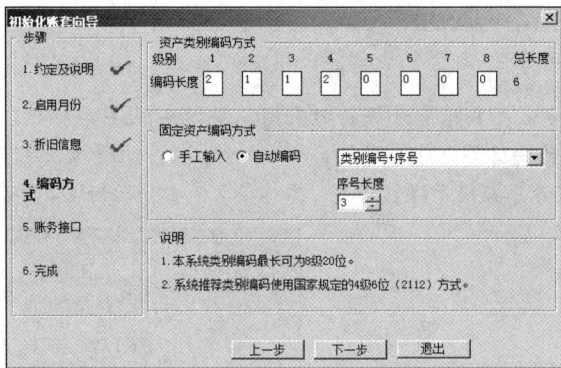

图 6-7　编码方式界面

（4）与账务处理模块进行对账，固定资产对账科目为"1601，固定资产"，累计折旧对账科目为"1602，累计折旧"，并且在对账不平衡的情况下不允许月末结账，操作界面依次分别如图 6-8～图 6-10 所示。

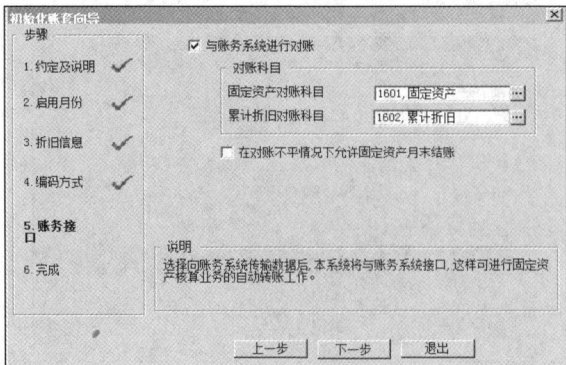

图 6-8　账务接口界面

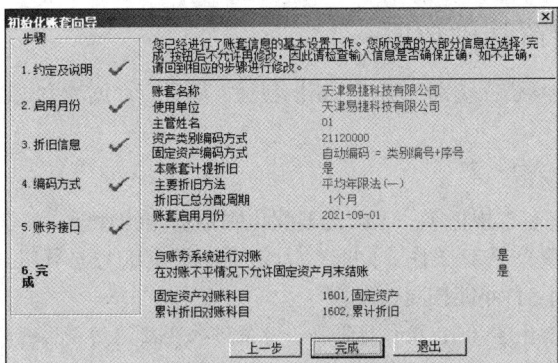

图 6-9　初始设置完成界面

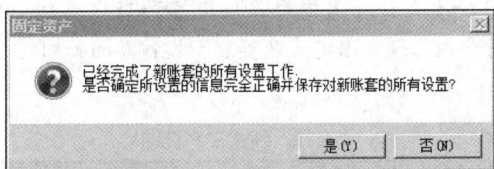

图 6-10　初始化成功界面

（5）执行"业务工作→财务会计→固定资产→设置→选项"命令，设置与总账模块接口的详细信息，选择"业务发生后立即制单"选项，固定资产默认入账科目为"1601，固定资产"，累计折旧默认入账科目为"1602，累计折旧"，资产减值准备默认入账科目为"1603，固定资产减值准备"，增值税进项税额默认入账科目为"22210101，进项税额"，固定资产清理科目的默认入账科目为"1606，固定资产清理"，其他项默认已有设置，操作界面如图 6-11 所示。

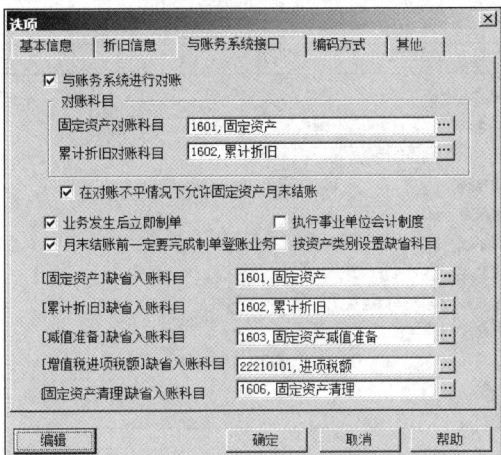

图 6-11　选项设置界面

【注意】启用月份根据用户登录固定资产管理模块的日期自动设置，无法更改。

## 6.2.2　设置基础数据

基础数据设置包括资产类别、部门、折旧科目、固定资产增减方式以及固定资产折旧方法等的设置。

### 1．资产类别设置

固定资产种类繁多、规格不一，因此要强化固定资产的管理，科学地设置固定资产分类，及时做好固定资产核算工作。同时，固定资产类别编号必须唯一，同一上级的类别名称不能相同。

【任务 2】以账套主管（01 操作员张平）身份进入企业应用平台，按照资料要求完成以下资产类别的设置。

操作提示：

执行"业务工作→财务会计→固定资产→设置→资产类别→增加"命令，按表 6-1 所示内容设置固定资产类别，操作界面如图 6-12 所示。

资产类别的设置

表6-1　固定资产类别

| 编码 | 类别名称 | 计提属性 | 净残值率 | 折旧方法 | 卡片样式 |
|---|---|---|---|---|---|
| 01 | 交通运输设备 | 正常计提 | 5% | 平均年限法（一） | 通用 |
| 011 | 经营用 | 正常计提 | 5% | 平均年限法（一） | 通用 |
| 012 | 非经营用 | 正常计提 | 5% | 平均年限法（一） | 通用 |
| 02 | 电子设备 | 正常计提 | 4% | 平均年限法（一） | 通用 |
| 021 | 经营用 | 正常计提 | 4% | 平均年限法（一） | 通用 |
| 022 | 非经营用 | 正常计提 | 4% | 平均年限法（一） | 通用 |

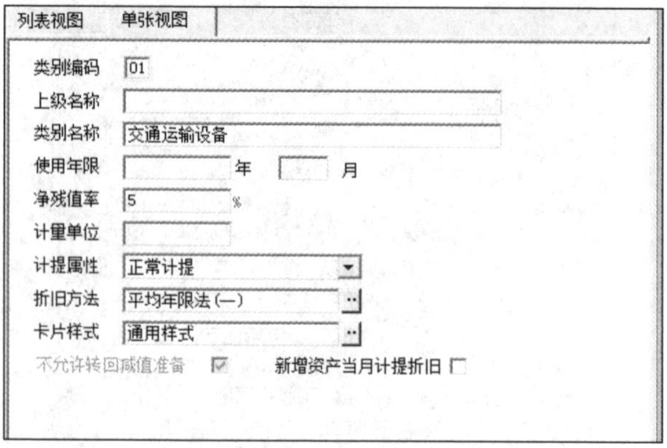

图 6-12　资产类型增加设置界面

### 2．部门设置

部门设置即对单位的各部门进行设置，从而确定固定资产的归属。在部门设置中，必须按照建账时定义的部门编码规则为各部门编码。由于许多系统都采用分级编码，编码不能省略而且必须唯一，部门名称也必须输入。

【任务 3】以账套主管（01 操作员张平）身份进入企业应用平台，按照资料要求完成部门及对应折旧科目的设置。

操作提示：

执行"业务工作→财务会计→固定资产→设置→部门对应折旧科目"命令，选择要设置折旧科目的部门，单击"修改"按钮。按表 6-2 所示内容设置固定资产类别，操作界面如图 6-13 所示。

部门及对应折旧科目设置

按表 6-2 所示设置部门对应折旧科目。

表6-2 部门及对应折旧科目

| 部门 | 对应折旧科目 |
|------|------------|
| 总裁办 | 660202 |
| 财务部 | 660202 |
| 制作部 | 5101 |
| 销售部 | 660102 |

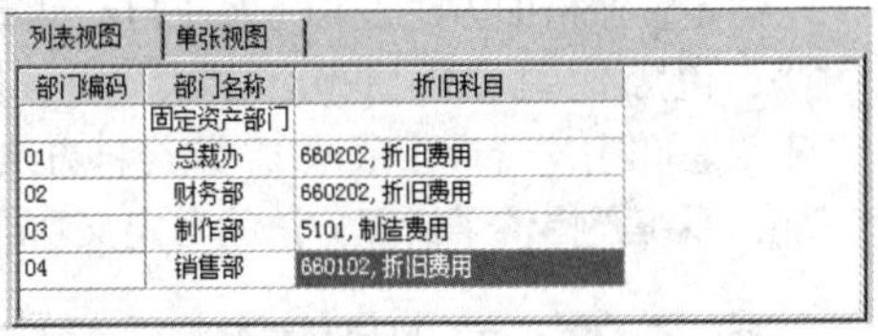

图 6-13 部门对应折旧设置界面

### 3. 折旧科目设置

有些企业按照部门归集折旧费用，也有些企业按照资产类别分摊计提折旧费用，甚至有些企业的折旧费用归集完全没有规律。部门对应折旧科目的设置即为每个部门选择一个折旧科目，在输入固定资产卡片时，该科目会自动被填入卡片中，而不必逐个输入。

### 4. 固定资产增减方式设置

增加企业资产的方式主要有直接购入、投资者投入、捐赠、盘盈、在建工程转入、融资租入等；减少企业资产的方式主要有出售、盘亏、投资转出、捐赠转出、报废、毁损、融资租出等。用友软件系统固定资产的增减方式可以设置两级，也可以根据需要自行增加。

固定资产增减方式对应科目设置

【任务 4】以账套主管（01 操作员张平）身份进入企业应用平台，按照资料要求完成增减方式对应科目的设置。

操作提示：

执行"业务工作→财务会计→固定资产→设置→增减方式"命令，选择要设置增减方式对应科目的部门，单击"修改"按钮。按表 6-3 所示内容设置增减方式的对应科目，操作界面如图 6-14 所示。

表6-3 增减方式对应科目

| 增减方式目录 | 对应入账科目 |
|------------|------------|
| 增加方式：直接购入 | 100201（工行存款） |
| 减少方式：毁损 | 1606（固定资产清理） |

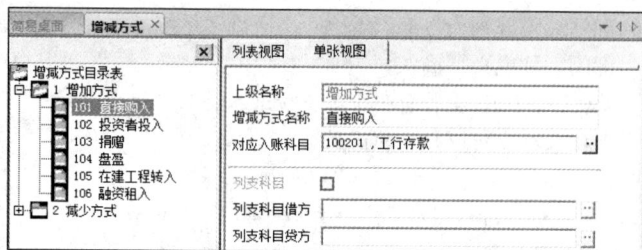

图 6-14　增减方式对应科目设置界面

### 5. 固定资产折旧方法设置

固定资产折旧方法设置是系统自动计算折旧的基础。系统提供了常用的固定资产的折旧方法，包括不提折旧、平均年限法（一）和平均年限法（二）、工作量法、双倍余额递减法和年数总和法（合计年限法）。这几种方法不能删除或修改，另外，如果这些方法不能满足需要，系统还提供了折旧方法的自定义功能供用户选择使用。

## 6.2.3　录入固定资产卡片

固定资产卡片是固定资产核算和管理的基础依据，为保持历史资料的连续性，必须将建账日期以前的数据输入系统中。原始卡片并不需要在第一个期间结账前录入系统，即用户任何时候都可以录入固定资产卡片。

【任务 5】以账套主管（01 操作员张平）身份进入企业应用平台，按照资料要求完成以下固定资产原始卡片的设置。

操作提示：

执行"业务工作→财务会计→固定资产→卡片→录入原始卡片→增减方式"命令，先选择相应的类别编号，单击"修改"按钮。按表 6-4 所示内容录入原始卡片，操作界面如图 6-15 所示。

固定资产原始
卡片的设置及查询

【注意】如果录入信息有误，可以先取消当前录入的卡片，进入查看状态，单击"编辑"按钮，通过"上一个/下一个"选项查找到有错误的卡片，并单击"修改"按钮进行更正。

表 6-4　2021 年 9 月固定资产原始卡片资料

| 固定资产名称 | 类别编号 | 所在部门 | 增加方式 | 可使用月份 | 开始使用日期 | 原值 | 累计折旧 | 对应折旧科目名称 |
|---|---|---|---|---|---|---|---|---|
| 轿车 | 012 | 总裁办 | 直接购入 | 72 | 2019.09.01 | 189 330.00 | 7 153.28 | 管理费用 |
| 笔记本电脑 | 022 | 总裁办 | 直接购入 | 60 | 2020.02.01 | 28 900.00 | 4 624.00 | 管理费用 |
| 传真机 | 022 | 总裁办 | 直接购入 | 60 | 2020.10.01 | 3 510.00 | 112.32 | 管理费用 |
| 计算机 01 | 021 | 制作部 | 直接购入 | 60 | 2020.11.01 | 12 980.00 | 207.68 | 制造费用 |
| 计算机 02 | 021 | 制作部 | 直接购入 | 60 | 2020.11.01 | 12 980.00 | 207.68 | 制造费用 |
| 计算机 03 | 021 | 制作部 | 直接购入 | 60 | 2020.11.01 | 12 980.00 | 207.68 | 制造费用 |
| 合计 | | | | | | 260 680.00 | 12 512.64 | |

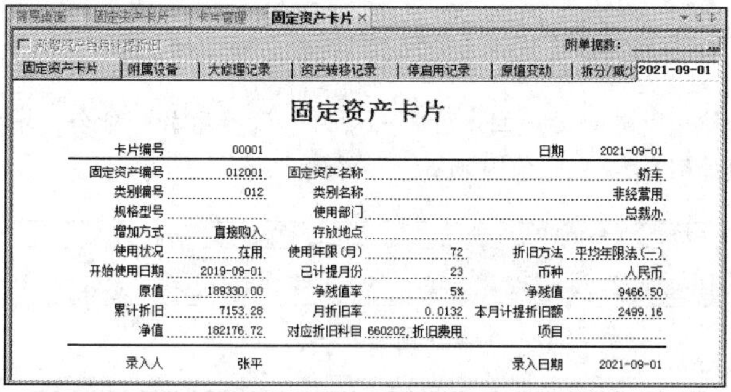

图 6-15　增加原始卡片设置界面

【任务 6】以账套主管（01 操作员张平）身份进入企业应用平台，可以进行固定资产原始卡片的查询。

**操作提示：**

执行"业务工作→财务会计→固定资产→卡片→卡片管理"命令，注意此处应选择开始日期为所有卡片开始使用日期之前，查询后可以修改已录入的卡片，操作界面如图 6-16 所示。

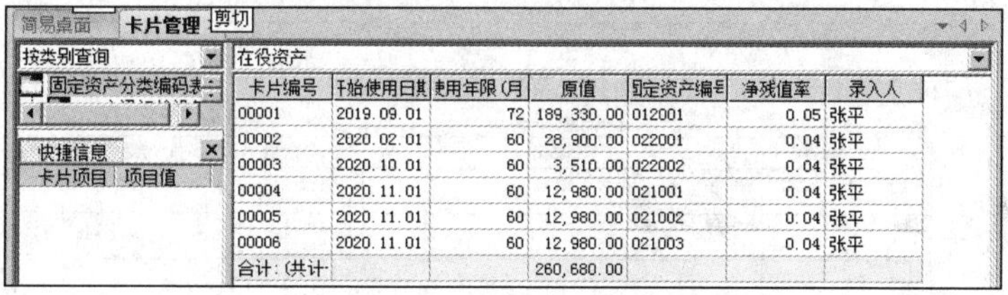

图 6-16　查询原始卡片设置界面

# 6.3　固定资产管理模块的日常处理

固定资产管理模块的日常处理主要包括固定资产增减、固定资产变动、资产评估及盘点、生成凭证和数据输出等。

## 6.3.1　固定资产增减

固定资产增减变动处理功能一般包括增减变动数据的录入、修改、删除、审核、制单、查询、打印输出等。其中，审核输入数据后一般需要更新卡片文件并做相应处理；制单是指根据增减变动资料编制相应的记账凭证并传入账务处理模块的过程。

（1）固定资产的增加：启用日期应该在当月。

（2）固定资产的减少：可以单件或批量进行处理，一般要求在计提折旧之后进行。

【任务 7】以财务会计（02 操作员杨乐）身份进入企业应用平台，完成本月固定资产增加，9 月 30 日，销售部因业务需要，经申请获得批准后购买经营用客车一辆（类别编号为 011），全部价值为 16 000

固定资产的增加及转移

145

元，预计使用年限为 6 年。（假设不考虑增值税）

操作提示：

执行"业务工作→财务会计→固定资产→卡片→资产增加"命令，增加该项固定资产，操作界面依次分别如图 6-17～图 6-19 所示。

图 6-17　客车卡片增加设置界面

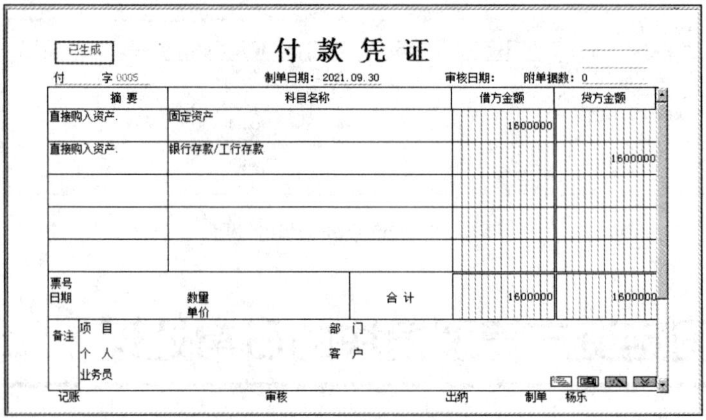

图 6-18　自动生成凭证界面

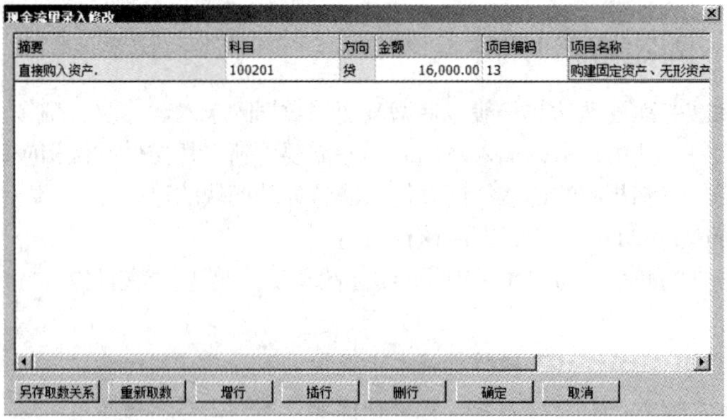

图 6-19　现金流量选择界面

## 6.3.2　固定资产变动

在固定资产管理模块中，与计算和报表汇总有关的项目调整称为固定资产变动操作，此类操作必须通过原始凭证（变动单）进行，包括原值变动、部门转移、使用状况调整、使用年限调整、折旧方法调整、变动单管理、净残值（率）调整、工作总量调整、累计折旧调整、资产类别调整、计提固定资产减值准备、转回固定资产减值准备以及其他项目的修改，如名称、编号、自定义项目等变动可直接在卡片上进行。下面仅对其中一些主要变动情况进行介绍。

（1）原值变动

原值变动包括原值增加和原值减少两个部分。资产在使用过程中，出现以下5种情况时需要增减其原值：根据国家规定对固定资产重新估价；增加补充设备或改良设备；将固定资产的一部分拆除；根据实际价值调整原来的暂估价值；发现原记录的固定资产价值有误。

（2）部门转移

当资产在使用过程中因内部调整而发生部门变动时，用户应及时处理，否则将影响部门的折旧计算。

【任务8】以财务会计（02操作员杨乐）身份进入企业应用平台，完成本月固定资产部门转移。9月30日，因市场推广需要，总裁办的传真机（卡片编号为00003）被调拨到销售部使用。

操作提示：

执行"业务工作→财务会计→固定资产→卡片→变动单→部门转移"命令，设置该项固定资产的转移，操作界面如图6-20所示。

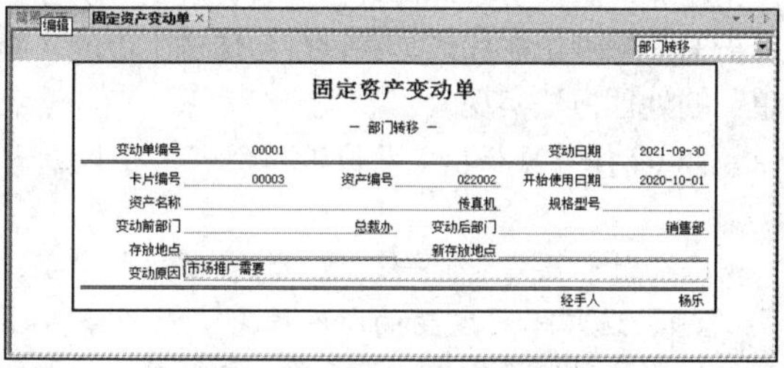

图6-20　固定资产部门转移界面

【注意】固定资产在部门间转移不需要生成凭证。

（3）使用状况调整

固定资产使用分为再用、未使用、不需用、停用、封存5种情况。用户在使用固定资产过程中，可能会因为某种原因，使得固定资产的使用状况发生变化，这种变化会影响到固定资产折旧的计算，因此应及时调整。

（4）使用年限调整

用户在使用固定资产过程中，可能会由于资产的重估、大修等原因调整其使用年限。需要进行使用年限调整的固定资产在调整的当月应按调整后的使用年限计提折旧。

（5）折旧方法调整

一般固定资产折旧方法不会在一年之内发生改变，但如遇特殊情况可以进行调整。

（6）变动单管理

变动单管理包括对系统制作的变动单进行查询、修改、制单、删除等操作。

### 6.3.3 资产评估及盘点

#### 1. 资产评估

用友 ERP-U8 管理系统提供了对固定资产评估作业的管理功能，主要包括以下步骤。

（1）将评估机构的评估数据以手工录入或定义公式录入形式录入系统。

（2）根据国家要求手工录入评估结果或根据定义的评估公式生成评估结果。

（3）对评估单进行管理。

本系统资产评估功能提供可评估资产的内容包括原值、累计折旧、净值、使用年限、工作总量、净残值率等。

#### 2. 资产盘点

用友 ERP-U8 管理系统提供了对固定资产盘点的管理功能，主要包括以下步骤。

（1）在卡片管理中打印输出固定资产盘点单。

（2）在固定资产盘点中选择按部门或按类别对固定资产进行盘点，录入盘点数据，并与账面上记录的盘点单进行核对，以查核资产的完整性。

### 6.3.4 生成凭证及数据输出

#### 1. 生成凭证

账务管理模块和固定资产管理模块之间可以进行数据的自动传输，这种传输的方式是由固定资产管理系统通过记账凭证向账务处理模块传递有关数据。例如，固定资产的增加、减少、累计折旧调整以及折旧分配等记账凭证是通过自动传输生成的。制作记账凭证可以通过"立即制单""批量制单"的处理方法实现。

【任务 9】以财务会计（02 操作员杨乐）身份进入企业应用平台，完成本月批量制单。

**操作提示：**

执行"业务工作→财务会计→固定资产→处理→批量制单"命令，先单击"制单选择"按钮，再单击"全选"选项，选中本月发生的所有固定资产业务；再单击"制单设置"按钮，将所有业务需要设置的会计科目设置好，最后单击"制单"按钮即可自动生成凭证。

> 【注意】由于本任务中已经选择"业务发生后立即制单"选项，此处不需要进行"批量制单"操作。

#### 2. 固定资产数据的输出

固定资产管理模块提供的输出包括固定资产卡片、固定资产账簿、固定资产折旧表、固定资产汇总表和固定资产分析表，其中汇总信息一般以报表的形式提供，目前绝大多数会计软件都提供了自定义报表功能。

# 6.4 固定资产管理模块的期末处理

固定资产管理模块的期末处理主要包括固定资产减值准备处理、计提折旧、期末对账、月末结账等内容。

## 6.4.1　固定资产减值准备处理

固定资产减值准备处理本质上是一种变动处理，系统要求在进行初始设置时必须随原始卡片输入已计提的减值准备，其日常处理包括以下内容。

### 1．计提减值准备

对于固定资产减值准备，会计准则规定，企业的固定资产应当在期末时按照账面价值与可收回金额孰低计量，可收回金额的确认采用了孰高原则，对可收回金额（指资产的销售净价与预期从该资产的持续使用和使用寿命结束时的处置中形成的预计未来现金流量的现值进行比较，两者之间较高者）低于账面价值的差额，应计提固定资产减值准备。因此，计提减值的基本思路是：固定资产的账面价值与可收回金额相比，如果账面价值大于可收回金额，需要计提资产减值准备；如果账面价值小于可收回金额，则无须计提资产减值准备。账面价值是指账面余额减去相关的备抵项目后的净额。账面价值不等于净值，固定资产原价扣除累计折旧后为净值，净值再扣除减值准备后为账面价值（净额）。账面余额是指账面实际余额，不扣除作为备抵的项目，如累计折旧、减值准备等。

### 2．转回减值准备

根据会计准则规定，一些长期的减值准备是不可以转回的，主要有长期股权投资减值准备、固定资产减值准备、无形资产减值准备、在建工程减值准备、工程物资减值准备、生产性生物资产减值准备、商誉减值准备、采用成本模式进行后续计量的投资性房地产减值准备、探明石油天然气矿区权益和井及相关设施减值准备等。因此，固定资产减值准备不可以转回。

## 6.4.2　固定资产折旧的处理

自动计提折旧是固定资产管理模块的主要功能之一，而且在计提折旧的基础上还能自动分配折旧与编制折旧转账凭证，并做到折旧不重复累计。如果计提折旧后又对账套进行了影响折旧计算分配的操作，就必须重新计提折旧。当企业中有固定资产按工作量法计提折旧时，在计提折旧之前，需输入该固定资产当期的工作量，为系统提供计算累计折旧所需要的信息。

计提折旧方法：平均年限法、工作量法、年数总和法、双倍余额递减法、自定义折旧方法。

工作量的输入：使用工作量法计提折旧时必须输入。

计提折旧时间：每期计提折旧一次。

折旧费用的分配：系统在计提折旧的同时一般自动按部门或类别分别生成折旧分配表，它是编制记账凭证的依据，也需要提供给成本核算系统。

编制转账凭证：只有正确设置会计科目，才能自动生成转账凭证。

当开始计提折旧时，系统将自动计提所有资产当期的折旧额，并将当期的折旧额自动累加到累计折旧项目中。计提折旧应遵循以下原则。

（1）在一个期间内可以多次计提折旧，每次计提折旧后，只是将计提的折旧累加到月初的累计折旧上，不会重复累计。

（2）若上次计提折旧已制单并传递到账务处理模块，则必须删除该凭证才能重新计提折旧。

（3）若计提折旧后又对账套进行了影响折旧计算分配的操作，必须重新计提折旧，否则系统不允许结账。

（4）若自定义的折旧方法月折旧率或月折旧额出现负数，系统将自动中止计提。

（5）资产的使用部门和资产折旧要汇总的部门可能不同，为了加强资产管理，使用部门必须是明细部门，而折旧分配不一定分配到明细部门。不同单位的处理方式可能不同，因此要在计提折旧后，分配折旧费用时做出选择。

（6）折旧分配计提工作完成后，需要进行折旧分配，形成折旧费用，系统除了自动生成折旧清单外，同时还会生成折旧分配表，从而完成本期折旧费用登账工作。折旧分配表有两种类型：类别折旧分配表和部门折旧分配表。系统的折旧分配表生成以后，可以执行制单操作，即由系统自动编制记账凭证，经过修改确认后予以保存。这样就能正式生成记账凭证，将数据传递到账务处理模块。需要注意在修改记账凭证时，必须保证借方金额和贷方金额分别等于本月计提的折旧额。

【任务 10】以财务会计（02 操作员杨乐）身份进入企业应用平台，完成本月折旧的计提。

**操作提示：**

执行"业务工作→财务会计→固定资产→处理→计提本月折旧"命令，在弹出的"计提折旧后是否查看折旧清单"提示中选择"否"，在"折旧分配表"中单击"凭证"按钮，将凭证设置完成后保存即可，生成一张折旧计提记账凭证，操作界面分别如图 6-21 和图 6-22 所示。

> **【注意】**当月增加的固定资产不提折旧，当月减少的固定资产照提折旧，不提取折旧不能减少资产。

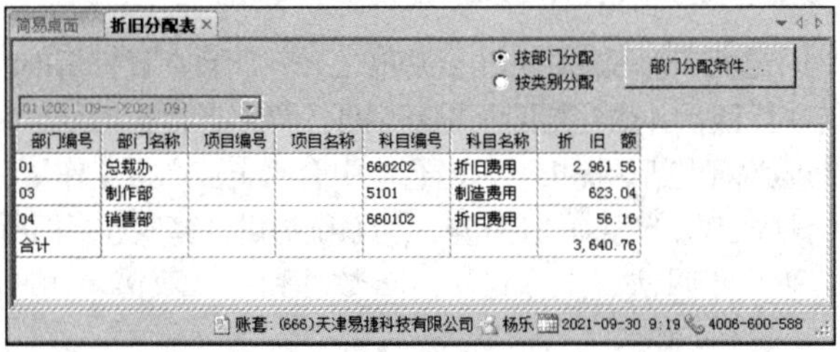

折旧的计提和资产减少

图 6-21　折旧分配表界面

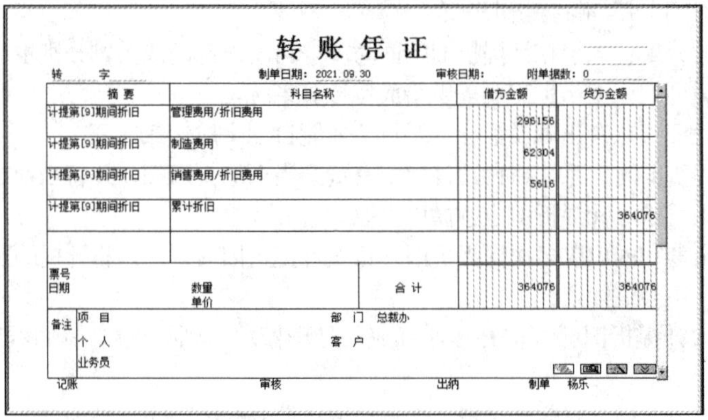

图 6-22　折旧生成凭证界面

**【任务 11】**以财务会计（02 操作员杨乐）身份进入企业应用平台，完成本月资产减少操作。9 月 30 日，制作部 03 号计算机遇病毒，整机毁损，其零件残值变价收入 500 元库存现金。

**操作提示：**

执行"业务工作→财务会计→固定资产→卡片→资产减少"操作，选中 00006 号资产，单击右上角"增加"按钮，减少该项固定资产，减少方式为"毁损"，清理收入为 500 元，操作界面依次分别如图 6-23～图 6-25 所示。

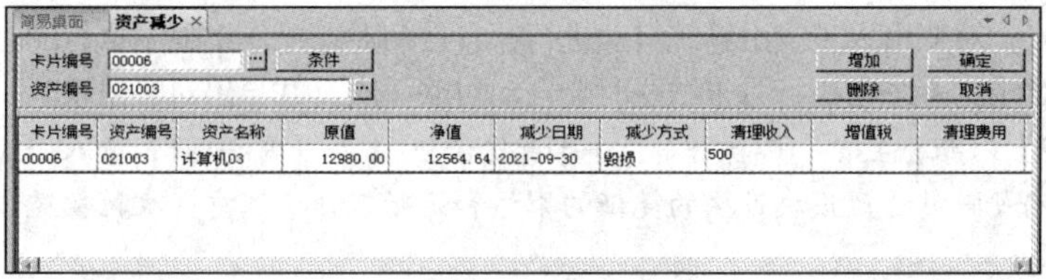

图 6-23　资产减少设置界面

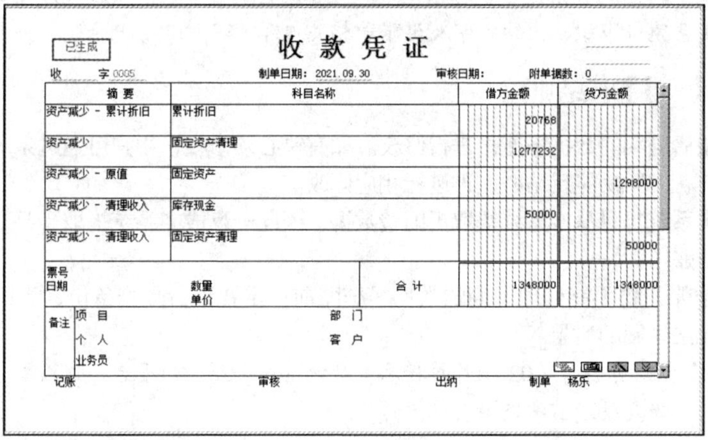

图 6-24　资产减少生成凭证界面

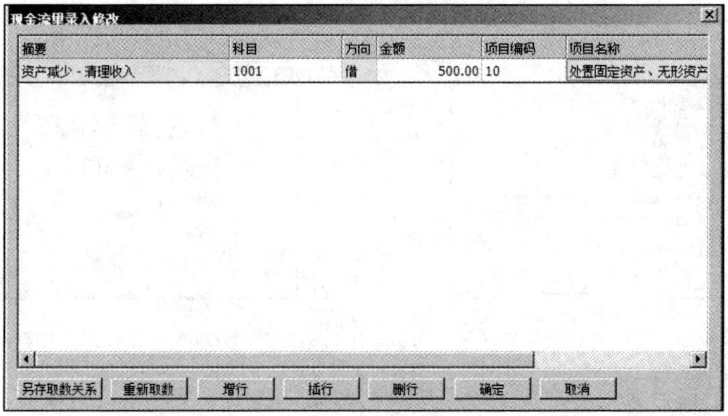

图 6-25　现金流量选择界面

## 6.4.3 期末对账

对账是将固定资产管理模块中记录的固定资产和累计折旧数额与账务处理模块中固定资产和累计折旧科目的数值进行核对，验证是否一致的过程。

对账在任何时候都可以进行，系统在执行月末结账时会自动进行，给出对账结果，并根据初始化中是否设置"在对账不平情况下允许固定资产月末结账"选项判断是否允许结账。

在月末结账之前必须在固定资产管理模块与总账模块之间进行对账，若对账平衡，才能开始月末结账。对账由人工或由系统自动进行，且自动对账操作不限制执行的时间，任何时候均可进行对账。系统在执行月末结账时会自动对账一次，并给出对账结果。

**【任务12】**以账套主管（01 操作员张平）身份于 2021 年 9 月 30 日，进入企业应用平台，在对账之前完成固定资产模块产生的凭证的审核和记账工作（注意：收付款凭证需要出纳签字）。

操作提示：

执行"业务工作→财务会计→总账→凭证→审核凭证"命令，然后进行凭证记账。具体操作参见第 4 章凭证审核、出纳签字及记账等相关内容。

## 6.4.4 月末结账

每月结账后当期的数据不能再进行修改。如有错必须修改，用户可通过系统提供的"恢复月末结账前状态"功能反结账，再进行相应修改。

由于成本系统每月从本系统提取折旧费数据，因此一旦成本系统提取了某期的数据，则该期不能反结账。

本期不结账，将不能处理下期的数据。结账前一定要进行数据备份，否则数据一旦丢失，将造成无法挽回的后果。

**【任务13】**以财务会计（02 操作员杨乐）身份进入企业应用平台，完成本月固定资产模块结账。选做"恢复结账前状态"功能操作。

操作提示：

执行"业务工作→财务会计→固定资产→处理→月末结账"命令，操作界面分别如图 6-26 和图 6-27 所示。

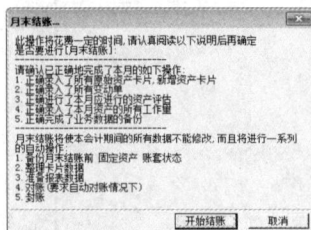

图 6-26 月末结账开始界面

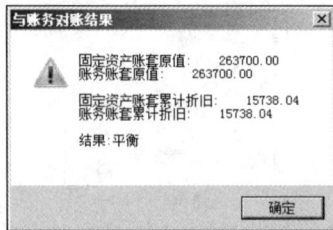

图 6-27 月末结账完成界面

**【注意】**因为固定资产发生业务所填制的凭证在账务处理模块中没有进行记账处理，故固定资产与账务处理模块对账不平衡，无法结账。因此，用户可以先到账务处理模块中对固定资产管理模块中生成的凭证进行记账（需要换 01 操作员对 02 操作员生成的凭证进行审核，否则无法记账），然后再返回固定资产管理模块进行结账处理。

# 思考与练习

一、单选题

1. 固定资产的卡片样式是（　　）。

    A. 固定的　　　　　　B. 不能修改的　　　　C. 不能选择的　　　D. 可修改的

2. 固定资产编号是为了方便管理固定资产确定的（　　）标识。

    A. 唯一的　　　　　　B. 可识别的　　　　　C. 可重复编号的　　D. 以上都对

3. 固定资产原始卡片的原值、工作总量、累计折旧信息，在没有做变动单或评估单的情况下（　　）。

    A. 录入下月可修改　　　　　　　　　　B. 录入当月可修改

    C. 录入后随时可修改　　　　　　　　　D. 录入后不能修改

4. 固定资产在部门间转移时，下面关于计提折旧描述正确的是（　　）。

    A. 进行部门转移变动的资产在变动的当月仍按原来部门计提折旧

    B. 进行部门转移变动的资产在变动的下月仍按原来部门计提折旧

    C. 进行部门转移变动的资产在变动的当月按变动后的部门计提折旧

    D. 以上都不对

5. 下列不属于固定资产管理模块的日常使用功能的是（　　）。

    A. 计提折旧　　　　　　　　　　　　　B. 查询固定资产账

    C. 计算固定资产折旧率　　　　　　　　D. 输入变动固定资产

6. 固定资产管理模块被启用之后的日常处理主要包括（　　）。

    A. 变动资料输入　　　　　　　　　　　B. 凭证的输入、审核与记账

    C. 成本核算　　　　　　　　　　　　　D. 设备采购与应付款管理

7. 不属于建立固定资产账套参数的是（　　）。

    A. 约定与说明　　　　B. 启用月份　　　　　C. 卡片格式　　　　D. 折旧信息

8. 固定资产卡片项目被定义完毕，系统投放使用后对卡片项目一般（　　）。

    A. 可以增删，不可以修改　　　　　　　B. 可以修改

    C. 可以删除　　　　　　　　　　　　　D. 可以增加

9. 以下哪项说法是错误的（　　）。

    A. 固定资产管理模块中可以修改折旧分配的凭证

    B. 固定资产管理模块中可以删除折旧分配的凭证

    C. 固定资产管理模块中可以审核折旧分配的凭证

    D. 固定资产管理模块中可以查询折旧分配的凭证

10. 在固定资产管理模块的卡片中，能够唯一确定每项资产的数据项是（　　）。

    A. 资产名称　　　　B. 资产编号　　　　　C. 类别编号　　　　D. 规格型号

## 二、多选题

1. 固定资产管理模块的作用有（　　）。
   A. 完成企业固定资产日常业务的核算和管理
   B. 反映固定资产的增加、减少，原值变动及其他变动
   C. 生成固定资产卡片
   D. 自动计提折旧

2. 在初始化固定资产管理模块时，发现主要折旧方法选择有误，可以采取（　　）方法。
   A. 初始化完成前，返回"上一步"到折旧信息中修改
   B. 以后在对各具体固定资产类别时再定义
   C. 初始化完成后，在"设置→选项"中进行重新设置
   D. 初始化完成后，返回"上一步"到折旧信息中修改

3. 在定义固定资产类别时，下列（　　）项目不能为空。
   A. 计量属性　　　　　B. 名称　　　　　C. 计量单位　　　　　D. 类别编码

4. 关于固定资产使用状况的设置，下列说法正确的是（　　）。
   A. 减少一种使用状况，要选中本级，再单击"删除"按钮
   B. 增加一种使用状况，要选中本级，再单击"增加"按钮
   C. 增加一种使用状况，要选中上级，再单击"增加"按钮
   D. 减少一种使用状况，要选中上级，再单击"删除"按钮

5. 系统不允许结账，可能的原因有（　　）。
   A. 本月未提折旧
   B. 提取本月折旧后，又改变了某项固定资产的折旧方法
   C. 有两项固定资产增加未制单
   D. 对账不平衡

6. 录入固定资产原始卡片时，对应折旧科目项目可通过（　　）方式录入。
   A. 直接输入该科目的编号
   B. 直接输入该科目的名称
   C. 根据所选择的使用部门自动带出
   D. 单击"对应折旧科目"按钮，显示参照界面，选择需要的科目

7. 固定资产增加的方式有（　　）。
   A. 直接购入　　　　B. 盘盈　　　　C. 融资租入　　　　D. 在建工程转入

8. 固定资产折旧方法主要有（　　）。
   A. 工作量法　　　　B. 加权平均法　　　　C. 年数总和法　　　　D. 平均年限法

9. 下列各项中，属于固定资产使用状况的有（　　）。
   A. 经营性出租　　　　　　　　　　　　B. 盘盈
   C. 不需要和未使用　　　　　　　　　　D. 大修理停用和季节性停用

10. 下列属于固定资产管理模块的日常使用功能的是（　　）。
    A. 计提折旧　　　　　　　　　　　　　B. 查询固定资产账
    C. 计算固定资产折旧率　　　　　　　　D. 输入变动固定资产

### 三、判断题

1. 行政事业单位的固定资产不提折旧，故用友 ERP 固定资产管理模块不适用。
（　　）

2. 在固定资产初始化过程中，账套日期既能被查看也能被修改。（　　）

3. 设置上级部门的折旧科目，下级部门自动继承，不能选择不同的科目。（　　）

4. 首次使用固定资产管理模块时，应先对账套进行初始化。（　　）

5. 已制作过凭证的固定资产卡片不能被删除。（　　）

6. 当固定资产减少时，相应的固定资产卡片将被系统删除。（　　）

7. 通过"资产增加"功能录入新增固定资产卡片时，卡片中"开始使用日期"栏的年份和月份不能修改。
（　　）

8. 本月发现上月有误减少的固定资产可以通过"撤销已减少资产"功能进行恢复。
（　　）

9. 在用友 ERP 固定资产管理模块中，本月录入的卡片和本月增加的资产不能进行变动处理。如需变动，可直接修改卡片。
（　　）

10. 在固定资产管理模块中生成的记账凭证会自动传递给账务处理模块，如果发现生成的某张凭证有错误，可以在账务处理模块中直接修改。
（　　）

### 四、思考题

1. 固定资产的初始设置包括哪些内容？

2. 固定资产管理模块的期末处理工作主要包括哪些内容？

3. 固定资产管理模块期末处理过程中，若本期不结账，能够处理下期数据吗？

# 实训题

**【实训 6】固定资产管理模块应用**

**【实训目的】**

理解固定资产管理模块的原理及流程；掌握固定资产卡片定义及操作方法；掌握固定资产业务处理方法及期末处理方法。

**【实训内容】**

1. 启用固定资产管理模块

2. 基础设置

3. 录入原始卡片

4. 日常业务

5. 结账

**【实训资料】**

1. 启用固定资产管理模块

主要折旧方法为"平均年限法（一）"。

折旧分配周期为"1 个月"。

资产类别编码长度为"2-1-1-2"。

自动编号为"类别编号+序号，序号长度 3 位"。

与账务处理模块进行对账科目为"1601 固定资产"和"1602 累计折旧"。

对账不符可以结账。

2. 基础设置

选项修改：

执行"设置→选项→与账务系统接口"命令，在菜单中选择"业务发生后立即制单""月末结账前一定要完成制单登账业务"选项；并录入固定资产默认入账科目"1601"以及累计折旧默认入账科目"1602"。

固定资产类别：

01.房屋建筑物；02.专用设备；03.交通设备；04.办公设备。

使用状况：默认系统设置。

增减类别：默认系统设置。

部门档案及对应折旧科目：

101 总经理办公室"660206"。

102 财务部"660206"。

3. 录入原始卡片

在"录入原始卡片"菜单中录入表 6-5 所示的卡片资料。

表 6-5　固定资产原始卡片资料　　　　　　单位：元

| 名称 | 编号 | 规格 | 部门 | 存放地点 | 使用年限 | 开始使用日期 | 原值 | 累计折旧 | 残值率 |
|------|------|------|------|---------|---------|-------------|------|---------|-------|
| 办公楼 | 01 | 2 000 平方米 | 多部门 | 办公室 | 30 年 | 2020-10-01 | 730 000 | 71 276.39 | 5% |
| 奥迪车 | 03 | ST2000 | 总经办 | 总经办 | 10 年 | 2020-01-01 | 250 000 | 69 270.83 | 5% |
| 计算机 | 04 | 联想天鹤 | 财务部 | 财务部 | 4 年 | 2020-06-01 | 13 000 | 4 728.75 | 3% |
| 合计 | | | | | | | 993 000 | 145 275.97 | |

注：原始卡片增加方式，均为直接购入的方式，使用状况均为在用，各卡片均为"平均年限法（一）"。办公楼各部门的使用比例为：总经办"60%"，财务部"40%"。

4. 日常业务

（1）日常操作——资产增加：当月 29 日购进笔记本计算机一台，价值为 18 935.86 元，型号为 SY50，属于专用设备，财务部使用，使用年限 4 年，净残值率 5%，使用平均年限法计提折旧。

借：固定资产　　　　　　　　　　　　　　　　　　　　　18 935.86

　　贷：银行存款——工行存款　　　　　　　　　　　　　　　18 935.86

（2）计提折旧

借：管理费用——折旧费

　　财务费用

　　贷：累计折旧

（3）日常操作——资产减少：当月 29 日将奥迪车出售，收回 78 000 元，以支票结算。

借：累计折旧

　　固定资产清理

　　　贷：固定资产

借：银行存款

　　　贷：固定资产清理

5. 结账

结账时，将总账中的凭证审核、记账后，固定资产管理模块才能结账。

【实训要求】

以"陈立"的身份进行固定资产管理模块操作。

157

# 第 7 章　人力资源模块应用

- 熟悉人力资源模块的基本功能和使用方法。
- 熟悉人力资源模块的初始设置。
- 熟练人力资源模块的日常处理。
- 熟练人力资源模块的期末处理。

> **课前思考**
>
> 人力资源管理是核算企业人力成本环节中非常重要的环节，对于企业会计处理有不可替代的作用。薪资管理模块是人力资源模块的核心。薪资管理模块主要有哪些功能？薪资管理模块与其他模块有什么联系？薪资管理模块的基础信息设置包括哪些内容？这些内容将在本章中进行详细介绍。

人力资源的管理和核算是企业管理中非常重要的内容，关系着企业员工的切身利益，对于员工的业绩考评和激励起关键作用。因此，人力资源的管理和核算对于调动职工的工作积极性、更准确地处理企业与员工之间的关系具有重要作用。

## 7.1　人力资源模块概述

人力资源模块主要包括人事管理、保险福利管理、培训管理、招聘管理、考勤管理以及薪资管理等子模块，其中最核心的是薪资管理模块。本章节主要讲解薪资管理模块的功能及其操作处理过程。该模块的任务包括以职工个人的工资原始数据为基础，计算应发工资、扣款小计和实发工资等，编制工资结算单；按部门和人员类别进行汇总，进行个人所得税计算；提供多种方式的查询，打印工资发放表及个人工资条；进行工资费用分配与计提，并实现自动转账处理。

### 7.1.1　功能概述

用友 U8 系统薪资管理模块的主要功能是进行薪资标准体系建立、工资核算、工资发放、工资费用分摊、工资统计、分析和个人所得税核算等方面的处理。该模块与总账模块联合使用，可以将工资凭证传递到总账模块中；与成本管理模块联合使用，可以为管理模块提供人员的费用。同时，该模块对于薪资的档案和调整过程可以进行及时准确的反映，有利于企业准确掌握薪资的变动趋势，及时发现部门、项目的薪资变化情况，从而提高会计处理的准确性和及时性。

## 7.1.2　人力资源模块业务处理流程

### 1．新用户的操作流程

采用多工资类别核算的企业，在第一次启用薪资管理模块时，应按图7-1所示的步骤进行操作。

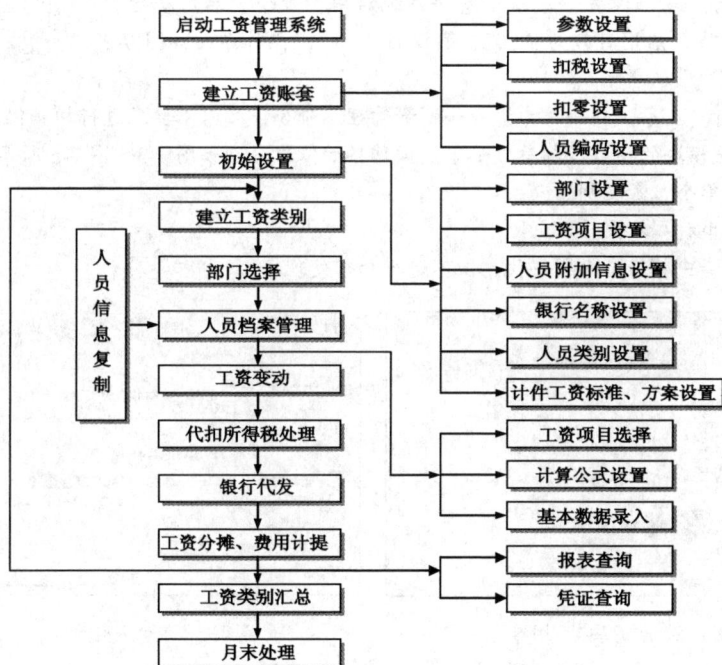

图7-1　薪资管理模块的业务处理流程图

### 2．老用户的操作流程

如果是老用户，即已经使用过薪资管理模块的用户，年末应进行数据的结账，以便开始下一年的工作。新会计年度开始时，用户可以在"设置"功能中选择要修改的内容，如人员附加信息、人员类别、工资项目、部门等，这些设置只有在新的会计年度第一个会计月中，删除涉及的工资数据和人员档案后才可修改。

# 7.2　薪资管理模块初始设置

## 7.2.1　建立工资账套

建立工资账套，是整个薪资管理模块正确运行的基础，是系统正常运行的根本保证，将影响工资项目的设置和工资业务的具体处理方式。用户可通过系统提供的建账向导，逐步完成工资账套的建账工作。

当用户使用薪资管理模块时，如果所选择的账套为初次使用，系统将自动进入建账向导。

【任务 1】以账套主管（01 操作员张平）身份进入企业应用平台，登录日期为 2021 年 9 月 1 日，启用薪资管理（WA）模块，然后进行工资账套的建立。

启用薪资管理模块及设置银行档案

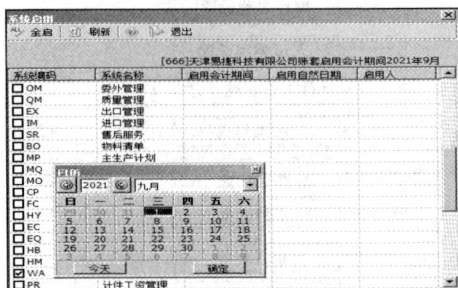

操作提示：

（1）执行"基础设置→基本信息→系统启用"命令，启用薪资管理（WA）模块，启用日期为"2021 年 9 月 1 日"，操作界面如图 7-2 所示。

（2）执行"业务工作→人力资源→薪资管理"命令，按以下要求进行初始化设置。

薪资管理模块的业务控制参数如下，操作界面依次分别如图 7-3～图 7-5 所示。

① 设置单个工资类别。

② 核算币种：人民币。

③ 从工资中扣除个人所得税，但不进行扣零处理。

图 7-2　薪资系统启用界面

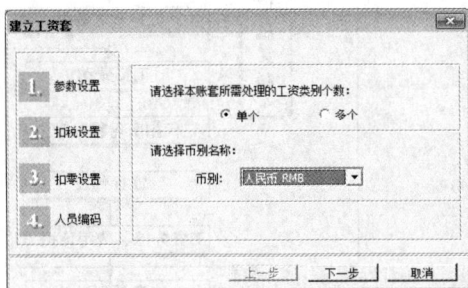

图 7-3　单个工资类别界面

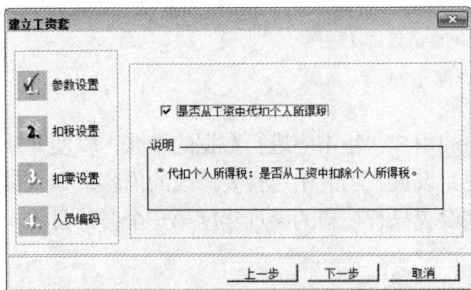

图 7-4　单个工资类别界面

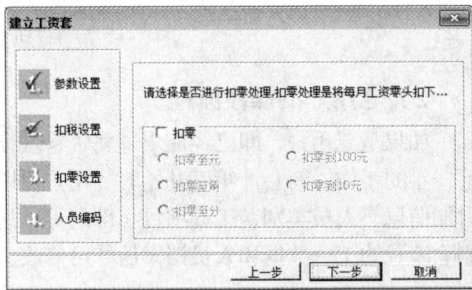

图 7-5　扣零界面

## 7.2.2　基础信息设置

建立工资账套以后，要对整个系统运行所需的一些基础信息进行设置。基础信息设置包括以下几项。

### 1. 新建工资类别

在同一工资账套中，为了适应不同企业或同一企业中不同工资管理的需要，可以进行多个工资类别的核算。

## 2．发放次数管理

在同一工资类别中，为了适应企业薪金多次发放的需要，可以进行多次核算。同一工资类别中存在的多个发放次数的工资，将统一计算个人所得税。

## 3．人员附加信息设置

本功能可用于增加人员信息，丰富人员档案的内容，便于对人员进行更加有效的管理。例如，增加设置人员的性别、民族、婚姻状况等。

## 4．工资项目设置

设置工资项目即定义工资项目的名称、类型、宽度，可根据需要自由设置工资项目。例如，基本工资、岗位工资、副食补贴、扣款合计等。

## 5．银行名称设置

当企业发放工资采用银行代发形式时，需要确定银行的名称及账号的长度。可设置多个发放工资的银行，以适应不同的需要，例如，由于同一工资类别中的人员在不同的工作地点，需在不同的银行代发工资，或者不同的工资类别由不同的银行代发工资。

【任务 2】以账套主管（01 操作员张平）身份进入企业应用平台，按照相关资料设置银行档案。

**操作提示：**

执行"基础设置→基本档案→收付结算→银行档案"命令，单击"增加"按钮，设置银行档案，银行名称为"（001）中国工商银行京津新城支行"，个人账号定长度为"11"，操作界面如图 7-6 所示。

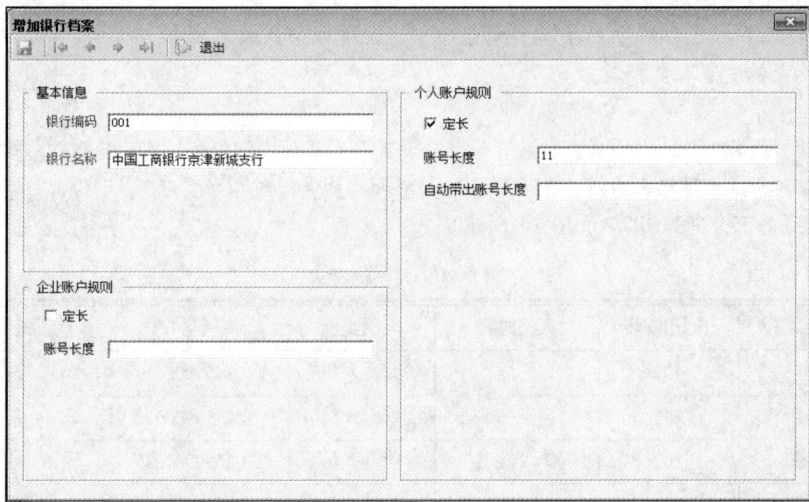

图7-6　增加银行界面

## 6．部门选择设置

部门选择设置是指在某一工资类别下，选择该工资类别所包含的核算部门，为其他工资信息的输入做好准备。

### 7．人员档案

人员档案的设置用于登记工资发放人员的姓名、职工编号、所在部门、人员类别等信息，员工的增减变动必须先在本功能中进行处理。

### 8．选项

系统在建立新的工资账套后，或由于业务的变更发现一些工资参数与核算内容不符，可以在此进行工资账套参数的调整。系统提供选项卡方式的维护界面，包括对扣零设置、扣税设置、参数设置、汇率调整等参数的修改。

# 7.3 薪资管理模块日常处理

## 7.3.1 工资类别管理

薪资管理模块是按照工资类别来进行管理的。每个工资类别下都有职员档案、工资变动、工资数据、报税处理、银行代发等项目。工资类别的维护包括建立工资类别、打开工资类别、删除工资类别、关闭工资类别和汇总工资类别等内容。

### 1．人员档案

人员档案设置主要用于登记员工的姓名、职工编号、所在部门、人员类别等信息。此外，员工的增减变动必须在本功能中进行处理。人员档案的操作是针对某个工资类别的，即先打开相应的工资类别。

【任务 3】以账套主管（01 操作员张平）身份进入企业应用平台，按照相关资料设置人员档案。

操作提示：

执行"业务工作→人力资源→薪资管理→设置→人员档案"命令，单击"批增"按钮，再单击右侧"查询"按钮，增加人员资料内容如表 7-1 所示，操作界面分别如图 7-7 和图 7-8 所示。

设置人员档案

表7-1 人员档案表

| 部门名称 | 人员编号 | 人员姓名 | 人员类别 | 账号 | 从工资中扣税 |
|---|---|---|---|---|---|
| 总裁办 | 101 | 杨喆 | 管理人员 | 10255090001 | 是 |
| 财务部 | 201 | 张平 | 管理人员 | 10255090002 | 是 |
| 财务部 | 202 | 本人姓名 | 管理人员 | 10255090003 | 是 |
| 财务部 | 203 | 王芳 | 管理人员 | 10255090004 | 是 |
| 制作部 | 301 | 王建国 | 经营人员 | 10255090005 | 是 |
| 制作部 | 302 | 冯洁 | 经营人员 | 10255090006 | 是 |
| 销售部 | 401 | 付风 | 经营人员 | 10255090007 | 是 |
| 销售部 | 402 | 李同 | 经营人员 | 10255090008 | 是 |

【注意】部门编码、人员编码的设置参考"部门设置"部分，编码长度要求符合系统规定。人员类别的设置参考"人员类别设置"部分，所有人员均是"中方人员"，都"计税"，银行为"中国工商银行京津新城支行"，添加相应账号。

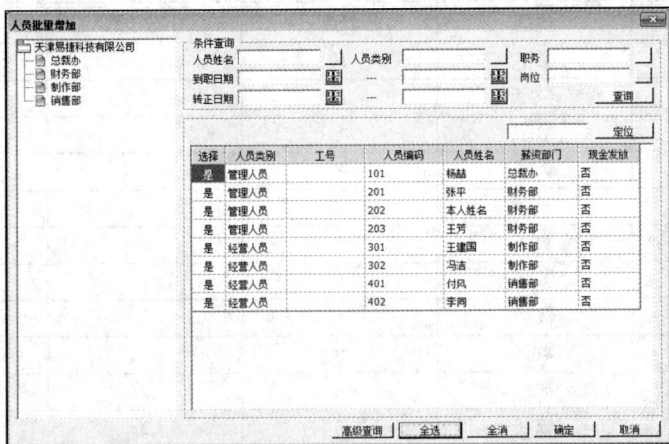

图 7-7　批增人员界面

图 7-8　人员档案信息界面

## 2．设置工资项目和计算公式

在系统初始化过程中设置的工资项目包括本单位各种工资类别所需要的全部工资项目。由于不同的工资类别，工资发放项目不同，计算公式也不同，因此应对某个指定工资类别所需的工资项目进行设置，并定义此工资类别的工资计算公式。

首先，选择建立本工资类别的工资项目。单击"增加"按钮，在工资项目列表末尾增加一个空行。直接输入工资项目或在"名称参照"中选择工资项目名称，并设置新建工资项目的类型、长度、小数位数和工资增减项。其中，增项直接计入应发合计，减项直接计入扣款合计。若工资项目类型为字符型，则小数位不可用，增减项为其他。利用界面中的向上、向下移动箭头可调整工资项目的排列顺序。

【任务 4】以账套主管（01 操作员张平）身份进入业应用平台，按照相关资料设置工资项目。

操作提示：

（1）执行"业务工作→人力资源→薪资管理→设置→工资项目设

设置工资项目

置"命令，设置工资项目，单击"增加"按钮增行，可以进行名称参照选择，资料如表 7-2 所示，操作界面如图 7-9 所示。

表 7-2　工资项目一览表

| 项目名称 | 类型 | 长度 | 小数位数 | 工资增减项 |
|---|---|---|---|---|
| 等级工资 | 数字 | 10 | 2 | 增项 |
| 岗位工资 | 数字 | 10 | 2 | 增项 |
| 奖金 | 数字 | 8 | 2 | 增项 |
| 交通补助 | 数字 | 8 | 2 | 增项 |
| 应发合计 | 数字 | 8 | 2 | 增项 |
| 请假天数 | 数字 | 4 | 0 | 其他 |
| 请假扣款 | 数字 | 8 | 2 | 减项 |
| 代扣税 | 数字 | 8 | 2 | 减项 |
| 社会保险费 | 数字 | 8 | 2 | 减项 |
| 扣款合计 | 数字 | 8 | 2 | 减项 |
| 实发合计 | 数字 | 8 | 2 | 增项 |

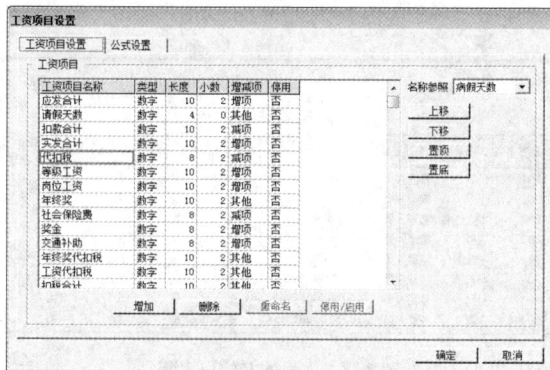

图 7-9　工资项目设置界面

（2）将完整项目按照表 7-2 中的顺序排列，多余部分放到末尾，无需删除，如图 7-10 所示。

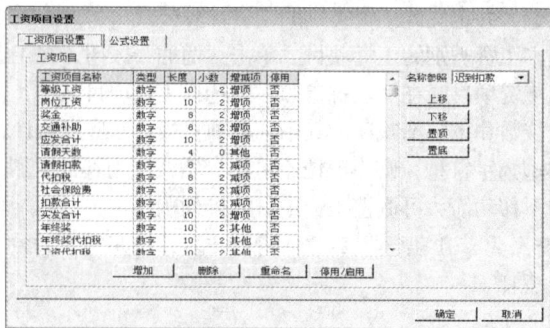

图 7-10　排序后界面

其次，单击"公式设置"页签可定义工资项目的计算公式。定义工资项目的计算公式是指对工资核算生成的结果设置计算公式。通过设置计算公式可以直观表达工资项目的实际运算过程，灵活地进行工资计算处理。单击"增加"按钮，在工资项目列表中新增一行，并在下拉列表中选择需要设置计算公式的工资项目。单击公式定义区，利用函数公式向导、公式输入参照、工资项目参照、工资人员档案项目、部门参照和人员类别参照编辑该工资项目的计算公式。另外，如果熟悉 SQL 语法和 SQL 函数，还可以定义符合 SQL 语法的计算公式（直接输入函数公式向导中没有列出的 SQL 函数）。单击"确认"按钮，系统将对已设置公式进行合法性判断后保存。

用户可根据已设置的项目设置公式，相同的工资项目可以重复定义公式（即多次计算），但以最后的运行结果为准。利用移动箭头可调整计算公式的次序。

【任务 5】以账套主管（01 操作员张平）身份进入企业应用平台，按照相关资料设置工资公式。

操作提示：

执行"业务工作→人力资源→薪资管理→设置→工资项目设置→公式设置"命令，按要求输入每一个工资项目的计算公式，资料如表 7-3 所示，操作界面依次分别如图 7-11～图 7-15 所示。

表 7-3　工资计算公式表

| 工资项目 | 定义公式 |
|---|---|
| 请假扣款 | 请假天数*70 |
| 岗位工资 | 管理人员的岗位工资 1 600 元，其他人员的岗位工资 1 000 元：iff(人员类别="管理人员"，1 600，1 000) |
| 交通补助 | iff(部门="总裁办" OR 部门="财务部"，500，300) |
| 应发合计 | 等级工资+岗位工资+奖金+交通补助 |
| 社会保险费 | （等级工资+岗位工资)*0.07 |
| 扣款合计 | 请假扣款+代扣税+社会保险费 |
| 实发合计 | 应发合计-扣款合计 |

【注意】OR 前后有空格。

例如，在录入请假扣款时，需要先单击"增加"按钮，选择"请假扣款"项目，在工资项目中选择"请假天数"，选择"*"号，录入"70"，完成后单击"公式确认"按钮。

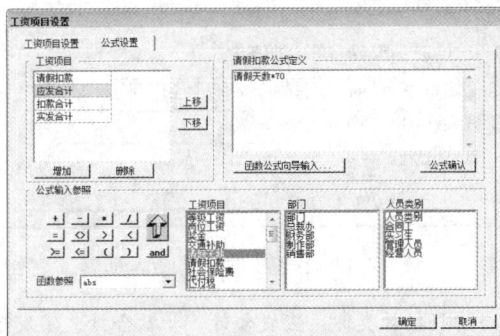

图 7-11　请假扣款公式界面

在录入岗位工资时，需要先单击"增加"按钮，利用函数向导完成函数设置。

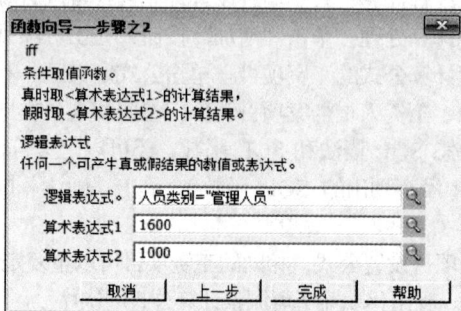

图 7-12　iff 函数公式界面

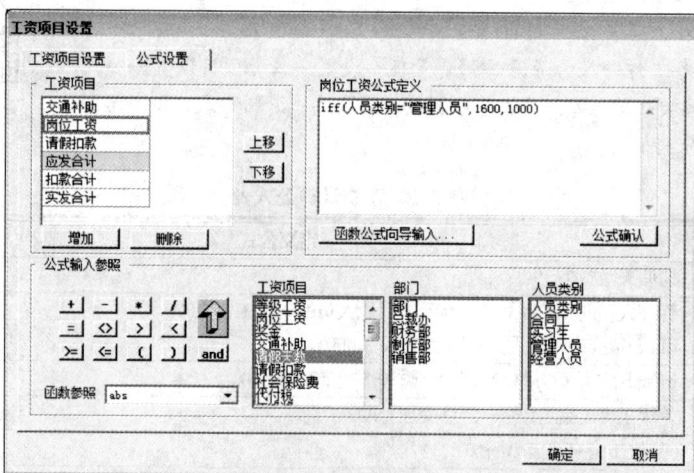

图 7-13　岗位工资公式界面

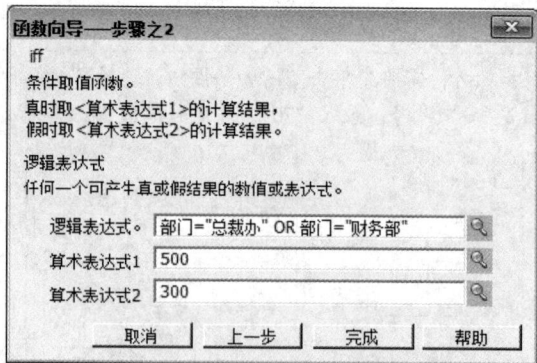

图 7-14　交通补助公式设置界面

社会保险费的设置与请假扣款类似，应发合计、扣款合计、实发合计 3 个项目为系统自带项目，如发现公式与表 7-3 不符，需返回工资项目设置中进行工资项目增减项的调整。

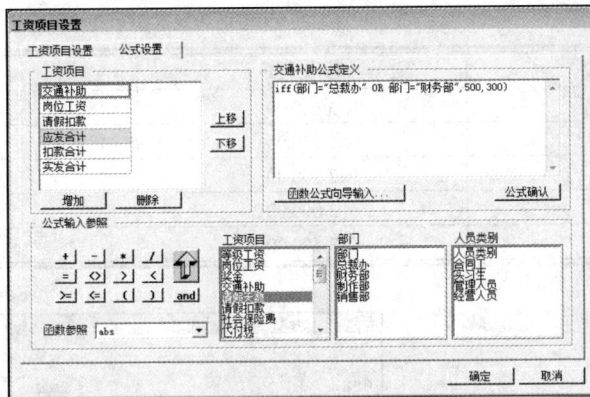

图 7-15 交通补助公式完成界面

## 7.3.2 工资变动

本功能用于日常工资数据的调整变动以及工资项目增减等，如水电费扣发、事病假扣发、奖金录入等都可利用该功能实现。人员增减、部门变更则必须在人员档案中操作。使用本功能前，需要先设置工资项目及其计算公式，然后再进行数据录入。进入工资变动功能后，屏幕将显示所有人员的所有项目供用户查看。用户可直接在列表中修改数据，也可以通过以下方法快速录入。

设置工资变动

（1）如果只需对某些项目进行录入，如水电费、缺勤扣款等，则可使用项目过滤功能，选择某些项目进行录入。

（2）如果需录入某个指定部门或人员的数据，可单击"定位"按钮，使系统自动定位到某个部门或人员信息上，然后录入。

（3）如果需要按照特定条件统一调整数据，如将人员类别为干部的人员的书报费统一调整为 20 元，这时可使用数据替换功能。

（4）如果需要按照特定条件筛选符合条件的人员进行录入，如选择人员类别为干部的人员进行录入，可使用数据筛选功能。

【任务 6】以账套主管（01 操作员张平）身份进入企业应用平台，按照相关资料设置工资公式。

操作提示：

执行"业务工作→人力资源→薪资管理→业务处理→工资变动"命令，录入工资期初余额。单击"全选"按钮，在"过滤器"中选中"等级工资"和"奖金"选项，资料如表 7-4 所示，操作界面分别如图 7-16 和图 7-17 所示。

表 7-4　2021 年 9 月工资期初余额表

| 人员姓名 | 等级工资 | 奖金 |
|---|---|---|
| 杨喆 | 4 800.00 | 500.00 |
| 张平 | 2 200.00 | 500.00 |
| 本人姓名 | 2 800.00 | 500.00 |

续表

| 人员姓名 | 等级工资 | 奖金 |
|---|---|---|
| 王芳 | 3 000.00 | 500.00 |
| 王建国 | 2 500.00 | 400.00 |
| 冯洁 | 2 200.00 | 400.00 |
| 付风 | 2 000.00 | 400.00 |
| 李同 | 3 500.00 | 400.00 |

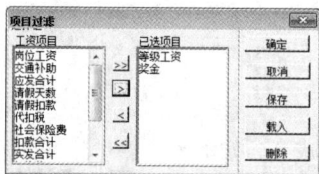

图 7-16  过滤器设置界面

图 7-17  工资期初余额录入界面

**【任务 7】**以账套主管（01 操作员张平）身份进入企业应用平台，进行人员工资变动的设置。

**操作提示：**

（1）2021 年 9 月制作部员工冯洁因私事请假 2 天。

执行“业务工作→人力资源→薪资管理→业务处理→工资变动”命令，在对应行的“请假天数”项目处输入“2”即可，如图 7-18 所示。

| 工号 | 人员编号 | 姓名 | 部门 | 人员类别 | 交通补助 | 应发合计 | 请假天数 | 请假扣款 |
|---|---|---|---|---|---|---|---|---|
| 101 | 杨喆 | 总裁办 | 管理人员 | 500.00 | 7,400.00 | | |
| 201 | 张平 | 财务部 | 管理人员 | 500.00 | 4,800.00 | | |
| 202 | 本人姓名 | 财务部 | 管理人员 | 500.00 | 5,400.00 | | |
| 203 | 王芳 | 财务部 | 管理人员 | 500.00 | 5,600.00 | | |
| 301 | 王建国 | 制作部 | 经营人员 | 300.00 | 4,200.00 | | |
| 302 | 冯洁 | 制作部 | 经营人员 | 300.00 | 3,900.00 | 2 | |
| 401 | 付风 | 销售部 | 经营人员 | 300.00 | 3,700.00 | | |
| 402 | 李同 | 销售部 | 经营人员 | 300.00 | 5,200.00 | | |
| | | | | | 3,200.00 | 40,200.00 | 2 | 0.00 |

图 7-18  录入请假天数界面

（2）由于销售情况良好，经公司研究决定，从 2021 年 9 月起所有销售部人员增加奖金 200 元。

执行“业务工作→人力资源→薪资管理→业务处理→工资变动”命令，依次单击“全选”“替换”按钮，按以上要求对工资项目“奖金”进行替换，即“奖金=奖金+200，部门=(04)销售部”，操作界面分别如图 7-19 和图 7-20 所示。

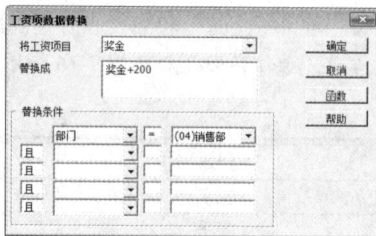

图 7-19  奖金替换界面

| 选择 | 工号 | 人员编号 | 姓名 | 部门 | 人员类别 | 等级工资 | 岗位工资 | 奖金 | 交通补助 | 应发合计 | 请假天数 | 请假扣款 |
|---|---|---|---|---|---|---|---|---|---|---|---|---|
| | | 101 | 杨喆 | 总裁办 | 管理人员 | 4,800.00 | 1,600.00 | 500.00 | 500.00 | 7,400.00 | | |
| | | 201 | 张平 | 财务部 | 管理人员 | 2,200.00 | 1,600.00 | 500.00 | 500.00 | 4,800.00 | | |
| | | 202 | 本人姓名 | 财务部 | 管理人员 | 2,800.00 | 1,600.00 | 500.00 | 500.00 | 5,400.00 | | |
| | | 203 | 王芳 | 财务部 | 管理人员 | 3,000.00 | 1,600.00 | 500.00 | 500.00 | 5,600.00 | | |
| | | 301 | 王建国 | 制作部 | 经营人员 | 2,500.00 | 1,000.00 | 400.00 | 300.00 | 4,200.00 | | |
| | | 302 | 冯洁 | 制作部 | 经营人员 | 2,200.00 | 1,000.00 | 400.00 | 300.00 | 3,900.00 | 2 | 140.00 |
| | | 401 | 付风 | 销售部 | 经营人员 | 2,000.00 | 1,000.00 | 600.00 | 300.00 | 3,900.00 | | |
| | | 402 | 李同 | 销售部 | 经营人员 | 3,500.00 | 1,000.00 | 600.00 | 300.00 | 5,400.00 | | |
| 合计 | | | | | | 23,000.00 | 10,400.00 | 4,000.00 | 3,200.00 | 40,600.00 | 2 | 140.00 |

图 7-20 奖金替换完成界面

### 7.3.3 工资分钱清单

工资分钱清单是按照单位计算的工资发放分钱票面额清单，会计人员会根据此表从银行取款并发放给各部门。

此功能必须在个人数据输入调整完之后才能执行，如果在计算后又对个人数据做了修改，需重新执行本功能，以保证数据正确。

采用银行代发工资的企业不必进行工资分钱清单操作。

### 7.3.4 扣缴所得税

鉴于许多企事业单位计算职工工资薪金所得税工作量较大，本系统提供了自动计算个人所得税功能。用户只需自定义所得税税率，系统便会自动计算个人所得税。该功能既减轻了用户的工作负担，又提高了工作效率。

同一工资类别下所有发放次数的工资统一计税；本期发放的以前所得期间的工资按所属期间计算本期应补缴的税额。

### 7.3.5 银行代发

银行代发即由银行发放企业职工个人工资。目前，许多单位发放工资时都采用银行卡转账方式。这种做法既减轻了财务部门发放工资工作的压力，有效地避免了财务人员到银行提取大笔款项所承担的风险；又提高了对员工个人工资的保密程度。

薪资管理模块提供了薪资系统与网上银行系统的接口，可以通过整理薪资系统的银行代发输出格式，满足网上银行系统的数据读取要求，同时还提供了银行代发输出文件的加密功能。

### 7.3.6 工资分摊

财务部门根据工资费用分配表，可将工资费用根据用途进行分配，并编制转账会计凭证，供总账模块进行记账处理。

【任务 8】以账套主管（01 操作员张平）身份进入企业应用平台，进行人员工资分摊项目的设置。

操作提示：

执行"业务工作→人力资源→薪资管理→业务处理→工资分摊"命令，单击"工资分摊设置"按钮，单击"增加"按钮打开"分摊计提比例设置"界面，输入计提类型名称为"应付工资"，单击"下一步"按钮进行工资分摊设置，资料如表 7-5 所示，操作界面分别如图 7-21 和图 7-22 所示。

设置工资分摊项目

表 7-5　2021 年 9 月工资分摊表

| 部门 \ 项目 | 项目 | 应付工资 | |
|---|---|---|---|
| | | 借方科目 | 贷方科目 |
| 总裁办 | 管理人员 | 660201 | 221101 |
| 财务部 | 管理人员 | 660201 | |
| 制作部 | 经营人员 | 500102 | |
| 销售部 | 经营人员 | 660101 | |

注：工资项目选择为"实发合计"。制作部借方科目项目大类为"生产成本"，借方项目为"1 号软件"。

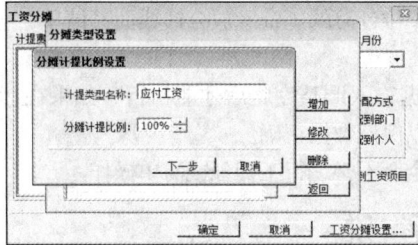

图 7-21　工资分摊项目增加界面

图 7-22　工资分摊项目完成界面

　　打开"工资分摊"界面，选择"应付工资"选项，选择核算部门时，应单击右上角"全选"复选框，选择所有部门，计提分配方式选择"分配到部门"，同时选择"明细到工资项目"，单击"确定"按钮，进入"应付工资一览表"界面。选择左上角"合并科目相同、辅助项相同"复选框，然后单击工具栏的"制单"选项，生成计提分摊凭证，凭证类别选择"转"字，"9 月 30 日"，保存即可。操作界面依次分别如图 7-23～图 7-26 所示。

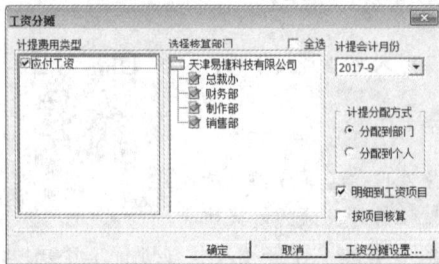

图 7-23　工资分摊界面

图 7-24　应付工资一览表界面

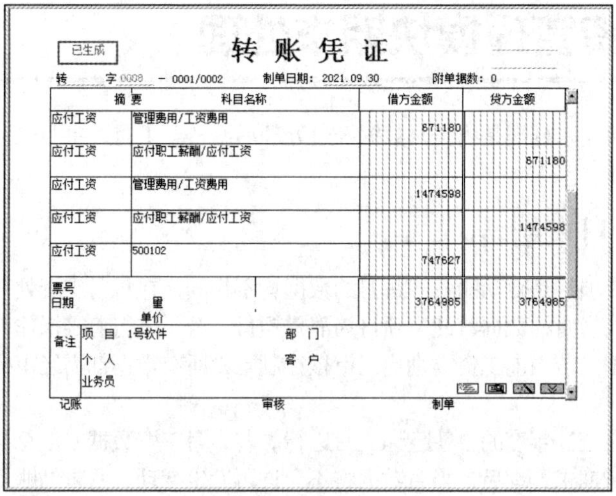

图 7-25 应付工资分摊凭证界面

图 7-26 生产成本辅助核算界面

【注意】凭证生成后需要以财务会计（02 操作员杨乐）身份，于 2021 年 9 月 30 日进行审核，并切换账套主管（01 操作员张平）身份记账，如图 7-27 所示。

图 7-27 审核记账后界面

171

# 7.4　薪资管理模块期末处理

薪资管理模块期末处理是将当月数据经过处理后结转至下月，每月工资数据处理完毕后均可进行月末结转。

## 7.4.1　月末结转

由于部分工资项目是变动的，即每月的数据均不相同，在每月工资处理时，均需将其数据清零，然后输入当月的数据，此类项目为清零项目。若不进行清零操作，则下月项目将完全延用当前月数据。若当前工资类别启用审核控制，则所有数据都需经审核后，才允许进行月末处理。

月末结转只在会计年度的 1 月至 11 月进行。若本月工资数据未汇总，系统将不允许进行月末结转。进行期末处理后，当月数据将不允许再发生变动。月末结账后，系统将保存已选择的需清零的工资项目，用户无需每月再重新选择。只有主管人员才能执行月末处理功能。在多次发放的工资类别下，各个发放次数的结账要按照打开工资类别界面中设置的顺序依次进行。同一个工资类别中必须将当月所有未停用的发放次数全部进行月结后，才能开始下月业务处理。

【任务 9】以账套主管（01 操作员张平）身份进入企业应用平台，进行月末结账操作。

**操作提示：**

执行"业务工作→人力资源→薪资管理→业务处理→月末处理"命令，进行月末结账，将"奖金、请假天数、请假扣款"项目清零，操作界面依次分别如图 7-28～图 7-30 所示。

月末结账

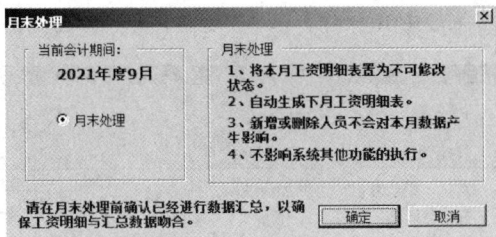

图 7-28　结账开始界面

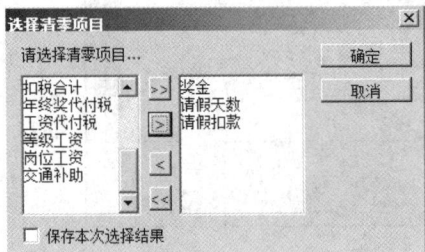

图 7-29　清零项目设置界面

图 7-30　人力资源模块结账完毕界面

### 7.4.2　结转上年数据

结转上年数据是将上年工资数据经过处理后结转至本年的过程。新年度账应在进行数据结转前建立。在系统管理中选择"结转上年数据"选项，单击"确认"按钮后即可进行上年数据结转。

### 7.4.3　反结账

在薪资管理模块结账后，若发现还有一些业务或其他事项需要在已结账月进行调整，则需要使用反结账功能取消已结账标志。

反结账操作只能由账套主管执行。有下列情况之一，不允许反结账。

（1）本月工资类别已制单到总账模块。若已制单记账，需做红字冲销；若已制单审核（出纳签字），应取消审核（出纳签字），删除已制单据；若制单总账系统未做任何操作，删除已制单据。

（2）成本管理模块上月已结账。

（3）总账模块上月已结账。

（4）汇总工资类别的会计月份=反结账会计月份，且包括需反结账的工资类别。

# 7.5　账表管理

账表管理功能指对薪资管理模块中的报表进行日常管理，具有生成、查询、输出多种报表等功能。"我的账表"功能主要用于对薪资管理模块中所有的报表进行管理，包括工资表和工资分析表两种报表类型。

### 7.5.1　工资表

工资表用于本月工资的统计和发放，本功能主要帮助用户完成查询和打印各种工资表的工作。工资表包括工资发放签名表、工资发放条、工资卡、部门工资汇总表、人员类别工资汇总表等由系统提供的原始表。

### 7.5.2　工资分析表

工资分析表是以工资数据为基础，对部门、人员类别的工资数据进行分析和比较，产生的各种分析表，供决策人员使用。

# 思考与练习

一、单选题

1. 增加工资项目时，如果在"增减项"一栏选择"其他"，则该工资项目的数据（　　　）。

A. 自动计入应发合计      B. 自动计入扣款合计

C. 既不计入应发合计也不计入扣款合计      D. 既计入应发合计也计入扣款合计

2. 薪资管理模块反结账功能在下列哪些情况下不能执行（      ）。

     A. 总账模块已结账      B. 非主管人员

     C. 已做工资表      D. 应付款管理模块已结账

3. 如果希望查询某个员工全年的工资数据，应该查询（      ）。

     A. 工资条      B. 工资卡

     C. 工资发放签名表      D. 人员类别工资汇总表

4. 系统自动以（      ）作为新建工资类别的启用日期。

     A. 用户自己录入的日期      B. 系统日期

     C. 登录日期      D. 工资账套的启用日期

5. 关于薪资管理模块月末处理，以下说法错误的是（      ）。

     A. 12 月不需要进行月末处理

     B. 本月工资数据未汇总不允许进行月末处理

     C. 若存在多个工资类别，只需要对汇总工资类别进行月末处理

     D. 月末处理只有主管人员才能执行

6. 在薪资管理模块中，以下（      ）内容使用后不能修改。

     A. 人员附加信息      B. 银行名称      C. 人员类别名称      D. 工资项目

7. 关于调出人员，以下说法错误的是（      ）。

     A. 调出人员的编码不能再使用

     B. 调出人员当月月结后不能取消调出标志

     C. 调出人员年中不能删除

     D. 已调出人员所有档案信息均不能修改

8. 设置工资类别是在（      ）模块中进行的。

     A. 薪资管理模块初始化      B. 录入工资数据与工资档案

     C. 日常工资业务处理      D. 月末工资业务处理

9. 薪资管理模块的初始化设置不包括（      ）。

     A. 建立工资账套      B. 设置工资项目      C. 设置人员类别      D. 录入工资数据

## 二、多选题

1. 多工资类别应用方案可以解决（      ）问题。

     A. 企业使用多种货币发放工资

     B. 企业在不同地区设有分支机构，而工资核算由总部统一管理

     C. 企业存在不同类别的人员，不同类别人员工资发放项目不同时，计算公式不同，但需要进行统一工资核算管理

     D. 企业按周发放工资，月末需要统一核算

2. （      ）操作必须在打开工资类别的情况下才能进行。

     A. 增加部门      B. 关闭工资类别      C. 增加人员档案      D. 增加人员类别

3. 如果企业采用银行代发工资的方式，需要设置（      ）。

     A. 银行名称      B. 职工账号      C. 账号长度      D. 银行地址

4. 薪资管理模块正常使用之前必须做好（　　　）。

    A. 项目大类设置　　　B. 收发类别设置　　　C. 部门设置　　　　D. 人员类别设置

5. 进行工资分摊时，需要选择的内容包括（　　　）。

    A. 计提费用类型　　　B. 计提会计月份　　　C. 选择核算部门　　D. 计提分配方式

6. 工资变动界面中的排序功能提供以下哪种方式进行排序（　　　）。

    A. 按实发工资　　　　B. 按基本工资　　　　C. 按人员编号　　　D. 按部门

7. 工资分析表是以工资数据为基础，对按（　　　）等方式分类的工资数据进行分析和比较，产生的各种分析表，供决策人员使用。

    A. 部门　　　　　　　B. 人员　　　　　　　C. 工资类别　　　　D. 工资项目

8. 属于工资核算模块初始化设置的有（　　　）。

    A. 工资类别所对应的部门设置　　　　　　B. 工资项目设置

    C. 工资计算公式定义　　　　　　　　　　D. 客户设置

9. 下面属于薪资管理模块初始化设置功能的有（　　　）。

    A. 设置工资类别　　　B. 设置工资类型　　　C. 设置工资项目　　D. 人员变动处理

10. 薪资管理模块的初始化设置包括（　　　）。

    A. 设置工资项目　　　　　　　　　　　　B. 设置工资类别

    C. 设置工资项目计算公式　　　　　　　　D. 工资变动数据的录入

## 三、判断题

1. 薪资管理模块的启用应在总账模块启用之前。　　　　　　　　　　　（　　　）

2. 在薪资管理模块中进行初始化设置时，其个人所得税的税率是系统固定的，用户不能自行设置。　　　　　　　　　　　　　　　　　　　　　　　　　　　（　　　）

3. 在薪资管理模块中，不同部门的人员编码可以重复。　　　　　　　　（　　　）

4. 人员调动功能可以在不同账套的多工资类别间进行。　　　　　　　　（　　　）

5. 用友 ERP-U8 薪资管理模块的数据采集功能只能在关闭所有工资类别后使用。

                                                  （　　　）

6. 用友 ERP-U8 薪资管理模块只提供计时工资的核算，不提供计件工资核算功能。

                                                  （　　　）

7. 薪资管理模块建账完成后，所有建账参数均不能被修改。　　　　　　（　　　）

8. 在薪资管理模块中，人员的附加信息可以随时被修改、删除。　　　　（　　　）

9. 薪资管理模块默认以应发合计作为个人所得税的扣税基数。　　　　　（　　　）

10. 只要在工资建账时选择了"是否核算计件工资"选项，即可在"计件工资统计表"中输入所有员工的计件数量和单价。　　　　　　　　　　　　　　　　　（　　　）

## 四、思考题

1. 薪资管理模块主要有哪些功能？

2. 薪资管理模块与其他模块有什么联系？

3. 薪资管理模块的基础信息设置包括哪些内容？

# 实训题

【实训 7】人力资源模块应用

【实训目的】

理解人力资源模块的原理及流程；掌握薪资管理定义及操作方法；掌握薪资管理业务处理方法及月末处理方法。

【实训内容】

1. 薪资管理模块的业务控制参数

2. 设置工资项目

3. 批量增加所有人员

4. 人员档案

5. 工资计算公式设置

6. 工资期初余额录入

7. 人员的变动

8. 结账

【实训资料】

1. 薪资管理模块的业务控制参数

设置单个工资类别。

核算币种：人民币。

从工资中扣除个人所得税，但不进行扣零处理。

人员编码长度为：3 位。

启用月份：2021 年 1 月 1 日。

2. 设置工资项目（见表 7-6）

表 7-6　工资项目表

| 项目名称 | 类型 | 长度 | 小数位数 | 工资增减项 |
| --- | --- | --- | --- | --- |
| 等级工资 | 数字 | 10 | 2 | 增项 |
| 岗位工资 | 数字 | 10 | 2 | 增项 |
| 奖金 | 数字 | 8 | 2 | 增项 |
| 交通补助 | 数字 | 8 | 2 | 增项 |
| 应发合计 | 数字 | 8 | 2 | 增项 |
| 请假天数 | 数字 | 3 | 0 | 其他 |
| 请假扣款 | 数字 | 8 | 2 | 减项 |
| 代扣税 | 数字 | 8 | 2 | 减项 |
| 社会保险费 | 数字 | 8 | 2 | 减项 |
| 扣款合计 | 数字 | 8 | 2 | 减项 |
| 实发合计 | 数字 | 8 | 2 | 增项 |

3. 批量增加所有人员

4. 人员档案（见表7-7）

表7-7 人员档案表

| 职员编号 | 职员名称 | 所属部门 | 账号 | 是否从工资中扣税 |
|---|---|---|---|---|
| 101 | 肖剑 | 总经理办公室 | 10255090001 | 是 |
| 102 | 陈立 | 财务部 | 10255090002 | 是 |
| 103 | 王悦 | 财务部 | 10255090003 | 是 |
| 104 | 马乐 | 财务部 | 10255090004 | 是 |
| 201 | 赵斌 | 销售一部 | 10255090005 | 是 |
| 202 | 宋佳 | 销售二部 | 10255090006 | 是 |
| 203 | 孙健 | 销售三部 | 10255090007 | 是 |
| 204 | 王华 | 销售四部 | 10255090008 | 是 |
| 301 | 白雪 | 供应部 | 10255090009 | 是 |
| 401 | 周月 | 产品研发 | 10255090010 | 是 |
| 402 | 李彤 | 制造车间 | 10255090011 | 是 |

5. 工资计算公式设置（见表7-8）

表7-8 工资计算公式表

| 工资项目 | 定义公式 |
|---|---|
| 请假扣款 | 请假天数*20 |
| 岗位工资 | 总经理办公室岗位工资为1000元，其他部门为800元<br>iff(部门="总经理办公室"，1000，800) |
| 交通补助 | 销售部和财务部交通补助为500元，其他部门为300元<br>iff(部门="销售部" OR 部门="财务部"，500，300) |
| 应发合计 | 等级工资+岗位工资+奖金+交通补助 |
| 社会保险费 | （等级工资+岗位工资）*0.07 |
| 扣款合计 | 请假扣款+代扣税+社会保险费 |
| 实发合计 | 应发合计-扣款合计 |

6. 工资期初余额录入（见表7-9）

表7-9 工资期初余额录入表　　　　　　　　　　单位：元

| 人员姓名 | 等级工资 |
|---|---|
| 肖剑 | 4 800.00 |
| 陈立 | 2 200.00 |
| 王悦 | 2 800.00 |
| 马乐 | 3 000.00 |
| 赵斌 | 2 500.00 |
| 宋佳 | 2 200.00 |

| 人员姓名 | 等级工资 |
|---|---|
| 孙健 | 2 000.00 |
| 王华 | 3 500.00 |
| 白雪 | 2 200.00 |
| 周月 | 2 000.00 |
| 李彤 | 3 500.00 |

7. 人员的变动

（1）增加人员：因业务拓展需要，招聘石磊作为公司营销助理，以进一步融通市场渠道，合同约定：试用期为 3 个月，基本工资为 1 500 元，人员编号为 017，人员类别为管理人员，银行账号为 10255090017，暂无其他奖金待遇。根据上述情况，增加这位员工的基本信息。

（2）修改人员属性：将财务部的陈立调到总经理办公室工作，以补充技术力量，加快课件开发速度。根据上述情况，调整这位员工的基本信息。

（3）由于税款申报错误导致企业损失，本月财务部每人扣工资 200 元。

8. 结账

【实训要求】

以"陈立"的身份进行薪资管理模块操作。

# 第8章 应收应付款管理模块应用

## 学习目标

- 熟悉应收应付款管理模块的功能。
- 熟练掌握应收款管理模块的初始化、日常处理和期末处理。
- 熟练掌握应付款管理模块的初始化、日常处理和期末处理。
- 理解应收款管理在总账模块与在应收款管理模块核算的区别。

### 课前思考

通过对应收应付款的统筹管理，能够促进企业增加销售，显著提高企业市场占有率和利润水平；能够促成产成品存货减少，降低存货仓储、保险等管理费用，缩短产成品的库存时间，加速资金周转；能够有效降低坏账比例，减少应收款的坏账成本；能够使企业获得低成本的资金来源，降低流动资金成本；能够帮助企业及时清理各种往来款项，理清债权债务关系，减少经济纠纷和坏账发生的可能性。应收应付款管理模块的初始化、日常业务处理及月末处理应如何操作？这些内容将在本章中进行详细介绍。

在用友 ERP-U8 管理软件中，应收款管理模块主要用于核算和管理单位与客户之间的往来款项，应付款管理模块主要用于核算和管理单位与供应商之间的往来款项。应收应付款管理模块在初始设置、系统功能、系统应用方案、业务流程上都极为相似。

# 8.1 应收应付款管理模块概述

应收款管理模块主要用于核算和管理单位与客户之间的往来款项，主要以发票、其他应收单等原始单据为依据，记录销售业务及其他业务所形成的往来款项，处理应收款项的发生、坏账、收回、转销等内容，同时提供票据处理功能。应付款管理模块可以帮助企业对应付款进行核算与管理，主要以发票、费用单、其他应付单等原始单据为依据，记录采购业务形成的往来款项，处理应付款项的支付、转账等业务，同时提供票据处理功能，实现对承兑汇票的管理。

## 8.1.1 应收款管理模块的功能概述

### 1. 在应收款管理模块中核算客户往来款项

如果企业的应收款核算管理内容比较复杂，需要追踪每一笔业务的应收款、收款等情况，或者需要将应收款核算到产品级，则可以选择该方案。在该方案下，所有的客户往来凭证全部由应收款管理模块生成，其他系统不再生成这类凭证。应收款管理模块的主要功能如下。

（1）根据输入的单据或由销售管理模块传递过来的单据，记录应收款项的形成。

（2）处理应收项目的收款及转账业务。

（3）对应收票据进行记录和管理。

（4）在应收项目的处理过程中生成凭证，并向总账模块进行传递。

（5）对外币业务及汇兑损益进行处理。

（6）根据所提供的条件，提供各种查询及分析功能。

#### 2．在总账模块中核算客户往来款项

如果企业的应收款业务比较简单，或者现销业务量较大，则可以选择在总账模块中通过辅助核算完成客户往来核算，其主要功能如下。

（1）若同时使用销售管理模块，可接收销售管理模块的发票，并对其进行制单处理。

（2）客户往来业务在总账模块中生成凭证后，可以在应收款管理模块中进行查询。

本章采用第一种方案介绍应收款管理子模块的功能。

## 8.1.2　应付款管理模块的功能概述

应付款管理模块是针对制造企业、商业流通企业和行政事业单位的往来业务管理人员设计的。系统提供应付合同管理、采购发票、付款申请、付款、退款、应付票据管理、应付款结算等全面的应付业务流程管理，以及凭证自动生成、到期债务预警、与总账模块和往来单位自动对账等综合业务管理功能；同时提供账龄分析、付款分析、趋势分析等管理报表，帮助企业及时支付到期账款，合理地进行资金调配，提高资金的使用效率。该模块可以与总账模块、应收款管理模块、财务报表管理模块、现金管理等财务模块组成完整的财务解决方案，也可与采购管理模块、销售管理模块、仓库管理模块、存货核算管理模块一起组成完整的供应链解决方案。应付款管理模块可以与应付账款模块，尤其是与总账模块、采购、合同管理、应收款管理、财务分析、网上银行、存货核算等模块集成使用。

【任务 1】以账套主管（01 操作员张平）身份进入企业应用平台，启用应收账款、应付账款模块。

操作提示：

执行"基础设置→基本信息→系统启用"命令，启用应收账款（AR）模块以及应付账款（AP）模块，启用日期为"2021 年 9 月 1 日"，操作界面如图 8-1 所示。

启用应收应付款模块

图 8-1　启用模块设置界面

# 8.2 应收应付款管理模块初始设置

对应收应付款管理模块进行初始化设置，是整个系统运行的基础，用户可根据企业管理要求进行参数设置，包括单据类型设置、账龄区间设置等，为各种应收应付款业务的日常处理及统计分析做准备，提供期初余额的录入，以保证数据的完整性与连续性。

## 8.2.1 应收款管理模块初始设置

### 1．设置控制参数

在运行本系统前，应在此设置运行所需要的账套参数。控制参数各项说明如下。

（1）选择应收账款的核销方式。系统提供了 3 种应收款的核销方式：按余额、按单据、按存货。选择不同的核销方式，将影响账龄分析的精确性。选择按单据核销或按存货核销能够进行更精确的账龄分析。

（2）选择设置控制科目的依据。控制科目在本系统指所有包含客户往来辅助核算的科目。系统提供了 3 种设置控制科目的依据：按客户分类、按客户、按地区分类。

（3）选择设置存货销售科目的依据。系统提供了两种设置存货销售科目的依据：按存货分类设置、按存货设置。

（4）选择预收款的核销方式。系统提供了两种预收款的核销方式：按余额、按单据。

（5）选择制单的方式。系统提供了 3 种制单方式：明细到客户、明细到单据、汇总。

（6）选择计算汇兑损益的方式。系统提供了两种计算汇兑损益的方式，即外币余额结清时计算和月末计算。

（7）选择坏账处理方式。系统提供了两种坏账处理的方式，即备抵法和直接转销法。

在使用过程中，如果当年已经计提过坏账准备，则此参数不可以修改，只能在下一年度修改。

（8）选择核算代垫费用的单据类型。根据初始设置中的"单据类型设置"，当应收单的类型分为多种时，在此选择核算代垫费用单的单据类型。若应收单不分类，则无此选项。

（9）选择是否显示现金折扣。为了鼓励客户在信用期间内提前付款而采用现金折扣政策，选择显示现金折扣，系统会在"单据结算"界面中显示"可享受折扣"和"本次折扣"，并计算可享受的折扣。

（10）选择录入发票是否显示提示信息。如果选择了显示提示信息，则在录入发票时，系统会显示该客户的信用额度余额，以及最后的交易情况。这样做可能会降低录入速度，反之可选择不提示任何信息。

在账套使用过程中可以修改以上参数。

【任务 2】以账套主管（01 操作员张平）身份进入企业应用平台，进行业务控制参数操作。

操作提示：

执行"业务工作→财务会计→应收款管理→设置→选项"命令，单击"编辑"按钮，然后按照以下要求进行设置，操作界面依次分别如图 8-2～图 8-5 所示。

业务控制参数设置

- 应收款核销方式：按单据。
- 单据审核日期依据：单据日期。
- 汇兑损益方式：月末处理。
- 坏账处理方式：应收余额百分比法。
- 代垫费用类型：其他应收单。
- 应收账款核算模型：详细核算。
- 自动计算现金折扣：√。
- 登记支票：√。
- 应收票据是否直接生成收款单：√。

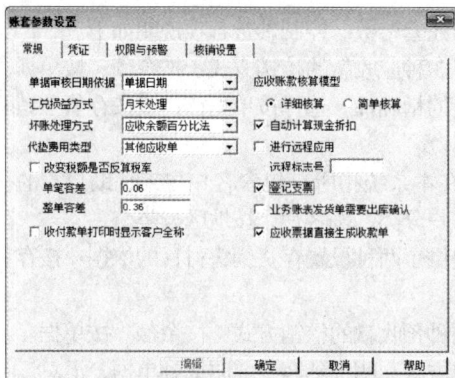

图 8-2　常规参数设置界面

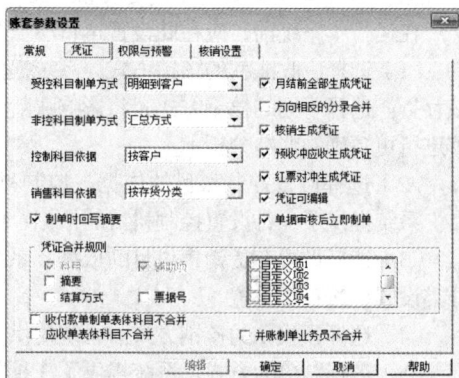

图 8-3　凭证参数设置界面

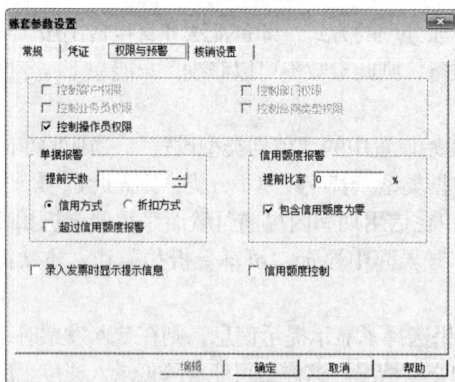

图 8-4　权限与预警参数设置界面

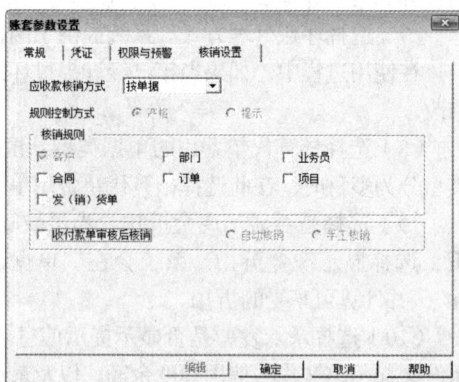

图 8-5　核销设置参数设置界面

### 2．设置基础信息

基础信息包括设置科目、设置坏账准备、设置账龄区间、设置报警级别、设置存货分类档案和设置单据类型等。其他公共信息（会计科目、部门档案、职员档案、外币及汇率、结算方式、付款条件、地区分类、客户分类及档案）已在系统管理和总账模块初始设置中完成。

（1）设置科目

如果企业应收业务类型比较固定，生成的凭证类型也比较固定，则为了简化凭证生成操作，可以在此处将各业务类型凭证中的常用科目预先设置好。

【任务 3】以账套主管（01 操作员张平）身份进入企业应用平台，进行基本科目相关参数设置。

操作提示：

执行"业务工作→财务会计→应收款管理→设置→初始设置→设置科目→基本科目设置"命令，单击"增加"按钮，按下方要求进行增加，操作界面如图8-6所示。

基本科目的设置

- 应收科目：1122（应收账款）。
- 预收科目：2203（预收账款）。
- 税金科目：22210102（应交税费/应交增值税/销项税费）。
- 银行承兑科目：1121（应收票据）。
- 票据费用科目：660302（财务费用/银行手续费）。

图 8-6  基本科目设置界面

（2）设置坏账准备

应收款管理模块可以根据发生的应收业务情况，提供自动计提坏账准备的功能。计提坏账的处理方式包括应收余额百分比法、销售余额百分比法、账龄分析法。

【任务 4】以账套主管（01 操作员张平）身份进入企业应用平台，进行坏账准备相关参数设置。

操作提示：

执行"业务工作→财务会计→应收款管理→设置→初始设置→坏账准备设置"命令，进行坏账准备相关参数设置操作，操作界面如图 8-7所示。

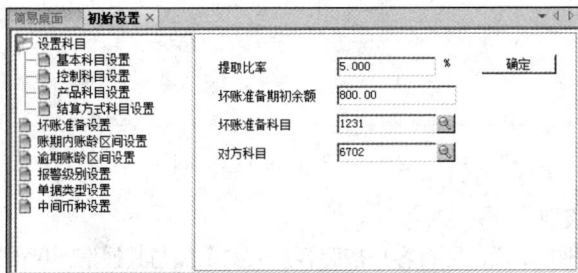

坏账准备参数设置

图 8-7  坏账准备设置界面

- 提取比率：5.000%。
- 坏账准备期初余额：800.00。
- 坏账准备科目：1231（坏账准备）。
- 对方科目：6702（信用减值损失）。

（3）设置账龄区间

为了对应收账款进行账龄分析，评估客户信誉，并按一定的比例估计坏账损失，应首先设置账龄区间。

用友 ERP-U8 应收款账龄设置分为两个部分：账期内账龄区间设置和逾期账龄区间设置。

【任务 5】以账套主管（01 操作员张平）身份进入企业应用平台，进行应收款管理模块的账龄区间设置。

操作提示：

执行"业务工作→财务会计→应收款管理→设置→初始设置→账期内账龄区间设置"命令，进行相关参数设置操作，资料如表 8-1 所示，以相同的资料设置逾期账龄区间，操作界面如图 8-8 所示。

设置账龄区间

表 8-1 账龄区间一览表

| 序号 | 起止天数 | 总天数 |
|---|---|---|
| 01 | 0～30 | 30 |
| 02 | 31～60 | 60 |
| 03 | 61～90 | 90 |
| 04 | 91～120 | 120 |
| 05 | 121 以上 | |

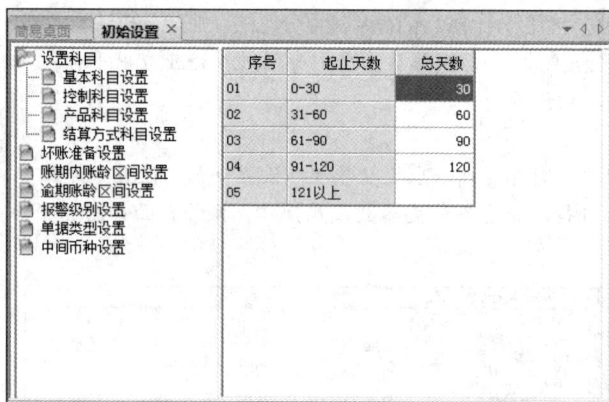

图 8-8 账龄区间设置界面

（4）设置报警级别

通过对报警级别的设置，可将客户按照客户欠款余额与其授信额度的比例分为不同的类型，以便于掌握各个客户的信用情况。

【**任务 6**】以账套主管（01 操作员张平）身份进入企业应用平台，进行应收款管理模块的报警级别设置。

**操作提示：**

执行"业务工作→财务会计→应收款管理→设置→初始设置→报警级别设置"命令，进行相关参数设置操作，资料如表 8-2 所示，操作界面如图 8-9 所示。

设置报警级别

表 8-2　报警级别一览表

| 序号 | 起止比率 | 总比率 | 级别名称 |
|------|----------|--------|----------|
| 01 | 0～10% | 10% | A |
| 02 | 10%～30% | 30% | B |
| 03 | 30%～50% | 50% | C |
| 04 | 50%～100% | 100% | D |
| 05 | 100%以上 | | E |

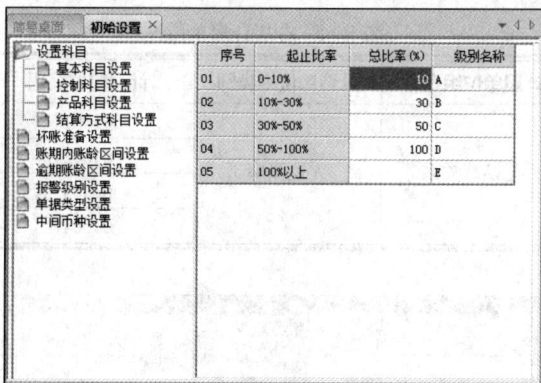

图 8-9　报警级别设置界面

（5）设置存货分类档案

设置好存货分类档案后，在输入销售发票时，可以参照选择。

【**任务 7**】以账套主管（01 操作员张平）身份进入企业应用平台，进行应收款管理及计量单位和存货的分类。

**操作提示：**

执行"基础设置→基础档案→存货→存货分类"命令，进行存货分类、计量单位及存货档案相关参数设置操作，资料如表 8-3 所示，操作界面如图 8-10 所示。

设置存货分类档案

表 8-3　存货分类

| 分类编码 | 分类名称 |
|----------|----------|
| 01 | 自制产品 |
| 02 | 外购产品 |

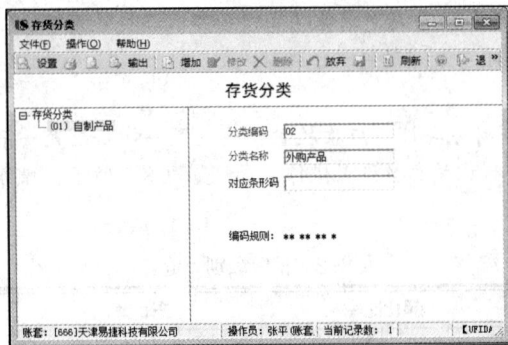

图 8-10　存货分类界面

执行"基础设置→基础档案→存货→计量单位"命令，先单击"分组"按钮，打开"计量单位组"对话框，然后单击"增加"按钮，设置存货计量单位，资料如表 8-4 所示，操作界面分别如图 8-11 和图 8-12 所示。

表 8-4　存货计量单位

| 计量单位组编码 | 计量单位组名称 | 计量单位组类别 | 计量单位编码 | 计量单位名称 |
|---|---|---|---|---|
| 01 | 无换算关系 | 无换算率 | 01001 | 片 |
| | | | 01002 | 盒 |
| | | | 01003 | 套 |
| | | | 01004 | 部分 |

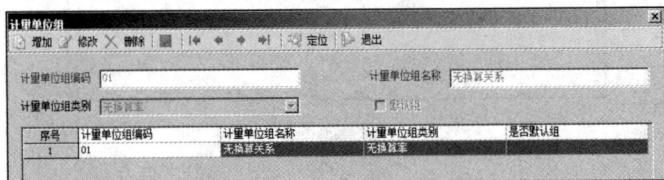

图 8-11　存货计量单位组设置界面

执行"基础设置→基础档案→存货→计量单位"命令，打开"计量单位"对话框，单击"单位"按钮，录入表 8-4 所示资料，操作界面如图 8-12 所示。

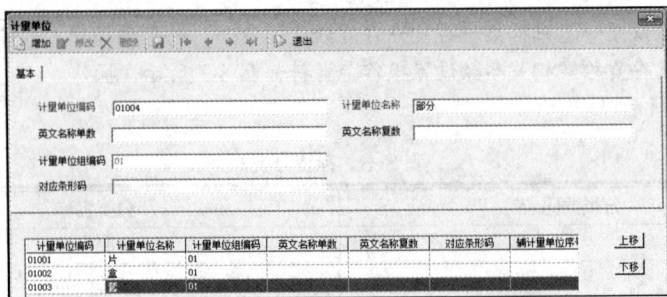

图 8-12　存货计量单位设置界面

执行"基础设置→基础档案→存货→存货档案"命令，单击"增加"按钮，录入如表 8-5 所示资料，操作界面依次分别如图 8-13～图 8-15 所示。

表 8-5 存货档案

| 存货编码 | 存货名称 | 计量单位 | 内销 | 外销 | 外购 | 自制 | 生产耗用 | 计划价售价 | 参考成本 |
|---|---|---|---|---|---|---|---|---|---|
| 0001 | Z1 光盘 | 片 | √ | √ | √ | | √ | 90.00 | 60.00 |
| 0002 | Z2 光盘 | 片 | √ | √ | √ | | √ | 15.00 | 7.00 |
| 0003 | 多媒体开发工具 | 套 | √ | √ | √ | | | 8 000.00 | 6 500.00 |
| 0004 | 网页制作工具 | 套 | √ | √ | √ | | | 1 200.00 | 800.00 |
| 0005 | 01 软件产品 | 套 | √ | √ | | √ | | 100 000.00 | 80 000.00 |
| 0006 | 02 软件产品 | 套 | √ | √ | | √ | | 60 000.00 | 45 000.00 |

注：增值税税率 13%。

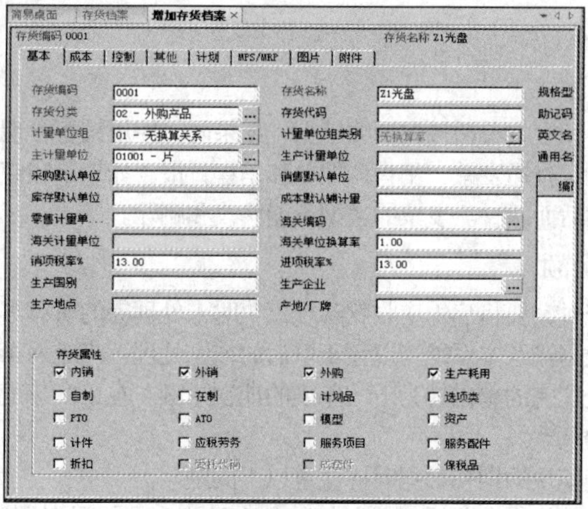

图 8-13 存货档案设置界面 1

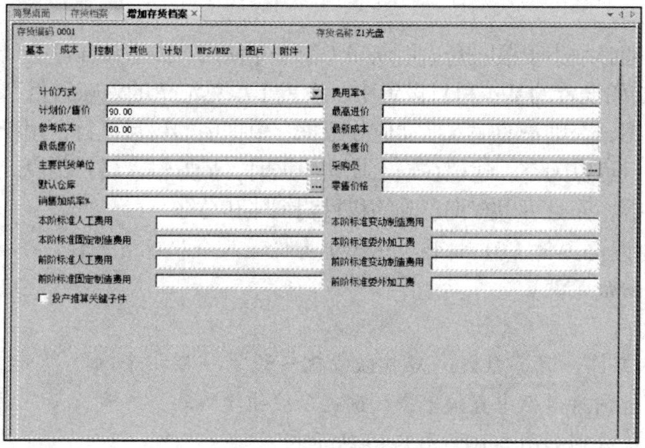

图 8-14 存货档案设置界面 2

图 8-15　存货档案设置界面 3

（6）设置单据类型

系统提供了发票和应收单两种类型的单据。如果同时使用销售管理模块，则发票的类型包括增值税专用发票、普通发票、销售调拨单和销售日报。如果单独使用应收款管理模块，则发票的类型不包括后面两种。发票的类型不能修改和删除。

### 3．输入期初余额

初次使用本系统时，要将启用应收款管理模块时未处理完的所有客户的应收账款、预收账款、应收票据等数据输入本系统，以便于以后的核销处理。当进入第二年度处理时，系统会自动将上年度未处理完的单据转为下一年度的期初余额。在下一年度的第一个会计期间，可以进行期初余额的调整。

输入应收款管理模块的期初数据时应注意以下问题。

（1）发票和应收单的方向包括正向和负向，类型包括系统预置的各类型以及用户定义的类型。如果是预收款和应收票据，则不用选择方向，系统默认预收款方向为贷方，应收票据方向为借方。

（2）单据日期必须小于该账套启用期间（第一年使用）或者该年度会计期初（以后年度使用）。如果在初始设置的基本科目设置中，设置了承兑汇票的入账科目，则可以录入该科目下期初应收票据，否则不能输入期初应收票据。单据中的科目栏目，用于输入该笔业务的入账科目，该科目可以为空。建议在输入期初单据时，最好输入科目信息，这样不仅可以执行与总账对账功能，而且可以查询正确的科目明细账和总账。

【任务 8】以账套主管（01 操作员张平）身份进入企业应用平台，进行应收账款期初余额设置。

操作提示：

执行"业务工作→财务会计→应收款管理→设置→期初余额"命令，在期初余额查询对话框中直接单击"确定"按钮增加表 8-6 所示资料，操作界面依次分别如图 8-16～图 8-19 所示。

期初余额录入

### 表 8-6 2021 年 9 月应收账款期初余额一览表

会计科目：1122 应收账款　　　　　　　　　　　　　　　　　　　　余额：借 160 000.00 元

| 单据类型 | 单据日期 | 客户 | 科目 | 摘　要 | 方向 | 金额（元） | 价税合计 | 部门 | 业务员 |
|---|---|---|---|---|---|---|---|---|---|
| 普通发票 | 2021-8-24 | 创科 | 1122 | 销售 01 软件产品 1 套 | 借 | 100 000.00 | 100 000.00 | 销售部 | 付风 |
| 专用发票 | 2021-8-31 | 海泰 | 1122 | 销售多媒体开发工具 1 套 | 借 | 53 097.35 | 60 000.00 | 销售部 | 李同 |

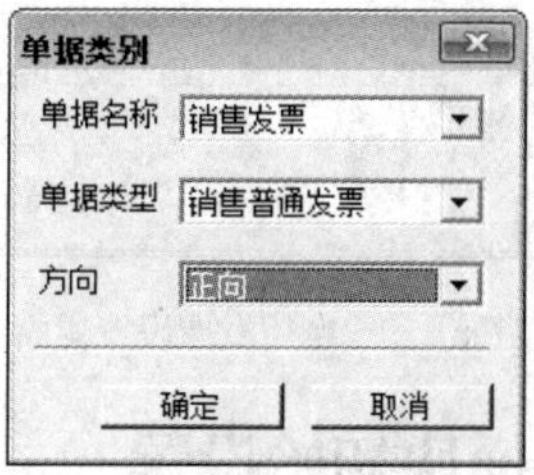

图 8-16 普通发票类型选择界面

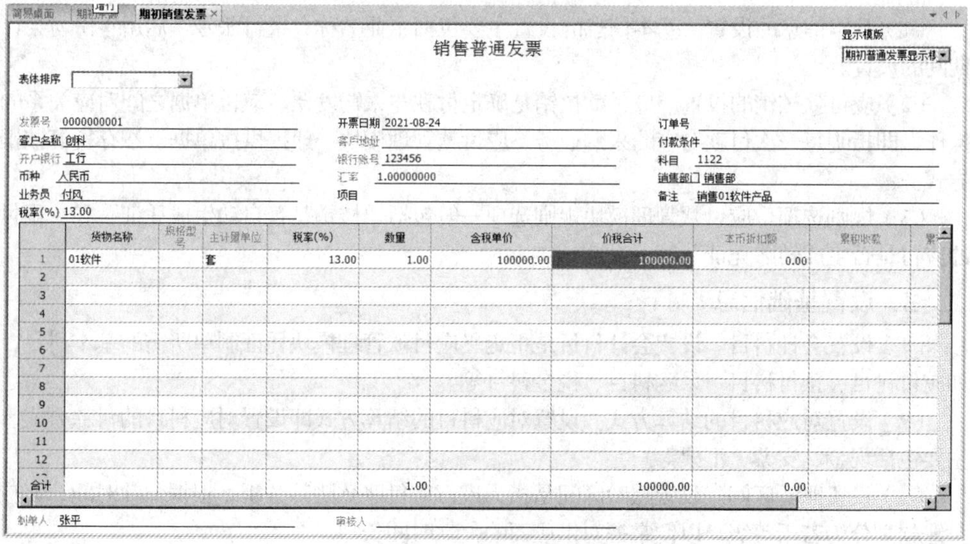

图 8-17 普通发票设置界面

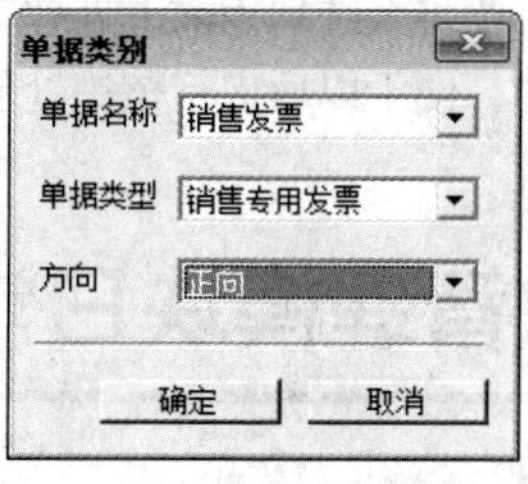

图 8-18 专用发票类型选择界面

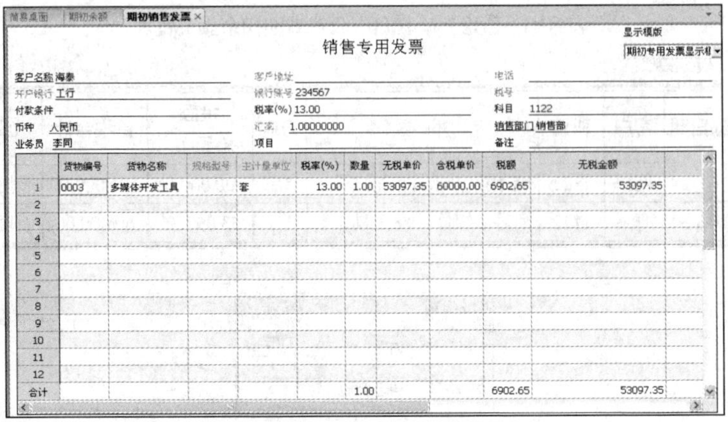

图 8-19 专用发票设置界面

## 8.2.2 应付款管理模块初始设置

### 1．设置控制参数

（1）基本信息的设置。基本信息的设置主要包括企业名称、银行账号、启用年份与会计期间的设置。

（2）应付款核销的设置。应付款核销是确定付款与采购发票、应付单据之间对应关系的操作，即指明每一次付款对应的采购业务。应付款管理模块一般提供按单据、按存货等核销方式。

（3）规则选项。应付款管理模块规则选项一般包括"核销是否自动生成凭证"和"预付冲应付是否生成转账凭证"等。

### 2．设置基础信息

（1）设置会计科目。设置会计科目是指定义应付款管理模块凭证制单所需的基本科目，如应付科目、预付科目、采购科目、税金科目等。

（2）设置对应科目的结算方式。设置对应科目的结算方式即设置对应科目的付款方式，主要包括现金、支票、汇票等。

（3）设置账龄区间。设置账龄区间是指为进行应付账款账龄分析，根据欠款时间，将应付账款划分为若干等级，以便掌握对供应商的欠款时间长短。

### 3．输入期初余额

初次使用应付款管理模块时，要将系统启用前未处理完的所有供应商的应付账款、预付账款、应付票据等数据录入系统中，便于以后进行核销处理。

# 8.3 应收应付款管理模块日常业务处理

应收款管理模块日常业务处理主要包括应收处理、票据管理、坏账处理、制单处理、查询统计等操作。应付款管理模块日常业务处理主要包括应付单据处理、付款单据处理、单据核销和转账处理、票据管理和记账凭证生成等。

## 8.3.1　应收款管理模块日常业务处理

### 1．应收处理

应收处理包括单据处理、单据结算、转账处理。

（1）单据处理

销售发票与应收票据是应收账款日常核算的原始单据。销售发票是指销售业务中的各类普通发票和专用发票。应收单是指销售业务之外的应收单据（如代垫运费等）。

如果同时使用应收款管理模块和销售管理模块，则销售发票和代垫费用产生的单据由销售系统录入、审核，并自动传递到应收款管理模块。在本模块中可以对这些单据进行查询、核销、制单，在本模块中需要录入的单据仅限于应收单。如果没有使用销售管理模块，则各类发票和应收单均应在应收款管理模块中录入并审核。

【任务 9】以账套主管（01 操作员张平）身份进入企业应用平台，进行本月应收单据的录入。

9 月 30 日，销售部李同向北京木子书店售出多媒体开发工具两套，无税单价为 6 100 元，开具销售专用发票，货税款尚未收到，增值税税率为 13%。

单据处理

操作提示：

执行"业务工作→财务会计→应收款管理→应收单据处理→应收单据录入"命令，首先添加"销售类型"为"1 直销"，选择销售类型，单击"编辑"按钮，在销售类型界面选择"增加"，添加销售类型；选择出库类别，出现选择界面后单击"编辑"按钮，在收发类别界面添加"收发类别"为"1 自发"。单击开票界面最下方增加本单位开户银行，操作界面依次分别如图 8-20～图 8-23 所示。

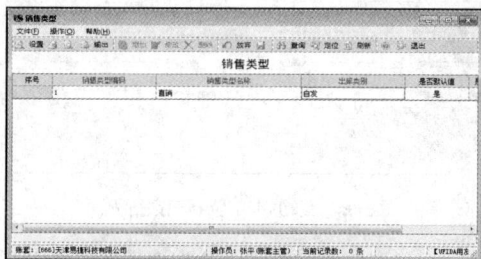

图 8-20　销售类型设置界面

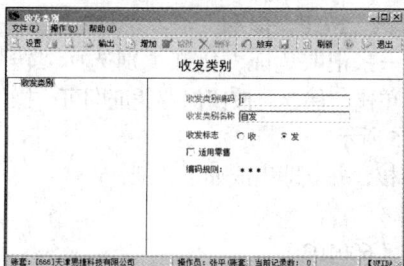

图 8-21　出库类别设置界面

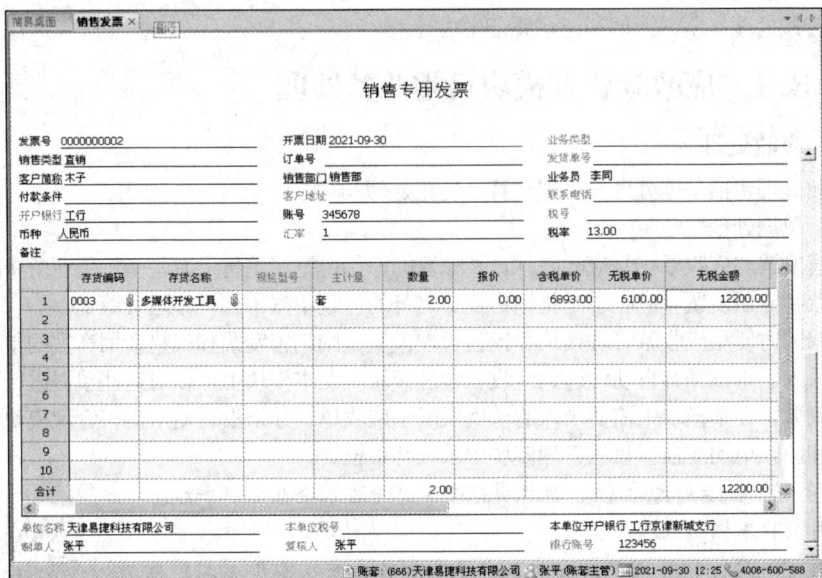

图 8-22 专用发票设置界面

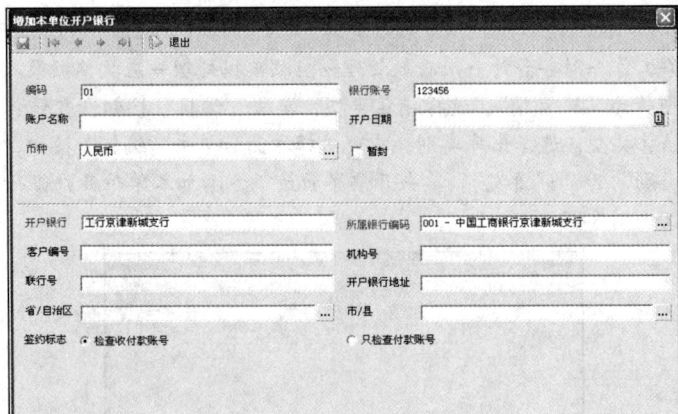

图 8-23 增加本单位开户银行界面

按业务情况输入 9 月 30 日，销售部李同向北京木子书店售出 Z1 光盘 600 片，单价 25 元，销售专用发票，增值税税率为 13%。先保存，再单击"审核"按钮，提示"是否立即制单"，选择"是"按钮，即可生成一张记账凭证，凭证类别选择"转"字，日期为"9 月 30 日"，单击"保存"按钮保存凭证即可。操作界面分别如图 8-24 和图 8-25 所示。

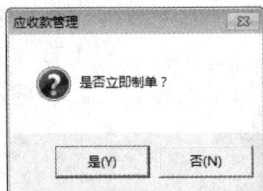

图 8-24 专用发票审核界面

对以上应收单据进行审核，并立即生成如下凭证：

借：应收账款（1122）                                                13 786
　　贷：主管业务收入（600103）                                      12 200
　　　　应交税费/应交增值税（销项税额）（22210102）                 1 586

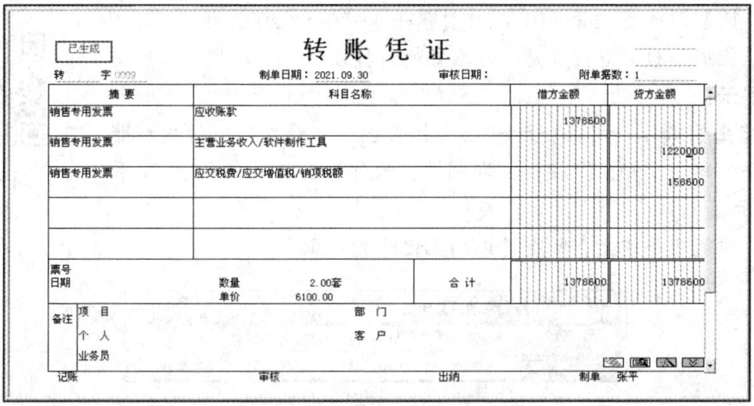

图 8-25　专用发票凭证生成界面

注意：本月应收账款制单并生成凭证后需要进行审核（操作员 02 杨乐）并记账（操作员 01 张平），否则会导致坏账计提数据不完整，相关操作见第 4 章。

（2）单据结算

单据结算的功能包括录入收款单、付款单；对发票及应收单进行核销；形成预收款并核销预收款；处理代付款。

收款单是收到款项后输入的单据，包括收到货款、预收款、代付款。付款单是因销售退回而填制的付款单据。核销是指确定收/付款单与原始的发票、应收单之间的对应关系的操作，即需要指明每一次收款对应的销售业务。

（3）转账处理

在日常会计工作中，经常会发生以下几种转账处理的情况。

预收冲应收：某客户有预收款时，可用该客户的一笔预收款冲销一笔应收款。

应收冲应付：若某客户既是销售客户又是供应商，则可能发生应收款冲销应付款的情况。

红字单据冲蓝字单据：当发生退货时，用红字发票对冲蓝字发票。

应收冲应收：当一个客户为另一个客户代付款时，会发生应收冲销应收的情况。

### 2．票据管理

企业一般情况下都有应收票据。本系统提供了强大的票据管理功能，可以对银行承兑汇票和商业承兑汇票进行管理，记录票据详细信息和票据处理情况，包括票据贴现、背书、计息、结算、转出等情况。

### 3．坏账处理

坏账处理包括坏账发生、坏账收回、坏账计提。

系统提供的计提坏账准备的方法主要有销售收入百分比法、应收账款百分比法和账龄分析法。不管采用什么方法计提坏账准备，初次计提时，如果没有进行预先的设置，首先应在初始设置中进行设置。应收账款的余额默认为本会计年度最后一天所有未结算完的发票和应收单余额之和减去预收款数额。外币账用其本位币余额，销售总额默认为本会计年度发票总额，使用账龄分析法的各区间余额由系统生成（本会计年度最后一天所有未结算完的发票和应收单余额之和减去预收款数额），用户可以根据实际情况对以上内容进行修改。

【任务 10】以账套主管（01 操作员张平）身份于 2021 年 9 月 30 日进入企业应用平台，进行本月坏账准备的计提。

坏账处理

操作提示：

执行"业务工作→财务会计→应收款管理→坏账处理→计提坏账准备"命令，单击"确认"按钮立即制单，操作界面分别如图 8-26 和图 8-27 所示。

注意：该笔业务建立在所有凭证均已记账的基础上。

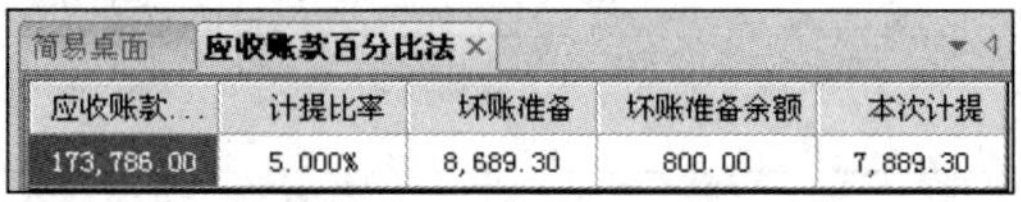

| 应收账款... | 计提比率 | 坏账准备 | 坏账准备余额 | 本次计提 |
|---|---|---|---|---|
| 173,786.00 | 5.000% | 8,689.30 | 800.00 | 7,889.30 |

图 8-26　专用发票凭证生成界面

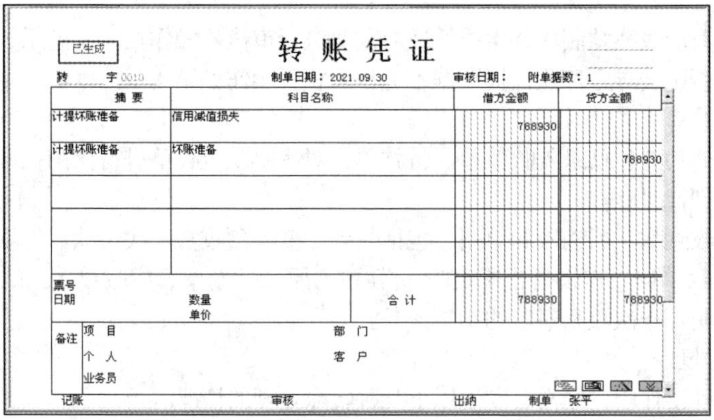

图 8-27　坏账准备计提凭证生成界面

【注意】生成凭证后需要以财务会计（02 操作员杨乐）身份，于 2021 年 9 月 30 日对该笔业务生成的凭证进行审核，并以账套主管（01 操作员张平）身份完成该笔业务凭证的记账工作，如图 8-28 所示。

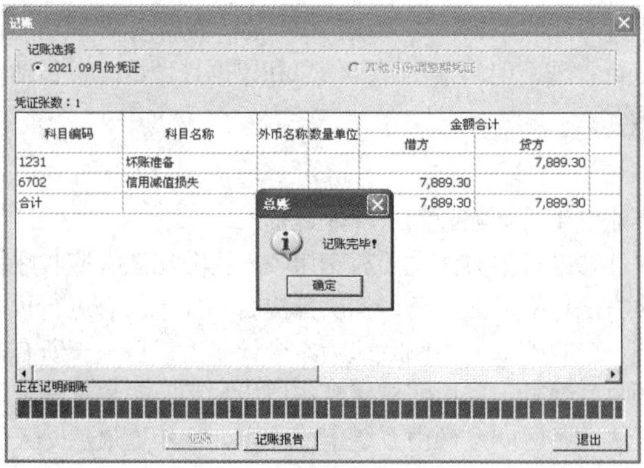

图 8-28　记账后界面

## 4．制单处理

制单处理分为立即制单和批量制单两种处理方式。

立即制单是指在单据处理、转账处理、票据处理及坏账处理等功能操作中，有许多系统界面会询问是否立即制单，选择"是"按钮，便会立即生成凭证。

批量制单是在所有业务发生完成后，使用制单功能进行批处理制单。

## 5．查询统计

应收款管理模块的查询统计功能主要有：单据查询、业务账表查询、业务分析和科目账表查询。

（1）单据查询。单据查询包括发票、应收单、结算单和凭证的查询。用户可以查询已经审核的各类型应收单据的收款、结余情况；也可以查询结算单的使用情况；还可以查询本系统生成的凭证，并且对其进行修改、删除、冲销等操作。

（2）业务账表查询。业务账表查询可以进行总账、明细账、余额表和对账单的查询，而且可以实现总账、明细账、单据之间的关联查询。

（3）业务分析。业务分析功能包括应收账龄分析、收款账龄分析和欠款分析。

（4）科目账表查询。科目账表查询包括科目余额表查询和科目明细表查询，并且可以通过"总账/明细账"的切换按钮进行关联查询，实现总账、明细账、凭证的关联查询。

# 8.3.2　应付款管理模块日常业务处理

## 1．应付处理

应付处理包括应付单据处理、付款单据处理、单据核销和转账处理。

（1）应付单据处理。企业的应付款来源于采购发票（包括专用发票、普通发票）和其他应付单。如果应付款管理模块与采购管理模块同时使用，采购发票必须在采购管理模块中填制，并在审核后自动传递给应付款管理模块，而应付款管理模块中只需录入未计入采购货款和税款的其他应付单数据。如果企业不使用采购管理模块，则全部业务单据都必须在应付款管理模块中录入。

（2）付款单据处理。付款单据用来记录企业支付给供应商的款项。付款单据处理主要包括对付款单和预付单进行新增、修改、删除等操作。

（3）单据核销。单据核销主要用于建立付款与应付款的核销记录，加强往来款项的管理，同时核销日期也是账龄分析的重要依据。

单据核销包括手工核销和自动核销两种方式。

手工核销是指用户设定查询条件，选择需要核销的单据，然后手工录入需要核销的金额进行核销。

自动核销是指用户设定查询条件，选择需要核销的单据，系统会自动根据匹配的单据金额进行核销处理。

（4）转账处理。在日常处理中，经常会发生以下几种转账处理的情况。

应付冲应付：是指将一家供应商的应付款转至另一家供应商。用户通过将应付款业务在供应商之间转入、转出，实现应付业务的调整，解决应付业务在不同供应商间入错户和合并户等问题。

预付冲应付：用于处理供应商的预付款和对该供应商应付款的转账核销业务。

应付冲应收：是指用某供应商的应付款，冲抵某客户的应收款项。通过应付冲应收，利用应付款业务在供应商和客户之间进行转账，实现应付业务的调整，解决应付债务与应收债权的冲抵。

### 2．票据管理

票据管理用来管理企业因采购商品、接受劳务等而开出的商业汇票，包括银行承兑汇票和商业承兑汇票。对应付票据的处理主要是进行新增、修改、删除及付款、退票等操作。

### 3．生成记账凭证

应付款管理模块可以为每一种类型的付款业务编制相应的记账凭证，并将记账凭证传递到总账模块。

# 8.4　应收应付款管理模块期末处理

应收款管理模块的期末处理工作主要包括汇兑损益和月末结账。应付款管理模块期末处理包括期末结账、应付账款查询和应付账龄分析。

## 8.4.1　应收款管理模块期末处理

### 1．汇兑损益

如果客户往来有外币核算，且在总账模块的"账簿选项"中选取客户往来由"应收款管理模块"核算，则在此计算外币单据的汇兑损益并对其进行相应的处理。

### 2．月末结账

如果确认本月的各项处理已经结束，可以选择执行月末结账功能。结账后，本月不能再进行单据、票据、转账等业务的增加、删除、修改、审核等处理。如果用户发现某月的月末结账有错误，可以取消月末结账，但取消结账操作只有在该月总账未结账时才能进行。如果启用了销售管理模块，则销售管理模块结账后，应收款管理模块才能结账。

【任务 11】以账套主管（01 操作员张平）身份于 2021 年 9 月 30 日进入企业应用平台，进行本月应收账款模块结账。

操作提示：

执行"业务工作→财务会计→应收款管理→期末处理→月末结账"命令，选择"九月"，单击"下一步"按钮，操作界面分别如图 8-29 和图 8-30 所示。

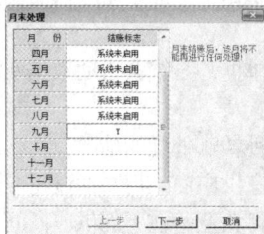

图 8-29　结账开始界面　　　　图 8-30　结账完成界面

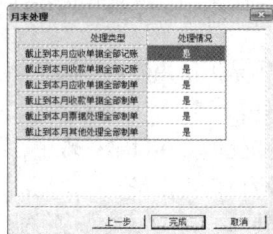

【注意】（1）如果上月没有结账，则本月不能结账；（2）本月的单据（发票和应收单）在结账前应该全部审核；（3）若本月的结算单未全部核销，不能结账；（4）如果结账期间是本年度最后一个期间，则本年度进行的所有核销、坏账、转账等处理必须制单，否则不能向下一个年度结转，而且对于本年度外币余额为零的单据必须将本币余额结转为零，即必须执行汇兑损益操作。

## 8.4.2　应付款管理模块期末处理

### 1．期末结账

当月业务全部处理完毕，在采购管理模块月末结账的前提下，可执行应付款管理模块的月末结账功能。

### 2．应付账款查询

应付账款查询包括单据查询和账表查询。单据查询主要是对采购发票和付款单等单据的查询；账表查询主要是对往来总账、往来明细账、往来余额表的查询，以及总账、明细账、单据之间的关联查询。

### 3．应付账龄分析

账龄分析主要用来对未核销的往来账余额、账龄进行分析，及时发现问题，加强对往来款项动态的监督管理。

## 8.4.3　应收、应付款管理模块与其他模块结构的关系

应收、应付款管理模块与总账管理、销售管理、生产管理、UFO 报表、财务分析、存货管理、网上银行等模块存在数据传送关系，具体联系如图 8-31 所示。

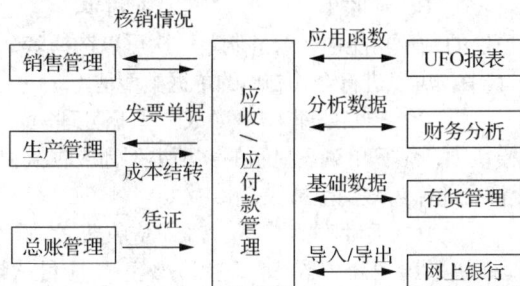

图 8-31　应收、应付款管理模块与其他模块结构的关系图

# 思考与练习

一、单选题

1. 在应收账款核算模块初始化设置中，需要录入每笔（　　）往来业务单据。
　　A．未核销的　　　　　B．已核销　　　　　C．将要发生的　　　D．所有的

2. 下列关于往来业务核销的表述中，正确的说法是（　　）。

   A. 核销只能手工进行

   B. 核销只能一张发票对应一张收款单

   C. 对一笔业务可以进行部分核销

   D. 核销单据的业务编号必须一致

3. 在应收款管理模块中，期初数据的准备不包括（　　）。

   A. 设置结算方式　　　B. 设置供应商档案　　C. 设置客户档案　　D. 设置存货档案

4. 在应收款管理模块的预收冲应收转账处理功能中，以下说法正确的是（　　）。

   A. 红字预收款不能与红字应收单进行核销

   B. 每一笔应收款的转账金额应大于其余额

   C. 应收款的转账金额合计应该等于应付款的转账金额合计

   D. 每一笔应收款的转账金额不能大于其余额

5. 在应收款管理模块中，不管是应收导出给网上银行的单据还是网上银行导出给应收的单据只能在（　　）制单。

   A. 应付款管理模块　　　　　　　　　　B. 网上银行

   C. 应收款管理模块　　　　　　　　　　D. 总账模块

6. 在应收款管理模块中，如果发票中同时存在红蓝记录，则核销时应先进行（　　）操作。

   A. 直冲销蓝字发票　　　　　　　　　　B. 单据的内部冲销

   C. 核销蓝字发票　　　　　　　　　　　D. 核销红字发票

7. 在应收款管理模块中，（　　）用来记录发生销售退款时，企业开具的退付给客户的款项。

   A. 付款单　　　　　B. 应收单　　　　　C. 应付单　　　　　D. 收款单

8. 在应收款管理模块的制单功能中，合并制单一次可以选择多个制单类型，但至少必须选择一个制单类型，其中，可以进行合并制单的单据类型是（　　）。

   A. 坏账处理　　　　B. 转账处理　　　　C. 票据处理　　　　D. 核销制单

9. 在应收款管理模块中，结算单列表显示的款项类型为应收款和预收款，而款项类型为（　　）的记录不允许在此作为核销记录。

   A. 其他费用　　　　B. 预付款　　　　　C. 应收票据　　　　D. 应收款

10. 在应付款管理模块采用"简单核算"应用方案下，应付款管理模块具有以下功能（　　）。

   A. 审核采购专用发票　　　　　　　　　B. 查询往来明细账

   C. 填制采购普通发票　　　　　　　　　D. 填制采购专用发票

## 二、多选题

1. 在应收款管理模块中，下列属于其转账处理的是（　　）。

   A. 预收冲应收　　　B. 应收冲应付　　　C. 应付冲应付　　　D. 预付冲应付

2. 应收款管理模块日常单据处理主要包括（　　）。

   A. 销售发票的录入与审核　　　　　　　B. 应收单的录入与审核

   C. 收款单的录入　　　　　　　　　　　D. 单据核销

3. 应付账款中的账表查询主要包括（　　　）。

    A. 往来总账
               B. 往来明细账

    C. 往来余额表
             D. 往来总账与明细账的联查

4. 在应收款管理模块中，结算单列表显示的是款项类型为（　　　）的记录，而款项类型为其他费用的记录不允许作为核销记录。

    A. 应付款
    B. 应收款
    C. 预收款
    D. 预付款

5. 在应付款管理模块中，如果采用详细应用方案，则应付款管理模块与采购管理模块的关系是（　　　）。

    A. 采购管理模块向应付款管理模块提供已结算的采购发票

    B. 在采购管理模块查询应付款情况

    C. 由应付款管理模块根据采购发票生成记账凭证

    D. 由应付款管理模块向采购管理模块提供分析数据

6. 在应付款管理模块的单据设计功能中，用户可以对系统各主要单据的（　　　）格式对象自行设计，以符合企业应用的实际需要。

    A. 单据编号
               B. 打印页面

    C. 单据类型
             D. 屏幕显示界面

7. 如果应付款管理模块不与采购管理模块集成使用，则（　　　）应在应付款管理模块中直接记录。

    A. 采购专用发票
    B. 采购普通发票
    C. 应付单
    D. 应收单

8. 在应付款管理模块中，取消操作的类型主要包括（　　　）。

    A. 取消记账
    B. 取消转账
    C. 取消并账
    D. 取消核销

9. 在应付款管理模块中，录入期初余额的单据类别主要包括（　　　）。

    A. 销售专用发票
               B. 其他应付单

    C. 其他应收单
             D. 采购专用发票

10. 在应收款管理模块中，以下关于"收款单"的说法正确的是（　　　）。

    A. 从销售管理模块中传入的单据不允许删除

    B. 单据的名称和类型不能修改

    C. 已审核的单据不能修改

    D. 已审核的单据不能删除

## 三、判断题

1. 应收款核销是确定收款与采购发票、应收单据之间对应关系的操作，即指明每一次收款所属销售业务的款项。（　　　）

2. 应付冲应收是指用客户的应付账款来抵冲供应商的应收款项。（　　　）

3. 在应收款管理模块的应收冲应付的转账处理功能中，转账金额输入数据后不能修改。（　　　）

4. 在录入一笔坏账收回的款项时，应该注意不要把该客户的其他收款业务与该笔坏账收回业务录入同一张收款单中。（　　　）

5. 在应收款管理模块中，系统默认的代垫费用类型为"其他应收单"。（　　　）

6. 应付款管理模块的启用期间必须等于账套的启用期间。（　　　）

7. 在应付款管理模块中录入期初余额时，单据中的科目栏目，用于输入该笔业务的入账科目，该科目可以为空。　　　　　　　　　　　　　　　　　　　　　（　　　）

8. 在应付款管理模块中，应付和预付科目必须是有"供应商"往来且受控于应收款管理模块的科目，如果应付科目、预付科目按不同的供应商分别设置，则可在"控制科目设置"中设置。　　　　　　　　　　　　　　　　　　　　　　　　　　　（　　　）

9. 在应收款管理模块中，每次只能对一种结算单类型进行核销，即手工核销的情况下需要将收款单和付款单分开核销。　　　　　　　　　　　　　　　　　　（　　　）

10. 在应收款管理模块中，如果已经计提过坏账准备，则坏账准备的全部参数将不能被修改。　　　　　　　　　　　　　　　　　　　　　　　　　　　　　（　　　）

## 四、思考题

1. 应收应付款管理模块核算和管理的内容有哪些？
2. 坏账处理过程如何操作？
3. 应收应付款管理模块如何进行月末结账？

# 实训题

## 【实训 8】应收应付款管理模块应用

**【实训目的】**

理解应收应付管理模块的原理及流程；掌握应收应付款管理模块的定义及操作方法；掌握应收应付模块管理业务处理方法及月末处理方法。

**【实训内容】**

1. 应收账款管理模块基本设置
2. 录入应收单据并进行审核
3. 进行月末结账处理

**【实训资料】**

1. 应收账款管理模块基本设置

（1）选项设置

应收款管理核销方式：按单据。

单据审核日期依据：单据日期。

汇兑损益方式：月末处理。

坏账处理方式：应收余额百分比法。

代垫费用类型：其他应收单。

应收账款核算类型：详细核算。

是否自动计算现金折扣：√。

是否登记支票：√。

应收票据是否直接生成收款单：√。

（2）应收款管理模块的常用科目

应收科目：1122。

预收科目：2203。

票据利息科目：660301。

票据费用科目：660302。

（3）应收款管理模块的结算方式科目（见表 8-7）

表 8-7　结算方式科目表

| 结算方式 | 币种 | 科目 |
|---|---|---|
| 现金结算 | 人民币 | 1 001（库存现金） |
| 现金支票 | 人民币 | 1 001（库存现金） |
| 转账支票 | 人民币 | 100 201（银行存款/工行存款） |
| 银行汇票 | 人民币 | 100 201（银行存款/工行存款） |

（4）应收款管理模块的坏账准备相关参数

提取比率：0.5%；

坏账准备期初余额：800。

（5）应收款管理模块的账龄区间（见表 8-8）

表 8-8　账龄区间表

| 序号 | 起止天数 | 总天数 |
|---|---|---|
| 01 | 0～30 | 30 |
| 02 | 31～60 | 60 |
| 03 | 61～90 | 90 |
| 04 | 91～120 | 120 |
| 05 | 121 以上 | |

（6）应收款管理模块的报警级别（见表 8-9）

表 8-9　报警级别表

| 序号 | 起止比率 | 总比率 | 级别名称 |
|---|---|---|---|
| 01 | 0 以上 | 10% | A |
| 02 | 10%～30% | 30% | B |
| 03 | 30%～50% | 50% | C |
| 04 | 50%～100% | 100% | D |
| 05 | 100%以上 | | E |

2. 录入应收单据并进行审核

（1）12 日，销售二部宋佳向北京世纪学校出售电子商务讲座 600 套，单价 25 元，开具销售专用发票，货税款尚未收到（开户银行：工行丰台支行，账号 345678），增值税税率为 13%。对以上应收单据进行审核，并立即生成如下凭证：

借：应收账款　　　　　　　　　　　　　　　　　　　　　16 950.00

　　贷：主管业务收入　　　　　　　　　　　　　　　　　　15 000.00

　　　　应交税费——应交增值税　　　　　　　　　　　　　 1 950.00

（2）16 日销售二部宋佳收到北京世纪学校用于偿还电子商务讲座货款 16 950 元的转账支票一张。对以上收款单据进行审核，并立即生成如下凭证：

借：银行存款——人民币账户　　　　　　　　　　　　　　　16 950.00

　　贷：应收账款　　　　　　　　　　　　　　　　　　　　16 950.00

3. 进行月末结账处理

【实训要求】

以"陈立"的身份对应收账款模块进行设置。

# 第 9 章　供应链管理模块应用

## 学习目标

- 熟练掌握供应链管理模块的初始设置。
- 熟练掌握企业日常采购业务的处理方法。
- 熟练掌握企业日常销售业务的处理方法。
- 熟练掌握企业库存日常业务的处理方法。

### 课前思考

供应链管理模块包括采购管理、销售管理、库存管理和存货核算等模块。其中，每个模块既可以单独应用，也可以与相关子模块联合应用。在企业的日常工作中，采购供应部门、仓库、销售部门、财务部门等都涉及购销存业务及其核算的处理，各个部门的管理内容是不同的，工作间的延续性是通过单据在不同部门间的传递来完成的。那么，这些工作在软件中是如何实现的呢? 这些内容将在本章中进行详细介绍。

## 9.1　供应链管理模块概述

供应链管理模块是用友 ERP-U8 管理软件的重要组成部分，它突破了会计核算软件单一财务管理的局限，实现了从财务管理到企业财务业务一体化的全面管理，进而实现了物流、资金流管理的统一。供应链管理模块包括采购管理、销售管理、库存管理和存货核算等模块。

### 9.1.1　供应链管理模块建账

企业建账过程在第 3 章已有描述，这里只需启用相关子系统即可。与以前的软件版本相比，用友 ERP-U8 供应链管理模块功能更完善、使用更方便、适用面更广、更具开放性，这意味着系统内配置了丰富的参数开关、个性化设置细节等。为了能更清晰地了解各项参数与业务之间的关系，本章将在说明业务处理的同时介绍参数设置。

### 9.1.2　基础档案设置

本章之前设计的任务中，都有基础信息的设置，但基本限于与财务相关的信息。除此以外，供应链管理模块还需要增设与业务处理、查询统计、财务连接相关的基础信息。

#### 1．基础档案信息

使用供应链管理模块之前，应做好手工基础数据的准备工作，如对存货合理分类、准备存货的详细档案、进行库存数据的整理，以及与账面数据进行核对等。供应链管理模块需要增设的基础档案信息包括以下项目。

（1）存货分类。如果企业存货较多，则需要按照一定的方式进行分类管理。存货分类是指按照存货固有的特征或属性将存货划分为不同的类别，以便于分类核算与统计。例如，工业企业可以将存货划分为原材料、产成品、应税劳务；商业企业可以将存货分为商品、应税劳务等。

在企业日常购销业务中，经常会发生一些劳务费用，如运输费、装卸费等，这些费用也是构成企业存货成本的一个组成部分，并且它们可以拥有不同于一般存货的税率。为了能够正确反映和核算这些劳务费用，通常在存货分类中单独设置相应类别，如"应税劳务"或"劳务费用"。

（2）计量单位。企业中存货种类繁多，不同的存货存在不同的计量单位。有些存货的财务计量单位、库存计量单位、销售发货单位可能是一致的，如自行车的 3 种计量单位均为"辆"。同一种存货用于不同的业务，其计量单位也可能不同，如对某种药品来说，其核算单位可能是"板"，也就是说，财务按"板"计价，而其库存单位可能是"盒"，1 盒=20 板；对客户发货时单位可能是"箱"，1 箱=100 盒。因此，在开展企业日常业务之前，需要定义存货的计量单位。

（3）存货档案。"存货档案"窗口包括 8 个选项卡：基本、成本、控制、其他、计划、MPS/MRP、图片以及附件。

（4）仓库档案。存货一般是存放在仓库中保管。对存货进行核算管理，必须建立仓库档案。

（5）收发类别。收发类别用来表示存货的出入库类型，便于对存货的出入库情况进行分类汇总统计。

（6）采购类型/销售类型。定义采购类型和销售类型，能够按采购、销售类型对采购、销售业务数据进行统计和分析。采购类型和销售类型均不分级次，根据实际需要设立。

（7）产品结构。产品结构用来定义产品的组成，包括组成成分和数量关系，以便用于配比出库、组装拆卸、消耗定额、产品材料成本、采购计划、成本核算等引用。产品结构中引用的物料必须首先在存货档案中定义。

（8）费用项目。销售过程中有多种不同的费用发生，如代垫费用、销售支出等，在系统中将其设置为费用项目，以便记录和统计。

### 2．设置存货管理模块业务科目

存货管理模块是供应链管理模块与总账模块联系的桥梁，各种存货的购进、销售及其他出入库业务，均在存货管理模块中生成凭证，并传递到总账模块。为了快速、准确地完成制单操作，应事先设置凭证上的相关科目。

（1）设置存货科目。存货科目是指设置生成凭证所需要的各种存货科目和差异科目。存货科目既可以按仓库分类设置，也可以按存货分类设置。

（2）设置对方科目。对方科目是指设置生成凭证所需要的存货对方科目，可以按收发类别设置。

## 9.1.3 供应链管理模块期初数据

在供应链管理模块中，期初数据录入是一个非常关键的环节，期初数据的录入内容及顺序如表 9-1 所示。

供应链管理模块期初数据概述

表 9-1 供应链管理模块期初数据

| 系统名称 | 操作 | 内容 | 说明 |
|---|---|---|---|
| 采购管理 | 录入 | 期初暂估入库 | 暂估入库是指货到票未到 |
| | | 期初在途存货 | 在途存货是指票到货未到 |
| | 期初记账 | 采购期初数据 | 没有期初数据也要执行期初记账，否则不能开始日常业务 |
| 销售管理 | 录入并审核 | 期初发货单 | 已发货、出库，但未开票 |
| | | 期初委托代销发货单 | 已发货未结算的数量 |
| | | 期初分期收款发货单 | 已发货未结算的数量 |
| 库存 | 录入（取数） | 库存期初余额 | 库存和存货共用期初数据 |
| | 审核 | 不合格品期初数据 | 未处理的不合格品结存量 |
| 存货 | 录入（取数） | 存货期初余额 | |
| | 记账 | 期初分期收款发出商品余额 | |

# 9.2　采购管理模块

采购管理模块是用友 ERP-U8 供应链管理模块的一个子模块，其主要功能包括以下几个方面。

## 9.2.1　采购管理功能概述

### 1．采购管理模块初始设置

采购管理模块初始设置包括设置采购管理模块业务处理所需要的采购参数、基础信息及采购期初数据。

### 2．采购业务处理

采购业务处理主要包括请购、订货、到货、入库、采购发票、采购结算等采购业务全过程，可以处理普通采购业务、受托代销业务、直运业务等业务类型。企业可根据实际业务情况，对采购业务处理流程进行配置。

### 3．采购账簿及采购分析

采购管理模块可以提供各种采购明细表、增值税抵扣明细表、各种统计表及采购账簿供用户查询，同时提供采购成本分析、供应商价格对比分析、采购类型结构分析、采购资金比重分析、采购费用分析、采购货龄综合分析等功能。

### 9.2.2  采购管理模块日常业务处理

#### 1．请购

采购请购是指企业内部各部门向采购部门提出采购申请，或采购部门汇总企业内部采购需求列出采购清单的过程。请购是采购业务的起点，可以依据审核后的采购请购单生成采购订单。在采购业务处理流程中，请购环节可以省略。

#### 2．订货

订货是指企业与供应商签订采购合同或采购协议，确定要货需求。供应商根据采购订单组织资源，企业依据采购订单进行验收。在采购业务处理流程中，订货环节是可选项。

#### 3．到货处理

采购到货是采购订货和采购入库的中间环节，一般由采购业务员根据供方通知或送货单填写，确认对方所送货物、数量、价格等信息，以到货单的形式传递到仓库作为保管员收货的依据。在采购业务处理流程中，到货处理是可选项。

#### 4．入库处理

采购入库是指供应商提供的物料经检验（也可以免检）合格后，存放至指定仓库的业务。当采购管理模块与库存管理模块集成使用时，入库业务在库存管理模块中进行处理；当采购管理模块未与库存管理模块集成使用时，入库业务在采购管理模块中进行处理。采购入库单是仓库管理员根据采购到货签收的实收数量填制的入库单据。采购入库单既可以直接填制，也可以复制采购订单或采购到货单生成。

#### 5．采购发票

采购发票是供应商开出的销售货物的凭证，系统根据采购发票确定采购成本，并据此登记应付账款。采购发票按业务性质分为蓝字发票和红字发票；按发票类型分为增值税专用发票、普通发票和运费发票。

#### 6．采购结算

采购结算也称为采购报账，在手工业务中，采购业务员需要将经主管领导审批过的采购发票和仓库确认的入库单提交至财务部门，由财务人员确定采购成本。在本系统中，采购结算针对采购入库单和发票确定采购成本。采购结算的结果是生成采购结算单，它是记载采购入库单与采购发票对应关系的结算对照表。采购结算分为自动结算和手工结算两种方式。

# 9.3  销售管理模块

## 9.3.1  销售管理模块功能概述

销售管理模块是用友 ERP-U8 供应链管理模块的一个子模块，它的主要功能包括以下几个方面。

### 1．销售管理模块初始设置

销售管理模块初始设置包括设置销售管理模块业务处理所需要的各种业务选项、基础档案信息及销售期初数据。

### 2．销售业务管理

销售业务管理主要进行销售报价、销售订货、销售发货、销售开票、销售调拨、销售退回、发货折扣、委托代销、零售业务等操作，并根据审核后的发票或发货单自动生成销售出库单，处理随同货物销售发生的各种代垫费用，以及在货物销售过程中发生的各种销售支出。

在销售管理模块中，可以处理普通销售、委托代销、直运销售、分期付款销售、销售调拨及零售业务等业务类型。

### 3．销售账簿及销售分析

销售管理模块不仅可以提供各种销售明细账、销售明细表及各种统计表，还可以提供各种销售分析及综合查询统计分析功能。

## 9.3.2　销售管理模块日常业务处理

普通销售业务模式适用于大多数企业的日常销售业务，它与其他系统结合应用，提供销售报价、销售订货、销售发货、销售开票、销售出库、出库成本确认、应收账款确认及收款处理全过程的处理功能。用户也可以根据企业的实际业务应用，结合本系统对销售流程进行灵活配置。

### 1．销售报价

销售报价是指企业向客户提供货品、规格、价格、结算方式等信息，双方达成协议后，销售报价单可以转化为有效力的销售合同或销售订单。企业可以针对不同客户、不同存货、不同批量提出不同的报价和折扣率。在销售业务处理流程中，销售报价环节可省略。

### 2．销售订货

销售订货处理是指企业与客户签订销售合同，在系统中体现为销售订单。若客户经常采购某产品，或客户是我们的经销商，则销售部门无须经过报价环节即可输入销售订单。如果前期已有针对该客户的报价，也可以参照报价单生成销售订单。在销售业务处理流程中，订货环节是可选项。

### 3．销售发货

当客户订单交期临近时，相关人员应根据订单进行发货。销售发货是企业执行与客户签订的销售合同或销售订单，将货物交付客户的行为，是销售业务的执行阶段。除了根据销售订单发货外，销售管理模块也有直接发货的功能，无须事先录入销售订单即可随时将产品交付给客户。在销售业务处理流程中，销售发货处理是必选项。

### 4．销售开票

销售开票是指在销售过程中企业为客户开具销售发票及其所附清单的过程，它是销售收入确定、销售成本计算、应交销售税金确认和应收账款确认的依据，是销售业务的必要环节。

销售发票既可以直接填制，也可以参照销售订单或销售发货单生成。参照发货单开票时，多张发货单可以汇总开票，一张发货单也可拆分成多张销售发票。

### 5．销售出库

销售出库是销售业务处理的必要环节，在库存管理模块中用于存货出库数量核算，在存货核算模块中用于存货出库成本核算（如果存货核算销售成本的核算选择依据销售出库单）。

根据参数设置的不同，销售出库单可在销售管理模块中生成，也可在库存管理模块中生成。如果由销售管理模块生成出库单，只能一次销售全部出库；而由库存管理模块生成销售出库单，可实现一次销售分次出库。

### 6．出库成本确认

销售出库（开票）之后，要进行出库成本的确认。对于先进先出、移动平均、个别计价这3种计价方式的存货，在存货管理模块中进行单据记账时进行出库成本核算；而对于全月平均、计划价/售价法计价的存货，在期末处理时进行出库成本核算。

### 7．应收账款确认及收款处理

及时进行应收账款确认及收款处理是财务核算工作的基本要求，由应收管理模块完成。应收管理模块主要完成对经营业务转入的应收款项的处理，提供各项应收款项的相关信息，以明确应收账款款项来源，有效掌握收款核销情况，提供适时的催款依据，提高资金周转率。

# 9.4　库存管理模块

## 9.4.1　库存管理模块功能概述

库存管理模块是用友 ERP-U8 供应链管理模块的一个子模块，它的主要功能包括以下几个方面。

### 1．日常收发存业务处理

库存管理模块的主要功能是对采购管理模块、销售管理模块及库存管理模块填制的各种出入库单据进行审核，并对存货的出入库数量进行管理。

除管理采购业务、销售业务形成的入库和出库业务外，还可以处理仓库间的调拨业务、盘点业务、组装拆卸业务、形态转换业务等。

### 2．库存控制

库存管理模块支持批次跟踪、保质期管理、委托代销商品管理、不合格品管理、现存量（可用量管理）、安全库存管理，可对超储、短缺、呆滞积压、超额领料等情况进行报警。

### 3．库存账簿及统计分析

库存管理模块可以提供出入库流水账、库存台账、受托代销商品备查簿、委托代销商品备查簿、呆滞积压存货备查簿供用户查询，同时提供各种统计汇总表。

## 9.4.2 库存管理模块日常业务处理

### 1. 入库业务处理

库存管理模块主要是对各种入库业务进行单据的填制和审核。

（1）入库单据。库存管理模块管理的入库业务单据主要包括以下几个方面。

① 采购入库单。采购业务员将采购回来的存货交到仓库时，由仓库保管员对其所购存货进行验收确定，填制采购入库单。采购入库单生成的方式有4种：参照采购订单、参照采购到货单、检验入库（与 GSP 集成使用时）、直接填制。采购入库单的审核相当于仓库保管员对采购的实际到货情况进行质量、数量的检验和签收。

② 产成品入库单。产成品入库单是管理工业企业的产成品入库、退回业务的单据。

对于工业企业，企业对原材料及半成品进行一系列的加工后，形成可销售的商品，然后验收入库。只有工业企业才使用产成品入库单，商业企业不涉及此单据。

产成品在入库时是无法确定产品的总成本和单位成本，因此在填制产成品入库单时，一般只有数量，没有单价和金额。

③ 其他入库单。指除了采购入库、产成品入库之外的其他入库业务，如调拨入库、盘盈入库、组装拆卸入库、形态转换入库等业务形成的入库单。

【注意】调拨入库、盘盈入库、组装拆卸入库、形态转换入库等业务可以自动形成相应的其他入库单，除此之外的其他入库单由用户填制。

（2）审核入库单据。库存管理模块中的审核具有多层含义，既可表示通常意义上的审核，也可用单据是否审核代表实物的出入库行为，即在入库单上的所有存货均办理入库手续后，对入库单进行审核。

### 2. 出库业务处理

（1）销售出库。如果未启用销售管理模块，销售出库单需要手工增加。

如果已启用销售管理模块，则在销售管理模块中填制的销售发票、发货单、销售调拨单、零售日报，经复核后均可以参照生成销售出库单。根据选项设置，销售出库单可以在库存管理模块中填制、生成，也可以在销售管理模块中生成后传递到库存管理模块，由库存管理模块再进行审核。

（2）材料出库。材料出库单是工业企业领用材料时填制的出库单据，也是进行日常业务处理和记账的主要原始单据之一。只有工业企业才使用材料出库单，商业企业不涉及此单据。

（3）其他出库。其他出库指除销售出库、材料出库之外的其他出库业务，如维修、办公耗用、调拨出库、盘亏出库、组装拆卸出库、形态转换出库等。

【注意】调拨出库、盘盈出库、组装出库、拆卸出库、形态转换出库等业务可以自动形成相应的其他出库单，除此之外的其他出库单由用户填制。

### 3. 其他业务

（1）库存调拨。库存管理模块中提供了调拨单用于处理仓库之间存货的转库业务或部门之间的存货调拨业务。如果调拨单上的转出部门与转入部门不同，表示该调拨是部门之间的调拨业务；如果转出部门和转入部门相同，但转出仓库与转入仓库不同，表示该调拨是仓库之间的转库业务。

（2）盘点。库存管理模块中提供了盘点单来定期对仓库中的存货进行盘点。存货盘点报告表，是证明企业存货盘盈、盘亏和毁损，据以调整存货实存数的书面凭证，经企业领导批准后，即可作为原始凭证入账。

本功能提供按仓库盘点、按批次盘点两种盘点方法；还可对各仓库或批次中的全部或部分存货进行盘点，盘盈、盘亏的结果可自动生成入库单。

【注意】

上次盘点的仓库的存货所在的盘点表未记账之前，不应再对此仓库、此存货进行盘点，否则会造成账面数不准确。即同一时刻不能有两张相同仓库相同存货的盘点表未记账。

盘点前应将所有已办理实物出入库但未录入计算机的出入库单，或销售发货单、销售发票均录入计算机中。

盘点前应将所有委托代管或受托代管的存货进行清查，并将这些存货与已记录在账簿上需盘点的存货区分出来。盘点表中的盘点数量不应包括委托代管或受托代管的数量。

盘点开始后至盘点结束前不应再办理出入库业务。即新增盘点表后，不应再录入出入库单、发货单及销售发票等单据，也不应办理实物出入库业务。

盘点表中的账面数，为增加盘点表中的存货的那一刻该仓库、该存货的现存量，它为库存管理模块中该仓库、该存货的账面结存数减去销售管理模块中已开具发货单或发票但未生成出库单的数量的差。

（3）组装与拆卸。有些企业中的某些存货既可单独出售，又可与其他存货组装在一起销售。如计算机销售公司既可将显示器、主机、键盘等单独出售，又可按客户的要求将显示器、主机、键盘等组装成计算机销售，这时就需要对计算机进行组装；如果企业库存中只有组装好的计算机，但客户只需要买显示器，此时又需将计算机进行拆卸，将显示器销售给客户。

组装指将多个散件组装成一个配套件的过程。组装单相当于两张单据，一个是散件出库单，一个是配套件入库单。配套件和散件之间是一对多的关系。配套件和散件之间的关系在产品结构中进行设置。用户在组装之前应先进行产品结构定义，否则无法进行组装。

拆卸指将一个配套件拆卸成多个散件的过程。拆卸单相当于两张单据，一个是配套件出库单，一个是散件入库单。配套件和散件之间是一对多的关系。配套件和散件之间的关系在产品结构中设置。用户在拆卸之前应先进行产品结构定义，否则无法进行拆卸。

（4）形态转换。由于自然条件或其他因素的影响，某些存货会由一种形态转换成另一种形态，如煤块由于风吹、雨淋，天长日久变成了煤渣，活鱼由于缺氧变成了死鱼等，从而引起存货规格和成本的变化。因此，库管员需根据存货的实际状况填制形态转换单，或称为规格调整单，报请主管部门批准后进行调账处理。

# 9.5 存货管理模块

## 9.5.1 存货管理模块功能概述

存货管理模块是用友 ERP-U8 供应链管理模块的一个子模块，主要针对企业存货的收发存业务进行核算，掌握存货的耗用情况，及时准确地把各类存货成本归集到各成本项目和成本对象上，为企业的成本核算提供基础数据。

存货管理模块的主要功能包括存货出入库成本的核算、暂估入库业务处理、出入库成本的调整、存货跌价准备的处理等。

## 9.5.2　存货管理模块日常业务处理

### 1．入库业务处理

入库业务包括采购入库、产成品入库和其他入库。

采购入库单在库存管理模块中录入，在存货管理模块中可以修改采购入库单上的入库金额，采购入库单上"数量"的修改只能在该单据填制的系统中进行。

填制产成品入库单时一般只填写数量，单价与金额既可以通过修改产成品入库单直接填入，也可以由存货管理模块的产成品成本分配功能自动计算填入。

大部分其他入库单都由相关业务直接生成，如果与库存管理模块集成使用，可以通过修改其他入库单的操作对盘盈入库业务生成的其他入库单的单价进行输入或修改。

### 2．出库业务处理

出库业务包括销售出库、材料出库和其他出库。在存货管理模块中，用户可以修改出库单据上的单价或金额。

### 3．单据记账

单据记账是指将所输入的各种出库单据记入存货明细账、差异明细账、受托代销商品明细账等。单据记账应注意以下几点。

无单价的入库单据不能记账，因此记账前应对暂估入库的成本、产成品入库单的成本进行确认或修改。

各个仓库的单据应该按照实际顺序记账。

已记账单据不能修改和删除。如果发现已记账单据有错误，在本月结账状态下可以取消记账。如果已记账单据已生成凭证，则不能取消记账，必须先删除相关凭证再取消记账。

### 4．调整业务

出入库单据记账后，发现单据金额错误，如果是录入错误，通常采用修改方式进行调整。但如果遇到由于暂估入库后发生零出库业务等原因所造成的出库成本不准确，或库存数量为零而仍有库存金额的情况，就需要利用调整单据进行调整。

调整单据包括入库调整单和出库调整单。它们都只针对当月存货的出入库成本进行调整，并且只调整存货的金额，不调整存货的数量。

出入库调整单保存即记账，因此已保存的单据不可被修改和删除。

### 5．暂估处理

存货管理模块中对采购暂估入库业务提供了月初回冲、单到回冲、单到补差 3 种方式，暂估处理方式一旦选择不可修改。无论采用哪种方式，都要遵循以下步骤。

（1）待采购发票到达后，在采购管理模块中填制发票并进行采购结算。

（2）然后在存货管理模块中完成暂估入库业务成本处理。

### 6. 生成凭证

在存货管理模块中，可以将各种出入库单据中涉及存货增减和价值变动的单据生成凭证，并传递到总账模块。

对比较规范的业务，在存货管理模块的初始设置中，可以事先设置好凭证上的存货科目和对方科目，系统将自动采用这些科目生成相应的出入库凭证，并传送到总账模块。

在执行生成凭证操作时，一般由在总账中有填制凭证权限的操作员来完成。

### 7. 综合查询

存货管理模块中提供了存货明细账、总账、出入库流水账、入库汇总表、出库汇总表、差异（差价）分摊表、收发存汇总表、存货周转率分析表、入库成本分析、暂估材料余额分析等多种分析统计账表。在查询过程中，应注意查询条件输入的准确性、灵活性。

### 8. 月末处理

存货管理模块的月末处理工作包括期末处理、月末结账和与总账模块对账 3 个部分。

（1）期末处理。当存货管理模块日常业务全部完成后，进行期末处理，系统自动计算全月平均单价及本会计月出库成本，自动计算差异率（差价率）以及本会计月的分摊差/差价，并对已完成日常业务的仓库/部门作处理标志。

（2）月末结账。存货管理模块期末处理完成后，就可以进行月末结账。如果是集成应用模式，必须在采购管理、销售管理、库存管理全部结账后，存货管理模块才能结账。

（3）与总账模块对账。为保证业务与财务数据的一致性，需要进行对账。即将存货管理模块记录的存货明细账数据与账务处理模块存货科目和差异科目的结存金额和数量进行核对。

# 思考与练习

### 一、单选题

1. 用友 ERP-U8 管理模块对采购的材料需要确认采购的实际成本，该成本来源于（　　）单据。

　　A. 采购入库单　　　　B. 采购发票　　　　C. 采购订单　　　　D. 采购暂估单据

2. 下面关于采购管理与应付管理描述错误的是（　　）。

　　A. 采购发票可以在应付管理制单，也可以在采购管理中制单

　　B. 采购管理和应付管理有采购发票的接口

　　C. 采购发票在应付管理中审核后可生成应付凭证

　　D. 应付单据的核销必须在应付管理中进行

3. 有关采购发票业务处理的描述不正确的是（　　）。

　　A. 采购发票按性质分为蓝字发票和红字发票

　　B. 按发票类型分为专用发票、普通发票和运费发票

　　C. 在收到供货单位的发票后，可以在未收到货物时录入系统，不得压单处理

　　D. 在收到供货单位的发票后，亦可先将发票输入系统

4. 用友 ERP-U8 管理模块中，提供与防伪税控开票系统的接口，此模块是（　　）。
  A. 采购管理   B. 销售管理   C. 库存管理   D. 存货核算

5. 销售系统的期初单据不包括（　　）。
  A. 普通销售发货单      B. 分期收款发货单
  C. 期初委托代销发货单     D. 销售发票

6. 下列（　　）单据是不能选择进行信用控制的。
  A. 发货单   B. 销售计划   C. 代垫费用单   D. 发票

7. 关于拆卸单，下列说法正确的是（　　）。
  A. 拆卸费记入散件成本
  B. 拆卸费记入配套件成本
  C. 拆卸单可以通过特殊单据记账来处理
  D. 拆卸单生成的单据可以通过正常记账来处理

8. 在用友 ERP-U8 系统中，只有同时启用（　　）时，存货管理模块才能对直运销售业务进行核算。
  A. 采购管理模块      B. 销售管理模块
  C. 库存管理模块      D. 应收款管理模块

9. 在存货管理模块进行期末处理时，若选择对结余数量为零、金额不为零的存货进行调整，那么系统将生成（　　）单据。
  A. 蓝字回冲单  B. 红字回冲单  C. 入库调整单  D. 出库调整单

10. 下面关于其他出入库单描述错误的是（　　）。
  A. 一般其他出入库单均不涉及发票
  B. 当存货和库存模块集成使用时，其他出入库单只能在存货系统录入
  C. 在库存模块填制的其他出入库单，在存货系统可以修改其单价和金额
  D. 其他入库单在没有审核前，也可以记账

## 二、多选题

1. 在单据关联查询时，采购订单能查询到下列（　　）单据。
  A. 采购入库单  B. 采购到货单  C. 采购请购单  D. 蓝字回冲单

2. 有关直运业务的选项设置"直运业务必有订单"不能在（　　）选择。
  A. 采购管理选项中     B. 库存管理选项中
  C. 销售管理选项中     D. 存货核算选项中

3. 以下用友 ERP 销售管理模块支持的销售业务有（　　）。
  A. 代垫费用  B. 零售   C. 分期付款销售  D. 委托代销

4. 在用友 ERP 销售管理模块选项中，可以随时切换的选项是（　　）。
  A. 启用远程      B. 报价是否含税
  C. 单据按存货编码排序    D. 是否销售生成出库单

5. 下列哪些销售单据提供了关闭功能（　　）。
  A. 销售发货单  B. 销售订单  C. 销售支出单  D. 销售发票

6. "库存管理"存在不同的应用模式，包括（　　）应用方案。
  A. 工业企业  B. 外商投资企业  C. 商业企业  D. 餐饮服务业

7. 其他入库单是指除采购入库、产成品入库之外的其他入库业务，如（　　）等业务形成的入库单。

    A. 调拨入库　　　　　　　　　　　　B. 盘盈入库

    C. 组装拆卸入库　　　　　　　　　　D. 形态转换入库

8. 用友 ERP-U8 供应链管理模块中与存货模块有直接数据传递的模块是（　　）。

    A. 采购管理　　　　B. 销售管理　　　　C. 库存核算　　　　D. 财务处理

9. 存货核算提供了（　　）计价方式。

    A. 移动平均　　　　B. 个别计价　　　　C. 分类计价　　　　D. 计划价

10. 关于受托代销业务描述正确的有（　　）。

    A. 只在建账时选择企业类型为"商业"时才有的功能

    B. 受托代销没有订单和到货单环节

    C. 存货能对受托代销入库单记账

    D. 商业版账套中，存货单独使用时，采购入库单表头的业务类型可以选择受托代销

## 三、判断题

1. 通过对明细表、统计表、余额表以及采购分析表的对比分析，实现了对采购业务管理的事中控制、事后分析功能。　　　　　　　　　　　　　　　　　　　（　　）

2. 用户可以对存货保质期进行管理，保质期管理的存货不一定是批次管理存货。　　　　　　　　　　　　　　　　　　　　　　　　　　　　　　　　　（　　）

3. 用户对供应商进行管理，可以设置供应商存货对照表、供应商存货价格表，按照供应商进行查询和分析。　　　　　　　　　　　　　　　　　　　　　　　（　　）

4. 上月未结账，本月单据可以正常操作，但本月不能结账。　　　　　　　（　　）

5. 销售管理中可以修改他人录制的销售费用支出单。　　　　　　　　　　（　　）

6. 销售管理中的退货单对应存货的数量为负数，金额也要为负数。　　　　（　　）

7. "库存管理"不能参照"销售管理"的零售日报生成销售出库单。　　　　（　　）

8. 出库跟踪入库，即在出库时出库跟踪入库的存货，入库跟踪表可以查询入库跟踪出库存货的明细情况。　　　　　　　　　　　　　　　　　　　　　　　（　　）

9. 查询存货明细账时单击"汇总"按钮，即可按查询条件显示存货总账。（　　）

10. 存货管理模块与采购管理模块集成使用时，对于当期货到票未到、未结算的采购入库单的单价可以利用"暂估成本录入"进行批量修改。　　　　　　　　（　　）

## 四、思考题

1. 采购管理模块的功能包括哪些？

2. 采购结算分为哪两种方式？

3. 销售管理模块的主要功能包括哪些？

4. 采购入库单生成的方式有几种？分别是什么？

5. 存货管理模块的主要功能有哪些？

# 实训题

## 【实训 9】供应链模块应用

### 【实训目的】

熟悉供应链模块功能；熟练掌握供应链各模块期初设置-日常业务-期末结账的流程。

### 【实训内容】

1. 总结供应链模块的功能。

2. 梳理用友 ERP-U8 V10.1 中供应链各模块期初设置-日常业务-期末结账的流程，并绘制各模块与总账模块之间的关系图。

### 【实训资料】

供应链管理模块包括采购管理、销售管理、库存管理和存货管理等模块。在企业的日常工作中，采购供应部门、仓库、销售部门、财务部门等都涉及购销存业务及其核算的处理，各个部门的管理内容是不同的，工作间的延续性是通过单据在不同部门间的传递来完成。因此，在业财一体化的今天，熟悉业务部门与财务部门之间的关系是非常有必要的，作为财务人员应当清楚地了解供应链管理模块与总账模块之间的关系。

### 【实训要求】

梳理供应链模块功能并绘制其与总账模块之间的关系。

# 参考文献

[1] 张学东，刘春英. 基于 Power BI 的某行业上市公司财务报表可视化分析[J]. 中国商论，2021(24):150-153.

[2] 乔冰琴，段全虎，高翠莲. 企业大数据分析挖掘及大数据 BI 工具应用实践[J]. 会计之友，2021(24):131-137.

[3] 乔冰琴. 基于 Power BI 可视化上市公司成长能力的方法探究[J]. 山西财税，2021(09):27-29.

[4] 张亚兰. 大数据背景下企业财务数据可视化的应用现状与建议[J]. 中国管理信息化，2021，24(22):64-65.

[5] 任洁，韩俊静. 会计电算化原理与实务：用友 ERP-U8 V10.1 版[M]. 北京：人民邮电出版社，2017.08.